VÍCIOS PRIVADOS, BENEFÍCIOS PÚBLICOS?

EDUARDO GIANNETTI

VÍCIOS PRIVADOS, BENEFÍCIOS PÚBLICOS?

A ética na riqueza das nações

3ª reimpressão

COMPANHIADEBOLSO

Copyright da Introdução e dos capítulos 1 e 2 © 1993 by Instituto Fernand Braudel de Economia Mundial
Copyright dos capítulos 3, 4 e 5 © 1993 by Eduardo Giannetti

Capa
Jeff Fisher

Preparação
Márcia Copola

Revisão
Renato Potenza Rodrigues
Thaíse Costa

Dados Internacionais de Catalogação na Publicação (CIP)
(Câmara Brasileira do Livro, SP, Brasil)

Giannetti, Eduardo
  Vícios privados, benefícios públicos? : a ética na riqueza das nações. — 1ª ed. —São Paulo : Companhia das Letras, 2007.

  Bibliografia.
  ISBN 978-85-359-1119-0

  1. Desenvolvimento econômico 2. Economia — Aspectos morais e éticos 3.Ética I. Título.

07-7810   CDD-330.01

Índice para catálogo sistemático:
1. Economia: Aspectos éticos   330.01

2022

Todos os direitos desta edição reservados à
EDITORA SCHWARCZ S.A.
Rua Bandeira Paulista, 702, cj. 32
04532-002 — São Paulo — SP
Telefone: (11) 3707-3500
www.companhiadasletras.com.br
www.blogdacompanhia.com.br

*À memória de meu pai,
Justo Pinheiro da Fonseca*

SUMÁRIO

Prefácio e agradecimentos *9*
Introdução: A perspectiva ética *19*

1. O neolítico moral *27*
2. Ética, sobrevivência e coesão social *60*
3. Moralidade cívica e moralidade pessoal *99*
4. "Vícios privados, benefícios públicos" *138*
5. A ética como fator de produção *160*
   Conclusão *200*

Notas *202*
Bibliografia *245*
Índice onomástico *255*
Sobre o autor *261*

PREFÁCIO E AGRADECIMENTOS

A MENTE HUMANA é povoada por uma fauna exuberante de crenças, opiniões e sentimentos. Conhecemos mais sobre o mundo físico que nos cerca do que sobre nós mesmos. Na distância que separa o pensar do agir e o falar do fazer existem mais coisas do que sonha o nosso débil autoconhecimento. Mesmo no plano das idéias, como nos recorda a peça dentro da peça encenada no *Hamlet*, "os nossos pensamentos são nossos, mas os seus fins não nos pertencem".

Na história da filosofia, a ética sempre foi um tema instigante e intrigante. Muito foi prometido, pouco alcançado. Vinte e cinco séculos de buscas, novos começos e falsas certezas não nos levaram muito além de um eterno retorno ao ponto de partida. As indagações da "mosca irritante" socrática permanecem tão acesas e perturbadoras como quando foram feitas.

Se a nossa capacidade de escolha moral é genuína e existe de fato, ninguém sabe. Acreditar nela — apostar na realidade da autonomia com que nos supomos dotados — talvez não passe de uma relíquia de modos pré-científicos de pensar. Mas se a ética *conta* (e não há nada que nos permita descartar sumariamente essa possibilidade), então é difícil imaginar o que possa ser mais importante do que ela para a sobrevivência e o bem-estar humanos.

Este livro é um convite à reflexão sobre o papel da ética na ação individual e na convivência humana. O tema principal é a relação entre ética, economia de mercado e crescimento econômico. Não busco condenar o que existe, lamentar o que não existe ou pregar o que deveria existir. Meu objetivo é proporcionar ao leitor uma caminhada amistosa e serena pela história das idéias, com o intuito de identificar e elucidar a base moral da vida comunitária organizada e da riqueza das nações.

Duas perguntas básicas permeiam a discussão, uma de caráter filosófico e a outra de ordem prática. O que significa habitar um mundo em que a capacidade de escolha moral existe? E, se ela existe, quais seriam as funções da ética — dos valores individuais (moralidade pessoal) e das normas de conduta (moralidade cívica) — na convivência humana em sociedade e no desempenho econômico dos indivíduos, empresas e nações?

Longe de mim, é claro, a pretensão de que essas perguntas tenham sido (ou possam ser) respondidas de forma conclusiva. Gostaria de acreditar, no entanto, que consegui ao menos organizar a busca de um modo original e atraente e fazer com que as questões propostas se mostrassem merecedoras de um esforço sério de investigação. Quando se trata de filosofia, o grande desafio é muitas vezes o de manter a chama de certas indagações acesa. Buscar respostas pode ser algo tão valioso quanto encontrá-las.

Dois caminhos levaram-me ao estudo das relações entre ética e economia.

O *primeiro* deles foi como estudioso de teoria econômica. A preocupação com o lugar da ética na ação humana, como procurei mostrar em detalhe no livro, tem raízes profundas na história do pensamento econômico. No século XX, entretanto, e principalmente no pós-guerra, acabou predominando a chamada "engenharia econômica". A conseqüência disso foi um completo divórcio entre ética e teoria econômica.

Essa separação vem sendo crescentemente questionada. Nos últimos anos está ocorrendo uma redescoberta da importância da ética como determinante da ação individual, do funcionamento do sistema de mercado e da riqueza (ou pobreza) das nações. Contribuir para o avanço desse movimento e colocar em perspectiva histórica o reencontro entre ética e teoria econômica — uma tarefa que, até onde pude averiguar, ainda não foi tentada na literatura especializada — foi uma das principais motivações deste trabalho.

O *segundo* caminho foi a minha própria experiência como cidadão brasileiro. Embora o livro não aborde *diretamente*, em nenhum momento, a nossa realidade contemporânea, é óbvio que a minha preocupação com a ética reflete, em larga medida, uma inquietação diante da deterioração, nos últimos anos, dos padrões de convivência civilizada em nosso país.

É natural que, nessas condições, o valor da ética no seu componente cívico e comunitário salte aos olhos. Como dizia o poeta: "As coisas brilham com maior intensidade para um observador que está na escuridão". Mais especificamente, preocupa-me a ocorrência entre nós do que se poderia chamar de *o paradoxo do brasileiro*.

Um paradoxo é uma provocação à lógica. Considere, por exemplo, a afirmação: "Eu estou mentindo". Se ela for falsa, isso quer dizer que eu não estou mentindo, o que contradiz a afirmação feita. Mas se ela for verdadeira, então a afirmação será falsa — ao dizer que estava mentindo eu disse a verdade e logo não estava mentindo. A afirmação é verdadeira se for falsa e falsa se for verdadeira! O que é dito nega o que se diz. O "paradoxo do mentiroso" é um beco sem saída lógico.

O paradoxo do brasileiro define uma impossibilidade lógica.

De um lado está o nosso descontentamento e angústia, a nossa indignação e revolta generalizadas com a situação do país. Leio os artigos de opinião na imprensa, ouço as entrevistas no rádio e na TV, acompanho como posso o debate público, atento para o que se diz nas ruas, bares, táxis, ônibus e escritórios. Ninguém escapa. Por mais que procure, por mais que pergunte a quem conheço e a mim mesmo, não consigo encontrar um único brasileiro que não clame por mais ética e justiça, que não proteste contra o desperdício, a desigualdade e a ineficiência da nossa economia de cassino. De Sarney a Roberto Campos, de Geisel a Wladimir Palmeira, de Pelé a Caetano Veloso, da Xuxa ao Betinho, do banqueiro ao engraxate — quem não está sinceramente revoltado e apreensivo com o que se passa hoje em dia no Brasil? Quem não está desapontado com o rumo que as coisas tomaram em nosso país?

Até aí tudo bem. Não precisamos perder tempo e papel para saber que há razões de sobra para ficarmos angustiados e indignados com a situação do país. O paradoxo (no qual obviamente me incluo) é o que vem depois. Olhe ao redor. Vire a página. Compare, por exemplo, o que se escreve dia após dia nas páginas de opinião dos nossos principais jornais (como tem gente boa no Brasil!) com o teor do noticiário político, burlesco e criminal das páginas seguintes. O fosso agride. O fato é que existe uma inconsistência gritante — um hiato vertiginoso — entre, de um lado, o sentimento e o protesto generalizado de todos e de cada um de nós, e, de outro, aquilo que somos em nossa vida coletiva.

O paradoxo do brasileiro é o seguinte. Cada um de nós isoladamente tem o sentimento e a crença sincera de estar muito acima de tudo isso que aí está. Ninguém aceita, ninguém agüenta mais: nenhum de nós pactua com o mar de lama, o deboche e a vergonha da nossa vida pública e comunitária. O problema é que, ao mesmo tempo, o resultado final de todos nós juntos é precisamente tudo isso que aí está! A auto-imagem de cada uma das partes — a idéia que cada brasileiro gosta de nutrir de si mesmo — não bate com a realidade do todo melancólico e exasperador chamado Brasil.

Aos seus próprios olhos, cada indivíduo é bom, progressista e até gostaria de poder "dar um jeito" no país. Mas enquanto clamamos pela justiça e eficiência, enquanto sonhamos, cada um em sua ilha, com um lugar no Primeiro Mundo, vamos tropeçando coletivamente, como sonâmbulos embriagados, rumo ao Haiti. Do jeito que a coisa vai, em breve a sociedade brasileira estará reduzida a apenas duas classes fundamentais: a dos que não comem e a dos que não dormem. O todo é menor que a soma das partes. O brasileiro é sempre o outro, não eu.

Esse traço da psicologia moral brasileira tem longa e variada história. Sua presença, no entanto, não é uniforme ao longo do tempo. A distância entre o que cada um gosta de imaginar que é e aquilo que somos concretamente enquanto nação (ou ajuntamento) parece tornar-se maior e mais patente em determinadas ocasiões.

Há momentos em que o paradoxo do brasileiro desaparece de cena para dar lugar ao narcisismo daquele "país tropical abençoado por Deus e bonito por natureza". Foi o que aparentemente aconteceu — paradoxalmente — no auge do regime militar nos anos 70. De outro modo, isto é, quanto mais a realidade coletiva fede e ofende a nossa sensibilidade e auto-estima, maior tende a ser a nossa propensão a viver sob a égide do paradoxo descrito. Os exemplos são tantos que é difícil escolher. Limito-me, neste prefácio, ao registro de dois depoimentos reveladores.

O primeiro vem de uma notável crônica-desabafo de Nelson Rodrigues sobre a auto-imagem cultivada pela intelectualidade brasileira durante a orgia de populismo festivo e inconseqüente que culminou no golpe de 1964:

> O Brasil atravessa um instante muito divertido de sua história. Hoje em dia [1961], chamar um brasileiro de reacionário é pior do que xingar a mãe. Não há mais direita nem centro: — só há esquerda neste país. Insisto: — o brasileiro só é direitista entre quatro paredes e de luz apagada. Cá fora, porém, está sempre disposto a beber o sangue da burguesia. Pois bem. Ao contrário de setenta milhões de patrícios, eu me sinto capaz de trepar numa mesa e anunciar gloriosamente: — "Sou o único reacionário do Brasil!". É o que sou amigos, é o que sou. Por toda parte, olham-me, apalpam-me, farejam-me como uma exceção vergonhosa. Meus colegas são todos, e ferozmente, revolucionários sanguinolentos.

O resto dessa história é conhecido. O golpe veio, o presidente fugiu, o Congresso Nacional engoliu, o general assumiu e nenhuma gota do tal sangue revolucionário viu a luz do dia. Como em outros episódios da nossa tumultuada história política, a ruptura da democracia foi feita em nome dos ideais democráticos.

O segundo depoimento foi dado por ninguém menos que o biólogo inglês Charles Darwin, por ocasião de sua passagem pelo Brasil na célebre viagem a bordo do *Beagle*. Darwin, que era um abolicionista fervoroso, fez diversas anotações em seu diário pessoal sobre a maneira como eram tratados os escravos brasileiros:

> Perto do Rio de Janeiro fiquei hospedado próximo à casa de uma velha senhora que mantinha parafusos para esmagar os dedos de suas escravas. Morei numa casa onde um jovem escravo doméstico era, diariamente e de hora em hora, xingado, surrado e perseguido de um modo que seria suficiente para quebrar o espírito de qualquer animal. Vi um menino pequeno, de seis ou sete anos de idade, ser açoitado três ou quatro vezes na cabeça nua com um chicote de cavalo (antes que eu pudesse interferir), por ter me servido um copo d'água que não estava muito limpo. E estas ações foram feitas e remediadas por homens que professam amar o próximo como a si mesmos, que crêem em Deus e rezam para que a Sua Vontade seja feita sobre a Terra!

Embora todos se pronunciassem veementemente contra, e jamais tenha havido uma defesa pública e aberta da escravidão no Brasil (como ocorrera, aliás, no Sul dos Estados Unidos), fomos um dos últimos países do mundo (ao lado de Cuba) a aboli-la. É como a má distribuição de renda, a impunidade e a deterioração do ensino básico hoje em dia: unanimidades nacionais. Ferocidade verbal, intenções generosas e sentimentos calorosos sempre tivemos de sobra. Mas a realidade — singelo detalhe — segue seu curso no contrafluxo de tudo isso.

As motivações passam, os padrões de conduta permanecem. O que disse o historiador Thomas Carlyle sobre os ingleses vitorianos — "De todas as nações no mundo atualmente, os ingleses são os mais obtusos no discurso e os mais sábios na ação" — podemos dizer dos brasileiros, invertendo os sinais. É como se uma alquimia perversa transformasse a fina porcelana dos nossos discursos, promessas e exortações no barro tosco das nossas ações desastradas e resultados medíocres.

Como explicar o paradoxo do brasileiro? Como entender

essa sensação íntima de superioridade de cada um de nós, separadamente, diante do coletivo, e o fato de que todos nós juntos estamos tão aquém da somatória das nossas auto-imagens individuais?

A explicação básica, caro leitor, talvez não seja a hipocrisia. O desejo de pensar bem de si próprio — de se ter em boa conta — é uma das mais poderosas forças da psicologia humana. Ninguém suporta conviver com uma imagem muito negativa de si mesmo por muito tempo. Como já alertava Sófocles, "é doce manter os nossos pensamentos longe daquilo que fere". Nosso verdadeiro problema é o auto-engano. Se fôssemos capazes, cada um de nós, de olhar para nós mesmos como os outros nos vêem, descobriríamos que o Brasil nos habita e teríamos mais humildade no agir. "A mentira mais freqüente é aquela que contamos para nós mesmos — mentir para os outros é a exceção."

Espero que o meu olhar de fora — o esforço de pesquisa do qual resultou este livro — possa de algum modo contribuir para aprofundar a análise e amadurecer a reflexão sobre o problema ético brasileiro. Qualquer avanço feito, por menor que seja, poderá ajudar a desfazer o engano sobre o qual repousa o paradoxo que vivemos.

No fundo, a grande utopia de quem escreve um livro é encontrar alguém que o leia sem pressa e do começo ao fim. Na prática, é claro, isso raramente acontece. E é perfeitamente compreensível que seja assim: as possibilidades de acesso à informação se multiplicam de forma vertiginosa, nossa capacidade de assimilá-las é limitada e o valor do tempo tende a tornar-se, como conseqüência, cada vez maior. Tomo a liberdade, portanto, de oferecer ao leitor roteiros alternativos de leitura deste livro.

A Introdução é pequena em tamanho, mas indispensável para se ter uma visão de como está estruturado o argumento do livro. Nela apresento alguns dos princípios metodológicos que adotei no trabalho e um mapa indicando o roteiro do argumento, o conteúdo básico de cada um dos demais capítulos e as principais conclusões do livro.

Para o leitor com pressa, o capítulo 1 pode ser saltado sem culpa. O capítulo 2, embora sendo parte integrante do argumento central do livro, tem baixo teor de matéria econômica e também pode ser evitado (ou lido separadamente) sem maiores prejuízos. A parte econômica do livro, com raras exceções, está contida inteiramente nos capítulos 3, 4 e 5. Esses três capítulos — e os dois últimos em especial — formam a espinha dorsal do trabalho. Eles compõem uma seqüência razoavelmente encadeada de idéias e é difícil imaginar que possam ser lidos e compreendidos separadamente uns dos outros.

A leitura do texto principal prescinde da consulta às notas e referências bibliográficas que se encontram no final do livro. O uso das notas é, portanto, inteiramente facultativo e depende apenas do interesse específico do leitor por algum ponto ou autor abordado no texto principal. As traduções são todas de minha autoria, exceto quando referem-se a obras cuja tradução para o português constam da bibliografia.

Este livro jamais teria sido criado e escrito sem o apoio do Instituto Fernand Braudel de Economia Mundial. Como pesquisador do Instituto, na condição de primeiro ocupante da cadeira de pesquisas Octavio Gouvêa de Bulhões, tive o privilégio, cada dia mais raro no Brasil, de poder concentrar-me inteiramente no trabalho intelectual. A Norman Gall, diretor-executivo, e aos demais membros do Instituto, gostaria de expressar o meu agradecimento sincero pela dedicação e inestimável ajuda que ofereceram à realização do projeto.

Desejo agradecer também ao Joan Robinson Memorial Fund e ao professor Geoff Harcourt, da Universidade de Cambridge, pelo generoso convite para visitar a Inglaterra no primeiro semestre de 1993. O isolamento monástico nas celas do St. John's College, a paisagem bucólica, as bibliotecas e o intercâmbio com os professores dos departamentos de economia e filosofia da Universidade de Cambridge foram um grande estímulo à execução dos três capítulos finais do trabalho.

Versões preliminares de um ou mais capítulos do livro foram apresentadas e discutidas em seminários acadêmicos no Instituto de Pesquisas Econômicas da Universidade de São Paulo, na Fundação Getúlio Vargas do Rio de Janeiro, no programa de palestras História Empresarial Vivida (organizado pelo professor Cleber Aquino) e no seminário de pós-graduação em filosofia da Universidade de Cambridge (organizado pelo professor Renford Bambrough). Agradeço aos participantes desses seminários pelas perguntas e comentários feitos, muitos dos quais foram depois incorporados no trabalho.

Diversas pessoas leram e comentaram, verbalmente e/ou por escrito, algum dos diversos rascunhos preparatórios do livro. Ciente de que seria impossível lembrar de todos os que contribuíram para melhorar o argumento, fazer novas leituras, evitar obscuridades e persistir na execução do trabalho, gostaria de registrar a minha gratidão a: Dante Aldrighi, Paulo Ayres, Roberto Viana Batista, Ana Maria Bianchi, Andrea Calabi, Bob Coats, Anna Flora Coelho, Marcelo Coelho, Roberto Teixeira da Costa, Partha Dasgupta, Ricardo Galuppo, Roger Hipskind, Cláudio Haddad, Keith Hart, Jorge Simeira Jacob, Israel Kirzner, David Lehmann, Alexandre Ferraz de Marinis, Antonio Ermírio de Moraes, Emilio Pacheco, Luiz Bresser Pereira, Bob Rowthorn, Luiz Schwarcz, Juliana Correa da Silva e Marcelo Tsuji.

Gostaria, ainda, de fazer um agradecimento especial ao professor Antonio Delfim Netto, não só pelos comentários e sugestões de leitura, mas também pela permissão de utilizar sua formidável biblioteca de pesquisa.

Andréa Cury fez uma leitura microscópica do manuscrito do começo ao fim, colocando todos os pingos nos is e tremas nos us, e indicando inúmeros pontos cuja formulação não estava tão clara quanto poderia estar.

Três amigos dos tempos de faculdade — Marcos Pompéia, Maria Cecília Gomes dos Reis (Quilha) e Luiz Fernando Ramos

(Nando) — têm participado de forma intensa, há mais de uma década, de minhas andanças pela história das idéias. É impossível, para mim, deixar de pensar neles e em nossa amizade quando releio as reflexões de Epicuro citadas no final da nota 6 do capítulo 1.

Este livro é dedicado à memória de meu pai. Foi a forma que encontrei para tentar transmitir a minha mãe, Yvone, e aos demais membros da família, a gratidão que sinto pelo privilégio de nossa convivência durante todos esses anos.

Introdução
A PERSPECTIVA ÉTICA

A ÉTICA LIDA COM AQUILO que pode ser diferente do que é. O terremoto que aniquila uma comunidade ou a leucemia que destrói a vida de um jovem provocam em nós um sentimento íntimo de revolta, mas não se prestam à condenação moral. São eventos naturais, determinados por mecanismos causais inerentes ao mundo físico e que independem por completo da vontade e escolha humanas. Podemos, é claro, evitar a construção de cidades em áreas de risco e buscar a cura da leucemia; ou aceitar estoicamente os fatos; ou rezar. Mas seria absurdo supor que eventos como estes possam ser diferentes do que são.

Completamente distinta é a nossa reação diante do bombardeio aéreo de civis ou de um atropelamento na porta de uma escola. Ao sentimento de revolta junta-se aqui a desaprovação moral — o juízo ético e a atribuição de responsabilidade (dolosa ou culposa) aos causadores do mal.

Fazemos isso porque acreditamos estar diante de eventos que, de alguma forma, poderiam perfeitamente não ter ocorrido. Em contraste com a ótica estritamente científica dos fenômenos, dentro da qual "apenas o que acontece é possível", o ponto de vista moral abre uma brecha para a possibilidade de que o mundo *como ele é* esteja aquém do mundo como ele *pode e deve ser*. A abordagem ética parte da crença na existência de uma fissura — alguns diriam abismo — separando a realidade humana do potencial humano.

Dentro dessa perspectiva, a importância do conhecimento científico dos fatos e de suas inter-relações causais não deve ser subestimada. Parafraseando a fórmula kantiana, pode-se afirmar que "a ética desligada da ciência é vazia; a ciência desligada da ética é cega". A abordagem ética conseqüente requer, antes de mais nada, uma apreciação objetiva da realidade *como ela é*, por mais que isso fira nossas preferências subjetivas ou opiniões políticas.

Além disso, há o problema da exeqüibilidade. Muitas vezes sabemos onde estamos (*a*) e também para onde desejamos ir (*c*). Mas mesmo supondo que (*a*) e (*c*) sejam isoladamente factíveis, nada garante de antemão que exista uma trajetória (*b*) exeqüível ligando (*a*) e (*c*). A utopia pode estar não na crença em (*c*), mas na suposição de que (*b*) existe. A arte da travessia requer uma delimitação realista do domínio do exeqüível.

A ciência positiva é, portanto, um insumo valioso para a reflexão ética. Mas seria um grave erro acreditar que ela pode responder sozinha pelo produto final. Uma das conquistas mais importantes da filosofia moderna é a tese de que nenhuma quantidade de conhecimento sobre o mundo *como ele é* pode nos permitir, por si só, dar o passo seguinte e fazer afirmações sobre o mundo como ele *deve ser*.[1]

Ao passarmos do que é dado para o que está errado, ou do que existe para o que é desejável, estamos também introduzindo um juízo de valor — uma consideração de natureza ética — em nosso raciocínio. E por mais que avance o conhecimento objetivo — por mais que se aprenda sobre os fenômenos, leis e regularidades do universo — a ciência positiva nunca poderá dar esse passo por nós. Qualquer ato de escolha, por mais simples que seja, ultrapassa a esfera de competência do pensamento científico.

Acreditar que os problemas sociais básicos do homem sejam passíveis de solução através dos métodos usados pela ciência e tecnologia modernas para manipular objetos naturais é incorrer na falácia do cientificismo. Como observou com propriedade o economista norte-americano Frank Knight, um dos pais da escola de Chicago,

> os problemas básicos [da sociedade moderna] são problemas de valor, em relação aos quais as ciências naturais têm pouca relevância; para começar, o conhecimento científico

confere poder, mas tem pouco a dizer sobre os fins para os quais esse poder poderá ser utilizado.²

Na mesma direção já apontava a conclusão do filósofo austríaco Wittgenstein: "mesmo que todas as questões científicas possíveis sejam respondidas, os problemas da vida ainda não terão sido sequer tocados".³

Falar em ética é falar em escolha individual. E falar em escolha humana é falar na nossa inescapável falibilidade no pensar e agir. Ética, liberdade de escolha e falibilidade são conceitos ligados entre si de modo inextricável. Negar qualquer um deles é privar os dois outros de chão. Um breve experimento mental ajuda a entender por quê.

O biólogo inglês Thomas Huxley propõe uma barganha faustiana visando à conquista da infalibilidade cognitiva e moral. Com perceptível convicção, ele fecha um negócio no mínimo duvidoso:

> Eu declaro que se algum grande Poder concordasse em me fazer sempre pensar o que é verdadeiro e fazer o que é moralmente certo, sob a condição de ser reduzido a alguma espécie de relógio que recebe corda todas as manhãs ao sair da cama, eu aceitaria a proposta sem pestanejar. A única liberdade que me importa é a liberdade de fazer o que é certo; a liberdade de fazer o que é errado eu estou pronto a dispensar, nos termos mais baratos, para qualquer um que a levasse de mim.⁴

Entre a liberdade falível e o automatismo infalível, Huxley opta pelo segundo. Mas tanto a escolha em si quanto o argumento que a justifica são altamente questionáveis.

A justificação oferecida incorre em peculiar contradição semântica. O conceito de liberdade pressupõe a existência de alternativas. Se as alternativas são a princípio duas, acertar ou errar, e eu descarto de antemão a possibilidade de ocorrência da segunda, então não há mais alternativa e logo não há mais por que falar em escolha livre. A questão é que não é possível afirmar a liberdade de apenas e tão-somente acertar. A liberdade monopolizada pelo acerto perdeu o seu atributo definidor, que é a possibilidade genuína de errar.

A opção de Huxley, por sua vez, choca-se frontalmente com qualquer perspectiva ética dos assuntos humanos. Sacrificar, como ele faz, a escolha individual no altar da perfeição infalível é escolher um mundo onde a experiência moral perdeu o sentido. Significa entregar-se — e com estranha tranqüilidade e confiança — ao niilismo de um mundo habitado por máquinas sujeitas a um "grande Poder". Errar e descobrir errando são privilégios que a maioria dos homens prefere preservar. E se Huxley (o falível) errou na opção que fez? Haverá volta atrás da condição de autômato do bem?

Considere-se, por exemplo, como contraponto da posição de Huxley, a opção adotada pelo filósofo iluminista e dramaturgo alemão, Gotthold Lessing, diante de uma proposta análoga:

> Se Deus segurasse em Sua mão direita toda verdade, e em Sua mão esquerda a perene busca pela verdade, embora com a condição de que eu deva para sempre errar, e me dissesse "Escolha", humildemente eu escolheria a mão esquerda e diria: "Dai-me, Senhor! A verdade pura é para Vós somente!".[5]

Entre a verdade final e a busca da verdade, Lessing opta pela segunda. E justifica a escolha sugerindo que o saber perfeito e acabado — a posse da "verdade pura", seja lá o que possa ser isso — não é compatível com a condição humana. O homem é um ser falível, condenado ao erro. Mas é também um ser que busca e que não abre mão de buscar. Um ser que transforma sua imperfeição e fraqueza em algo valioso.

Nessa perspectiva, o valor supremo é a autonomia. Autonomia que se expressa em atividades de busca perene como a ciência, a arte e a reflexão moral. A mão direita representa o término da jornada: o fim do erro, é certo, mas também da busca e da liberdade de escolha. Ao optar pela mão esquerda, Lessing diz sim à condição humana e prenuncia a fórmula nietzschiana: "Nós não nos deixaríamos queimar por nossas opiniões: não estamos tão seguros delas. Mas, talvez, por podermos ter nossas opiniões e podermos mudá-las".[6]

No campo da economia normativa e da filosofia política, existem diversas estratégias alternativas de argumentação visando justificar racionalmente as noções de que uma dada sociedade: 1) não vive à altura de sua plena ou melhor capacidade ("hiato"); e 2) é capaz de atingir por si mesma, mediante procedimentos logicamente consistentes e exeqüíveis, uma situação mais próxima do desejável ("receita").

Alguns autores, como por exemplo os fisiocratas franceses e os neoliberais austríacos, atribuem basicamente a existência do hiato à disseminação e persistência de "erros intelectuais" que podem ser corrigidos mediante o debate e a persuasão.[7]

Outra vertente, diferente da primeira, acentua as "falhas sistêmicas" na base da organização econômica da sociedade e identifica receitas mais ou menos radicais para eliminá-las. Os marxistas, por exemplo, acreditavam que somente a abolição da propriedade privada dos meios de produção permitiria criar uma sociedade sem exploração.[8] Os keynesianos, por sua vez, apontam para outro tipo de "falha sistêmica" na base da economia capitalista e propõem o uso da política fiscal e monetária para sustentar a demanda agregada e garantir o pleno emprego.[9]

Uma terceira estratégia, desenvolvida pelos adeptos da teoria da "escolha pública", busca explicar o hiato como resultado do "conflito de interesses" no processo decisório democrático ou, mais especificamente, do predomínio de interesses particulares na definição de políticas públicas.[10]

Mas embora todas essas estratégias adotem implicitamente a perspectiva ética, ou seja, a suposição de um intervalo perfeitamente remediável entre *o que é* e o que *deve ser*, nenhuma delas atribui a fatores de ordem moral uma relevância maior no diagnóstico do hiato ou na receita adequada para sua redução.

No caso dos "erros intelectuais", é certo, encontramos processos mentais em cena, mas são claramente desvios de ordem cognitiva — em vez de fatores éticos — que funcionam como variável explicativa do hiato. Os descaminhos da sociedade moderna são atribuídos ao predomínio de "superstições", "idéias falsas", "preconceitos", em suma, um punhado de crenças errôneas que foram promulgadas por intelectuais equivocados e que teriam passado a exercer uma tirania secreta sobre o pensamento dos líderes de opinião e homens práticos.

Da mesma forma, na tese das "falhas sistêmicas" e do "conflito de interesses" o objeto da crítica jamais tem a ver com a ética e a conduta individual. O alvo é o sistema como um todo ou certas instituições impessoais. Em ambos os casos, o pressuposto comportamental adotado é o de que os indivíduos sempre reagem às restrições e oportunidades com que se deparam de modo racional, auto-interessado, previsível e imutável.

A primeira questão que surge aqui é: até que ponto justifica-se (ou não) tal exclusão da ética na análise do hiato e na prescrição da receita adequada? Claramente, trata-se de uma pergunta vasta e que está longe de admitir uma resposta unívoca e definitiva, cabendo apenas, no caso, pesar os prós e contras de cada opção.

Sem a pretensão de abordar exaustivamente o tema, vale observar que permanece grande a incerteza entre os pesquisadores sobre como exatamente se poderia incorporar, de forma rigorosa, variáveis éticas na análise e modelagem econômica. Por outro lado, contudo, a julgar pela literatura mais recente sobre o assunto, verifica-se que existe hoje um questionamento crescente da separação que se instaurou, principalmente nas últimas décadas, entre ética e teoria econômica.[11]

O foco da crítica é a tendência a se abstrair e ignorar por completo as variações comportamentais do homem, graças à confortável e simplificadora hipótese segundo a qual "cada indivíduo é eternamente um maximizador de utilidade, no seu lar, no seu escritório (público ou privado), na sua igreja, no seu trabalho científico, em suma, seja lá onde for".[12]

Obviamente, é bem mais fácil criticar e demolir aquilo que nos parece inadequado do que desenvolver abordagens alternativas e construtivas. Afinal, se é verdade que a variabilidade do comportamento humano na vida prática em diferentes sociedades (ou numa sociedade ao longo do tempo) é um fato *prima facie* inelutável, como introduzir a ética na análise econômica? Resgatar e examinar criticamente as tentativas de responder a essa questão estão entre os principais objetivos deste livro.

Conforme veremos a seguir, a história das idéias revela a existência de pelo menos três importantes correntes de pensamento filosófico e econômico nas quais a explicação do hiato — da distância entre o que somos e o que aspiramos a ser — é atribuída a fatores predominantemente morais e ligados à conduta individual.

A primeira delas, examinada (e rejeitada) no capítulo 1, é a tese do "neolítico moral" — a noção de que os problemas da humanidade têm origem na existência de uma grande disparidade entre, de um lado, o progresso científico, tecnológico e econômico, e, de outro, a nossa falta de desenvolvimento ético.

A segunda, discutida no capítulo 2, enfatiza a importância da moralidade cívica como fator de sobrevivência comunitária e do grau de coesão social. O capítulo 3 dá seqüência a esse argumento, mas abordando agora os limites da autoridade política e da moralidade cívica enquanto princípios de organização da vida comunitária e econômica em sociedades complexas.

Finalmente, nos capítulos 4 e 5 discute-se a terceira corrente de explicação ética do hiato — a que busca mostrar o papel da moral no funcionamento normal do sistema econômico e como variável explicativa do desempenho das economias nacionais.

Enquanto a tese do neolítico moral, apresentada e questionada no capítulo 1, é essencialmente negativa e enfatiza a ética que *falta*, o argumento dos capítulos 2 a 5 — a ética como fator de coesão social e como fator de produção — busca trazer à luz e analisar a ética que *conta* e *faz diferença*.

O argumento central do trabalho, desenvolvido principalmente nos dois últimos capítulos do livro, pode ser resumido em duas proposições básicas: 1) as regras do jogo e a qualidade dos jogadores são os dois elementos essenciais de qualquer sistema econômico; e 2) a qualidade dos jogadores — as variações de motivação e conduta na ação individual — afeta a natureza das regras do jogo e exerce, juntamente com elas, um papel decisivo no desempenho da economia.

Se 1) e 2) podem ser aceitas, então a tese que se tornou dominante na teoria econômica do pós-guerra — a noção de que o auto-interesse dentro da lei basta, e as regras do jogo do mercado significam "férias morais" para os jogadores — deve ser rejeitada. A "mão invisível" smithiana continua de pé. Mas a base comportamental adequada para que ela possa funcionar a contento precisa ser mais bem compreendida. Sai o paradoxo do egoísmo ético — "vícios privados, benefícios públicos" — e volta o senso comum: virtudes privadas, benefícios públicos.

1. O NEOLÍTICO MORAL

O SÉCULO XX MOSTROU QUE O HOMEM pode ser o pior inimigo de si mesmo. A Primeira Guerra Mundial em particular representou um divisor de águas. Ela revelou a fragilidade da civilização européia e expôs o caráter ilusório — injustificado e autocomplacente — da crença na inevitabilidade do progresso. Escrevendo em 1919 sobre o tema "progresso moral", o filósofo inglês L. P. Jacks fez um balanço da situação e criticou o "farisaísmo filosófico" do clima de opinião anterior à guerra:

> Muito do nosso desespero, lamento e pessimismo são desapontamentos que surgem das nossas noções extravagantes acerca do grau de progresso já obtido [...] Uma das lições benéficas da atual guerra foi moderar nossas imagens a esse respeito. Ela nos revelou a nós próprios como nada na história antes o fez, e ela revelou, entre outras coisas, que o progresso moral não está nem de longe tão avançado quanto se pensou que estivesse. Foi um golpe terrível no farisaísmo a que me referi. A guerra não desacreditou a ciência, a filosofia, as instituições de governo ou qualquer outra coisa a que atribuímos valor, mas ela mostrou que tudo isso não nos levou tão longe quanto pensávamos. Tomar conhecimento deste fato, para refletir sobre ele, é um passo claro no progresso moral.

Na visão de Jacks, o erro estaria não em acreditar que o progresso moral existe enquanto fato histórico, mas em imaginar que ele está avançado quando, na verdade, está ainda muito mais próximo do seu início do que do seu fim. O importante era reconhecer de frente o fato de que, "do ponto de vista moral, nós vivemos ainda na era neolítica, quer dizer, não somos completamente rudes e, no entanto, ainda não deixamos para trás o estágio da maior rusticidade de modo a justificar qualquer celebração".[1]

Mais recentemente, como será visto abaixo, a tese do neolítico moral ganhou grande aceitação no âmbito dos debates sobre o problema ambiental e a ameaça de catástrofe ecológica. Vale observar, contudo, que esse tipo de diagnóstico do hiato — baseado no argumento de que a humanidade pode ficar seriamente para trás em relação a suas próprias conquistas em outras esferas de atividade — antecede em muito os descaminhos (e surtos de alarmismo) característicos do nosso século. O fato é que desde o próprio surgimento da filosofia moral, no Iluminismo grego do século V a.C., a noção de que a ética não acompanha o avanço científico, tecnológico e material do homem tem sido uma nota constante.

O início da reflexão crítica sobre os princípios da conduta humana marcou também o início de expectativas mais elevadas sobre as capacidades e o potencial humano. Ao apresentar sua defesa perante o tribunal ateniense, Sócrates questiona a aceitação passiva dos costumes, crenças e tradições socialmente estabelecidos, afirmando que "a vida irrefletida não vale a pena ser vivida". A missão da filosofia moral socrática, conforme o relato de Platão na *Apologia*, é servir como uma espécie de "mosca irritante" que mantém os cidadãos sob constante e cerrada inquirição e impede o "cavalo lasso" do Estado de dormitar ao longo do caminho. Sócrates reprova duramente o modo de vida de seus concidadãos e exorta-os a viver à altura de suas possibilidades:

> Enquanto possuir vida e força, jamais cessarei de praticar e ensinar filosofia, aconselhando a cada um que encontrar e convencendo-o, a meu modo, dizendo: Você, meu amigo, um cidadão da grande, poderosa e sábia cidade de Atenas, você não está envergonhado de se dedicar tanto à busca do máximo de dinheiro, honra e reputação, e de cuidar tão pouco da sabedoria, da verdade e do maior aperfeiçoamento da alma, a qual você nunca considera nem presta qualquer aten-

ção [...] Pois eu não faço outra coisa exceto ir por aí, persuadindo a vocês todos, jovens e velhos, a não pensar em si próprios e em suas propriedades, mas primeiro e principalmente cuidar do máximo aprimoramento de suas almas. Eu lhes digo que a virtude não é dada pelo dinheiro, mas que da virtude vem o dinheiro e todos os outros bens do homem, tanto públicos quanto privados. [*Apologia*, 29-30]

Nas mãos de Platão, o projeto socrático sofre mudanças importantes. Na *República* e nas *Leis*, permanece o objetivo maior de reformar a conduta humana e construir instituições ideais para a vida coletiva. No mundo da caverna, "como na maior parte dos Estados existentes", a realidade não passa de um sonho turvo, "no qual os homens vivem brigando uns com os outros por causa de sombras e discutindo com ardor pelo poder, como se ele fosse um grande prêmio" (*República*, 520).

Mas Platão já não se dirige, como fazia seu mestre, a qualquer um que quisesse ouvi-lo, buscando ajudá-lo a descobrir por si mesmo que os prazeres mundanos são ilusórios e que a única coisa de fato valiosa neste mundo é o aperfeiçoamento moral e intelectual. O que vai mudar substancialmente no platonismo é o método ou a receita que nos conduziria da caverna para a clara luz do sol.

Platão, ao contrário de Sócrates, já desconfia da capacidade da maioria dos cidadãos para a "vida filosófica" — a busca desinteressada da sabedoria, do belo e da virtude. "A multidão nunca poderá ser filosófica [...] ela tende fortemente a desaprovar a todos os que almejam a sabedoria, e assim agem também aqueles indivíduos que se associam à multidão e se desdobram no esforço de agradá-la" (*República*, 494). A solução encontrada por Platão é proteger e treinar os raros "temperamentos filosóficos" e entregar a eles o poder político. Os "reis-filósofos" seriam homens capazes de distinguir o certo do errado em questões morais e de "moldar o padrão da vida pública e privada de acordo com a sua visão do ideal" (*República*, 500).

Nas *Leis* — um trabalho de filosofia política aplicada escrito por Platão no final de sua vida — o caráter despótico do projeto platônico aparece sem disfarces e retoques. A minoria pensante legisla, o homem comum acata. O rebanho é submetido a um processo de condicionamento e manipulação ideológica visando mantê-lo em condição de "saúde moral" tolerável.

> O principal é que ninguém, homem ou mulher, jamais fique sem um funcionário oficial que o supervisione, e que ninguém adquira o hábito mental de dar qualquer passo, seja a sério ou jocosamente, por iniciativa própria [...] em suma, trata-se de treinar a mente para que ela nem mesmo conceba a possibilidade de agir individualmente ou saiba como fazê-lo. [*Leis*, 942]

De fato, como observa Cornford, fica difícil imaginar como a "mosca irritante" de Sócrates poderia sobreviver num ambiente desses.[2] Para a esmagadora maioria dos homens, a vida irrefletida e comandada de cima não é mais problema. É a solução.

É também nas *Leis* de Platão que começa a se esboçar, talvez pela primeira vez na história das idéias, a noção de que o progresso econômico e tecnológico da sociedade é a *causa* do retrocesso moral.[3] Pois uma coisa é afirmar que o desenvolvimento da habilidade humana em manipular objetos naturais não foi acompanhado por um avanço compatível na capacidade de escolher os fins a que tal poder deve servir. A tese do neolítico moral baseia-se aqui num argumento de desenvolvimento desigual.

Outra coisa, no entanto, é dizer que o próprio progresso material da sociedade provoca o declínio moral ou a erosão de padrões de conduta eticamente desejáveis. Nesse segundo caso, o neolítico moral aparece como uma tese de cunho primitivista, baseada num argumento acerca do efeito corruptor da civilização.

A idéia de que o progresso tecnológico e econômico promove, de alguma forma, o retrocesso moral encontrou em Lucrécio — o grande expoente e sistematizador latino da filosofia epicurista — um de seus mais sofisticados defensores em todos os tempos. No Livro 5 de *De rerum natura*, Lucrécio desenvolve um argumento engenhoso para mostrar como o custo do processo civilizatório foi o sacrifício de valores importantes e a corrupção dos sentimentos morais.

O homem primitivo, é certo, vivia pouco e precariamente, acossado por fome, frio, doença, epidemias, medo e violência de animais ferozes ou outros homens. Ao contrário do que mais tarde faria Rousseau, Lucrécio não embarca na idealização ingênua do "estado de natureza" ou na fantasia sentimental do "bom selvagem". Ele reconhece os enormes benefícios trazidos pelo progresso das técnicas produtivas na agricultura e mineração, pelo avanço da ciência e da medicina e pelo aperfeiçoamento gradual de instituições sociais como a linguagem, a propriedade privada, a moeda e as leis positivas do Estado que protegem cada um da violência dos demais.

Desejar voltar atrás, sustentou Lucrécio, seria absurdo; mas o preço de tudo isso não podia ser omitido. Se entre os primitivos "era a fome que trazia a morte, agora, ao contrário, é a abundância que nos destrói. Naqueles dias, os homens freqüentemente tomavam veneno por ignorância. Agora, melhor instruídos, eles se envenenam uns aos outros".[4]

Este é o quadro sombrio descrito por Lucrécio. A pergunta que se coloca é: de que maneira exatamente o processo civilizatório teria trazido consigo as sementes da corrupção? E até que ponto o preço pago — o sacrifício de valores morais — seria remediável?

A raiz do problema, na visão epicurista, é que o crescimento da riqueza, a organização da vida política no Estado e o uso do dinheiro transformaram o caráter dos homens, isto é, deixaram-nos com a mosca azul de uma ambição sem limites. A necessidade humana, é verdade, foi a mãe de invenções notáveis. Mas estas, por sua vez, criaram nos homens necessidades cada vez maiores e ansiedades imaginárias. O poder conquistado abriu possibilidades ilimitadas de satisfação de vontades, mas provocou um aumento ainda maior dos apetites por bens externos e prestígio.

Os homens civilizados, em suma, são vítimas da sua insaciabilidade e da incontinência dos seus desejos: "batalham na rota estreita da ambição, transpirando sangue e exaurindo-se em vão, já que para eles as coisas têm sabor apenas na boca de outros homens, e eles perseguem seus fins somente por conta daquilo que ouviram os outros dizer, em vez de fazê-lo por conta dos seus próprios sentimentos".[5] A ignorância e escassez dão lugar à vaidade, inveja e ganância. Assim motivados, os homens se entregam ao vício do envenenamento mútuo e, no limite, à guerra.

A posição extrema adotada por Lucrécio, no tocante aos efeitos do progresso material sobre a psicologia moral, não o levou a descrer da possibilidade de pelo menos mitigar o problema. O fato de que, no curso da evolução histórica, tais efeitos tenham se revelado nocivos de forma alguma significava que precisasse necessariamente ser assim.

Apesar de materialistas, os epicuristas se contrapunham ao fatalismo dos estóicos e afirmavam a autonomia moral do homem. Rejeitavam, também, o projeto platônico de engenharia política e remodelagem constitucional. A regeneração coletiva por meio da ação política estava descartada, mas ainda assim os homens, ou pelo menos alguns deles, poderiam viver melhor do que o faziam.

Para Lucrécio, a missão da filosofia moral era dirigir-se aos indivíduos como eles eram, com suas crenças, medos, ambições e frustrações, e persuadi-los a refletir e reconsiderar seu modo de vida. O que é desejado e temido não pode se confundir com o genuinamente desejável e temível. A mensagem básica é que os homens não deveriam aceitar, como faziam, o domínio surdo das paixões que governam sua conduta mas que se baseiam numa estimativa ilusória dos prazeres associados à aquisição de bens externos, prestígio e poder.

Acima de tudo, tratava-se de colocar limites aos nossos desejos e temores, e refrear a ambição natural de sobrepujar os demais para conquistar sua estima. Se os homens se libertassem de falsos valores, aceitassem seus limites e se dispusessem a inquirir sobre a natureza dos bens realmente essenciais para sua felicidade, abraçariam o ideal epicurista de uma vida frugal, voltada para o cultivo da amizade e a busca desinteressada do conhecimento. Descobririam, também, que todas as atividades que os jogam uns contra os outros são ociosas e dispensáveis.[6]

Muitos dos temas e da crítica moral originalmente elaborados, no mundo antigo, pelos pensamentos socrático, platônico e epicurista foram mais tarde retomados e desenvolvidos pela filosofia moderna.

Hobbes, por exemplo, retrata a psicologia moral e a conduta humana, no *Leviathan*, em termos bastante próximos do quadro traçado por Lucrécio ao descrever o modo de vida predominante em sua época (século I a.C.). Na visão hobbesiana, como em Lucrécio, o homem é um animal aquisitivo, insaciável, vaidoso e que busca incessantemente sobrepujar os demais:

> A felicidade é o progresso contínuo do desejo de um objeto para outro, a obtenção do primeiro sendo ainda apenas o caminho para o seguinte [...] Afirmo tratar-se de uma inclinação geral de toda a humanidade o desejo perpétuo e sem trégua de poder seguido de poder que cessa apenas com a morte. E a causa disso nem sempre é o fato de que um homem espera uma satisfação mais intensa do que aquela já obtida; ou que ele não possa se contentar com um poder moderado. É porque ele não pode assegurar o poder e os meios para viver bem, que no presente ele possui, sem a aquisição de mais.[7]

Da mesma forma, a descrição feita por Maquiavel do caráter do povo em geral corresponde essencialmente à visão mais sombria que levou Platão a propor, nas *Leis*, a criação de um comitê de vigilância — o "Conselho Noturno" — para zelar pela moralidade pública e privada dos cidadãos. Segundo Maquiavel, um príncipe estará mais seguro no exercício do poder sendo temido do que sendo amado por seus súditos:

O temperamento da multidão é volúvel, e ao passo que é fácil persuadi-la de alguma coisa, é difícil fixá-la naquela persuasão [...] [Por isso é] mais seguro ser temido do que ser amado. Pois dos homens pode-se dizer, de modo geral, que são ingratos, volúveis, simuladores, avessos ao perigo, ambiciosos de ganho e dedicados a você [príncipe] enquanto você lhes confere benefícios. Eles estão prontos a derramar sangue e a sacrificar por você suas posses, vida e filhos, enquanto a ameaça é remota; mas, quando ela se aproxima, eles se afastam.[8]

Obviamente, em ambos os casos as semelhanças apontadas se restringem à percepção da realidade humana *como ela é*. Hobbes, como Lucrécio, registra "a contenda perpétua por prestígio, riquezas e autoridade" que alimenta uma situação de conflito e inimizade potencial entre os homens. Maquiavel, como Platão, observa o comportamento inconstante e irrefletido da grande maioria dos cidadãos na sua relação com as leis e o poder público. Mas o que distingue fundamentalmente os filósofos modernos e antigos é o modo como lidam, em cada caso, com esta realidade.

Ao contrário de Lucrécio e Platão, tanto Hobbes quanto Maquiavel não embarcam no projeto de realçar com tintas fortes a realidade de um suposto hiato entre *o que é* e o que *deve ser*. Eles não se apresentam como portadores de valores puros e superiores aos do homem comum, ou como reformadores morais da sociedade. Entre a "felicidade do tumulto", reprovada pelos filósofos morais, e a "felicidade da quietude" (*ataraxia*) que os antigos prescreviam como o *summum bonum*,[9] Hobbes se limita a constatar que a primeira é de longe a noção predominante e a opção natural da grande maioria. Aceitando tal realidade como dada, ele trata de investigar seus efeitos prováveis em diferentes ambientes e as condições necessárias para que seja compatível com a preservação da ordem na vida social. Da mesma forma, Maquiavel não busca qualquer receita para manter a "saúde moral" e o patriotismo dos cidadãos em níveis toleráveis. O que ele se pergunta é, sendo os homens o que são, como funciona a lógica da situação política e da sustentação do poder.

Seria enganoso sugerir que o relativismo moral de Hobbes e Maquiavel — "seja qual for o objeto do desejo de um homem ele o chama de Bem, e tudo o que odeia, Mal"[10] — é a postura representativa do pensamento filosófico moderno, mesmo nos séculos XVI e XVII. O fato é que nem todos os pensadores importantes do período adotaram uma posição tão estritamente asséptica quanto eles no tocante a julgamentos morais da conduta humana. Em autores como Montaigne, Francis Bacon, Malebranche, Spinoza e Locke, por exemplo, a veia normativa continuou visivelmente pulsando, ainda que nenhum deles alimentasse sonhos extravagantes sobre as possibilidades de progresso moral do homem no futuro.

O que se constata, entretanto, é que com o advento do Iluminismo europeu e, mais particularmente, da metade do século XVIII em diante há uma mudança significativa neste quadro. A percepção do hiato entre *o que é* e o que *deve ser* ressurge com um vigor inusitado. Ao mesmo tempo, a denúncia eloqüente do retardamento ético da humanidade — a tese do neolítico moral — torna-se um verdadeiro lugar-comum.

Em alguns casos, a força do descontentamento com a sociedade existente e com o padrão moral dos homens adquire tamanha intensidade que termina prejudicando seriamente o sentido de realidade do autor. Se Hobbes e Maquiavel fizeram do objeto de reprovação dos moralistas antigos uma simples premissa comportamental da análise, já os iluministas mais exaltados e os adeptos do movimento romântico irão retomar com ardor o *animus* acusatório e questionar a universalidade da premissa.

Inicialmente, é preciso traçar uma clara linha demarcatória separando duas posições distintas. De um lado, está a postura mais radical adotada por iluministas exaltados como Rousseau, Condorcet e Godwin. De outro, a posição mais sóbria e moderada (discutida no capítulo 3) de iluministas céticos como Hume, Adam Smith e Diderot. Foi apenas entre os representantes do primeiro grupo que ganhou força e prosperou a crença na possibilidade de uma grande regeneração ética da humanidade. Rousseau, em particular, elevou a temperatura do termômetro do entusiasmo moral a um nível raras vezes atingido na história das idéias.

Mais do que qualquer outro, Rousseau defendeu de maneira intransigente a idéia de que o avanço da civilização *provocou* o retrocesso moral do homem. Ao longo de toda a sua conturbada trajetória intelectual, ele insistiu na tecla de que, quanto mais progrediam e se sofisticavam a ciência, a tecnologia e a vida econômica, mais elas levavam a sociedade para longe da sua inocência e simplicidade natural, ou seja, rumo à depravação e corrupção moral. Sob o olhar lacrimoso de Rousseau, o passado brilha e o presente é negro. Tudo ao redor é podre, dissimulado e desprezível — mas o ideal resplandece.

Para Rousseau, a descoberta da agricultura e da metalurgia, aliada à crescente divisão do trabalho, resultou no surgimento da propriedade privada e no aumento da desigualdade entre os homens. Como ele afirma: "Foram o ferro e o trigo que primeiro civilizaram os homens e arruinaram a raça humana".[11]

Se o homem natural — o "selvagem" — precisa apenas do mínimo necessário para viver em paz e feliz, como "amigo de todos os seus semelhantes", o homem civilizado padece de uma psicologia moral deformada: está sempre insatisfeito, negociando, fingindo, calculando, tramando "cortar cada pescoço até se tornar o senhor do universo" para engrandecer-se aos olhos dos demais. Ecoando o verso lucreciano, Rousseau afirma: "O selvagem vive dentro de si próprio; o homem social vive sempre fora de si próprio: ele sabe como viver somente na opinião dos outros e é, por assim dizer, apenas do julgamento deles que ele deriva o sentimento da sua própria existência".[12]

Com a mesma intensidade com que denigre a situação existente, Rousseau vai enaltecer o futuro sonhado e afirmar o potencial de mudança. Parte da receita é o estabelecimento de um novo (e genuíno) "contrato social" que, por meio de um drástico rearranjo jurídico e institucional, transforme a ordem opressiva e injusta da sociedade *como ela é* na ordem democrática e igualitária da sociedade como ela *deve ser*.

Mas o principal ingrediente da mudança viria não de fora, mas de dentro do próprio homem. É a crença na "perfectibilidade humana" que vai alimentar a visão rousseauniana da possibilidade de uma completa regeneração da ordem política e social, isto é, da criação de uma sociedade justa na qual o homem — remodelado e apaziguado — deixou de ser o egoísta vaidoso e insaciável para se tornar o cidadão virtuoso e dedicado de uma democracia igualitária.

O ser humano, na concepção de Rousseau, é dotado de uma característica singular que o distingue dos outros animais: sua capacidade "quase ilimitada" de aperfeiçoamento moral e intelectual.[13] No passado, a má utilização dessa mesma capacidade havia tornado o homem pior, ao invés de melhor — daí a "imensa distância" entre o selvagem e o civilizado. Nada impedia, contudo, que a grande plasticidade da natureza humana fosse utilizada para o bem.

As paixões dos homens poderiam ser remodeladas e os sentimentos morais cultivados. A autonomia individual e o progresso moral poderiam ser artificialmente fomentados. A tarefa básica era dar conseqüência prática ao princípio da "perfectibilidade humana". Para tanto, tratava-se de realizar uma profunda reforma pedagógica e educacional, nos moldes detalhados por Rousseau no *Émile*. Se o homem era por natureza livre e bom, a salvação era um ato de vontade. Não deixa de ser sintomático que o próprio Rousseau tenha abandonado seus cinco filhos recém-nascidos, sem nome ou indicação de paternidade, na porta de orfanatos parisienses.[14]

O entusiasmo moral rousseauniano assinala o início de uma nova etapa na sensibilidade e pensamento europeus. Ecos e reverberações desse movimento, com ou sem inspiração direta do seu mentor, logo se fizeram sentir. No plano político, a Revolução Francesa de 1789 certamente contribuiu para inflamar as esperanças de uma súbita e iminente regeneração moral. Robespierre — o "incorruptível" líder jacobino que reivindicou para si a condição de encarnação da *volonté générale* rousseauniana durante o "Grande Terror" — prometia nada menos que "fundar sobre a Terra o império da sabedoria, da justiça e da virtude" (discurso de 7 de junho de 1794).

Obviamente, é preciso cautela em distinguir entre o culto de Rousseau e a influência de seu pensamento. "O *Contrato social*", alerta Bertrand Russell, "tornou-se a bíblia da maioria dos líderes da Revolução Francesa, mas sem dúvida, como é o destino de todas as bíblias, ele não foi cuidadosamente lido e foi menos ainda entendido por muitos dos seus discípulos."[15]

No plano filosófico, o efeito mais importante — e de certa maneira surpreendente — do protesto moral de Rousseau foi a acolhida altamente favorável e calorosa que lhe deu Kant. A descoberta de Rousseau levou o jovem Kant ao deslumbramento. Ele o equipara à figura de Newton, a estrela máxima no firmamento iluminista, e afirma que, assim como este foi o primeiro a revelar a ordem natural subjacente à desordem aparente do cosmo físico, também Rousseau "foi o primeiro a descobrir, sob as formas variadas que a natureza humana assume, a essência profundamente oculta do homem".[16]

É interessante apreciar melhor as razões do fascínio de Kant. Como sugere Cassirer, examinando em detalhe a influência de Rousseau na formação da ética kantiana, o principal débito de Kant com relação a ele não foi qualquer teoria específica, mas a própria orientação do seu pensamento:

> O que Kant prezava em Rousseau era o fato de que ele havia distinguido mais claramente que os demais entre a máscara que o homem veste e o seu verdadeiro rosto. Também para Kant, existem inumeráveis bens aparentes na civilização que não acrescentam nada ao valor moral do homem e, com efeito, até mesmo obscurecem-no e tornam-no problemático [...] O que é de fato permanente na natureza humana não é qualquer condição *na qual* ela já existiu e *da qual* decaiu, mas, ao invés, é a meta *para a qual* e rumo à qual ela se move. Kant procura a permanência não no que o homem é, mas no que ele *deveria ser*.[17]

É no ensaio "Idéia para uma história universal com propósito cosmopolita" que Kant vai se posicionar, de forma clara e direta, com relação à tese do neolítico moral na versão rousseauniana. A constatação da ausência de leis regulando as relações entre Estados soberanos e, como decorrência disso, do estado de "beligerância perpétua" no cenário internacional leva Kant a fazer uma colocação mais abrangente, contrapondo, de um lado, o avanço externo (aparente/material) da humanidade ao longo do processo civilizatório e, de outro, sua evolução interna (genuína/moral):

> Enquanto ela está apenas um pouco além do marco que assinala o meio do caminho do seu desenvolvimento, a natureza humana tem que suportar os piores males sob o disfarce da prosperidade externa, antes que esse passo final (a união dos Estados) seja dado. A preferência de Rousseau pela condição do selvagem não parece tão profundamente errônea, se apenas deixarmos de levar em conta este último estágio que a nossa espécie ainda precisa alcançar. Nós somos cultivados até um grau elevado pela arte e ciência. Somos civilizados no limite do excesso em todos os tipos de cortesias sociais e refinamentos. Mas estamos ainda muito distantes do ponto em que poderíamos nos considerar moralmente maduros. Pois, ainda que a idéia de moralidade esteja de fato presente na cultura, uma aplicação dela que somente se estende às aparências externas da moral [...] significa apenas civilização. Mas, enquanto os Estados aplicarem todos os seus recursos em estratagemas vãos e violentos de expansão, obstruindo assim os esforços lentos e trabalhosos dos cidadãos para cultivar suas mentes, e até mesmo privando-os de qualquer apoio nesses esforços, nenhum progresso nessa direção pode ser esperado. Isso porque um prolongado processo interno de trabalho cuidadoso, por parte de cada nação, é necessário para a educação de seus cidadãos.[18]

Como a passagem citada deixa claro, Kant endossou a tese do neolítico moral. Existe uma séria defasagem entre as conquistas externas da civilização e o amadurecimento moral dos homens. Mas, ao contrário de Lucrécio e Rousseau, em nenhum momento Kant afirma que tenha havido algum tipo de retrocesso ou desfiguramento da natureza humana. Embora muito aquém do desejável, também nessa área ele observa algum progresso. Mais importante, Kant não subscreve a versão mais extrema do neolítico moral — a de que o próprio desenvolvimento externo ou material da sociedade seria a causa do problema. Para ele, o estado de "beligerância perpétua" que prevalecia — como realidade ou ameaça — nas relações entre Estados nacionais soberanos era o mais sério obstáculo à efetivação do impulso de perfectibilidade natural dos homens. Condições para que tal impulso floresça e não um programa de engenharia política e social — era sua principal demanda.

Outro fator que contribuiu poderosamente para aguçar a percepção do hiato entre *o que é* e o que *deve ser* foi a aceleração do processo de mudança econômica e tecnológica associado à Primeira Revolução Industrial.

A disparidade entre o poder prático da sociedade na manipulação da natureza e a incapacidade do homem de viver à altura desse poder foi um alvo privilegiado da crítica social ao longo do século XIX. A preocupação com a enormidade do hiato engajou não apenas o arsenal retórico dos líderes do movimento romântico, mas foi também, o que é menos sabido, uma questão central no âmbito da economia clássica inglesa.

A posição romântica é a herdeira direta do primitivismo rousseauniano. Na "Era da Maquinaria", vaticinava Carlyle em "Sinais dos tempos", "os homens perderam toda a crença no Invisível, e acreditam, e têm esperanças, e trabalham apenas no Visível [...] Somente o material, o imediatamente prático, não o divino e espiritual, é importante para nós". Mas, se o "cultivo indevido do externo" trazia benefícios palpáveis no curto prazo, no longo prazo ele era destrutivo da "Força Moral" e teria um efeito profundamente nocivo:

> Esta, acreditamos, é a grande característica da nossa era. Pela nossa habilidade em Mecânica, o que se passou é que na administração de coisas externas nós superamos todas as outras eras; mas em tudo o que diz respeito à pura natureza moral, na verdadeira dignidade da alma e do caráter, nós somos talvez inferiores à maioria das eras civilizadas.[19]

Para Ruskin, o principal seguidor inglês de Carlyle, o quadro era ainda mais sombrio:

> Nós deveremos ser lembrados na história como a mais cruel, e portanto a menos sábia, geração de homens que jamais agitou a Terra: a mais cruel em proporção à sua sensibilidade, a menos sábia em proporção à sua ciência. Nenhum povo, entendendo a dor, tanto a infligiu; nenhum povo, entendendo os fatos, tão pouco agiu com base neles.[20]

Do lado de cá do Atlântico, no Novo Mundo, a crítica romântica seguiu pela mesma trilha. "O que é que todas essas artes e invenções fizeram para o caráter, para o valor da humanidade? Estão melhores os homens?", perguntou o ensaísta e poeta norte-americano Ralph Waldo Emerson:

> Cada um tem mais a esconder do que a mostrar, ou está deformado por sua especialização. É por demais evidente que, em relação ao avanço do poder material, o progresso moral perdeu o pé [...] O problema de recuperar para o mundo sua beleza original e eterna tem como solução a redenção da alma. A ruína ou o vazio que enxergamos quando olhamos para a natureza está em nossos olhos.[21]

Seu companheiro de inquietude romântica, Henry Thoreau, abandonou a convivência dos homens e foi viver em retiro espiritual voluntário numa cabana às margens da lagoa Walden, em Massachusetts. De lá, questionou com notável requinte literário o fascínio dos homens com a tecnologia moderna. Menos sombrio e mais bem-humorado que a maioria de seus colegas românticos, concluiu:

> Nossas invenções costumam se tornar bonitos brinquedos que distraem nossa atenção das coisas sérias. Elas são tão-somente meios aperfeiçoados para um fim não aperfeiçoado, um fim que já era fácil demais atingir, como estradas de ferro levando de Boston a Nova York. Nós estamos com enorme pressa para construir um telégrafo magnético do Maine para o Texas; mas pode ser que o Maine e o Texas nada tenham de importante a comunicar [...] É como se o maior objetivo fosse falar depressa e não falar sensatamente.[22]

A visão do neolítico moral de forma alguma se restringiu, no entanto, às hostes românticas. É significativo que críticos ferrenhos do romantismo literário e filosófico tenham sustentado noções análogas.

Por exemplo, Baudelaire: "A verdadeira civilização [...] não está no gás, no vapor ou nas plataformas giratórias: está na diminuição dos vestígios do pecado original".[23] Ou, ainda, Nietzsche: "A nossa época pode falar incessantemente de economia, mas é de fato uma dilapidadora: ela dilapida a coisa mais preciosa que existe, o espírito".[24]

O que é bem menos conhecido, talvez, é o fato de que a tese do neolítico moral tenha acabado penetrando e prosperando até mesmo na economia clássica inglesa — a "ciência lúgubre" (Carlyle) contra a qual se ergueu a verve colérica dos românticos.

A figura central nesse movimento foi sem dúvida John Stuart Mill. A ambição de Mill no campo da economia foi promover uma grande síntese entre a teoria econômica ricardiana e a ética utilitarista de Bentham. O objetivo do projeto era tornar a economia política uma disciplina aplicada, capaz de sair do domínio das abstrações puramente hipotéticas e estéreis para tornar-se uma força ativa no debate público e um instrumento de reforma das instituições existentes. Em suma — e como ele mesmo anuncia no prefácio dos seus *Princípios de economia política* — Mill pretendia que seu trabalho como economista representasse algo semelhante ao que *A riqueza das nações* havia sido para a geração iluminista. E o que é mais surpreendente, considerando a ousadia da tarefa a que Mill se propôs, é que ele tenha em larga medida conseguido efetuá-la. Prova incidental disso é o próprio ciúme mal disfarçado com que Marx ironiza — e implicitamente reconhece — o sucesso de Mill em tornar-se "o Adam Smith de sua época".[25]

Em seu esforço de síntese e revitalização da economia clássica, Mill submeteu tanto o legado ricardiano quanto o utilitarismo de Bentham a uma profunda e sistemática revisão crítica. O ponto central da crítica milliana foi a inadequação dos conceitos de ação e natureza humanas adotados por seus antecessores.

Referindo-se a Bentham (mas o mesmo valeria também para Ricardo), Mill afirmou: "O homem, aquele ser mais complexo, é muito simples aos seus olhos".[26] Simplificações drásticas da conduta humana, como o hedonismo psicológico de Bentham ou o "homem econômico" ricardiano, podiam ter alguma validade (limitada) enquanto hipóteses comportamentais em teorias sobre a realidade *como ela é*. Mas não mais que isso. O que de fato preocupava Mill era a universalização sub-reptícia e indevida dessas simplificações. Pois o efeito dessa extensão imprópria era empobrecer a reflexão ética e restringir seriamente qualquer horizonte mais amplo e generoso sobre o futuro da humanidade — sobre a realidade como ela *deve ser*.

Mill rejeitou a noção de uma natureza humana fixa e imutável dominada exclusivamente por desejos egoístas. Em oposição a Bentham e Ricardo, ele argumentou que a psicologia moral dos homens era dotada de uma "espantosa maleabilidade" e que o auto-interesse estreito nem sempre prevalecia, uma vez que, para muitos homens, "motivos como a consciência ou a obrigação moral [...] haviam sido de fundamental importância".[27]

Na concepção de homem do utilitarismo ortodoxo, inexistia qualquer janela aberta para a possibilidade de se perseguir um ideal como um fim em si mesmo. Bentham, contestou Mill, perdeu de vista o elemento moral na constituição humana. Ele

> nunca reconheceu o homem como um ser capaz de buscar a perfeição espiritual como um fim; capaz de desejar, como finalidade em si, a conformidade do seu próprio caráter ao seu padrão de excelência, sem esperança de benefício ou medo de dano provindo de qualquer outra fonte que não a sua própria consciência interior.[28]

O fulcro da posição milliana foi trazer o princípio da "perfectibilidade humana" para o centro do palco. Cada indivíduo, acreditava Mill, é dotado de um impulso de auto-aperfeiçoamento, isto é, de um desejo de tornar-se melhor como pessoa humana e de uma capacidade crescente de pautar sua conduta à luz de suas próprias deliberações e consciência moral.

A expressão concreta desse impulso, segundo Mill, era o fato de que a natureza humana estava se aprimorando do ponto de vista moral, estético e intelectual ao longo do tempo. A "perfectibilidade humana" permitia compreender melhor o passado e abria uma nova perspectiva de reforma socioeconômica. Ela era vista, portanto, não só como uma realidade histórica, mas, principalmente, como uma bússola e promessa em relação ao futuro.

Foi com base na adoção desse princípio que Mill acabou por reformular profundamente o conceito de progresso da filosofia utilitária e da economia clássica, introduzindo expectativas muito mais altas e audaciosas quanto às possibilidades de transformação da sociedade existente.

Por um lado, Mill concluiu que todos os sistemas de organização da vida social são transitórios. Não existe um conjunto de instituições válido para qualquer tempo e lugar. Era um erro tentar implantar o código penal inglês na Índia ou imaginar que a economia de livre mercado poderia por si mesma tirar a Rússia czarista do atraso. Mill observou:

> As mesmas instituições não se adéquam a duas nações em estágios distintos de civilização, assim como as mesmas lições não se adéquam a crianças de idades distintas [...] Todas as questões referentes a instituições políticas são relativas, não absolutas, e estágios diferentes do progresso humano não apenas irão possuir, mas devem possuir, instituições distintas.[29]

Ao mesmo tempo, tratava-se de estender a noção de progresso para o âmbito da mente humana. Mill reconhecia que a inclinação da maioria dos homens de sua época colocava-os na rota estreita do auto-interesse vulgar. Como afirmou: "Enquanto as mentes são toscas, elas requerem estímulos toscos, e deixem-nas terem-nos".[30] Mas o que Mill claramente antecipava era que as mentes não permaneceriam toscas indefinidamente ou por muito tempo. Mesmo vivendo no que acreditava ser um período ainda muito inicial do aperfeiçoamento humano — uma fase "transitória e desagradável do progresso industrial" na qual "tornar-se tão rico quanto possível era o objetivo universal da ambição" —, Mill insistia que as coisas poderiam, deveriam e já começavam a mudar.

A mente humana possuía uma "capacidade ilimitada de aprimoramento" e nem todos os homens percebiam o seu auto-interesse da mesma forma. Alguns deles, sustentava Mill, preferiam genuinamente "ser um Sócrates insatisfeito do que um porco satisfeito". Mas, se estes podiam, por que não a maioria?

> Não há nada na constituição da natureza humana que impeça que assim seja para toda a humanidade. Até lá, a raça humana nunca vai desfrutar de uma décima parte da felicidade da qual a nossa natureza é suscetível. Considero qualquer expectativa de aumento considerável da felicidade humana, através de meras mudanças nas circunstâncias externas, de-

sacompanhadas de mudanças nos estados dos desejos, como desprovida de esperança.[31]

Ao contrário dos adeptos da versão extrema do neolítico moral, Mill não precisou idealizar o passado ou culpar o avanço material da civilização para ressaltar o atraso ético do homem em relação ao progresso em outras áreas de atividade. O grau do descontentamento de Mill com a sociedade existente transparece de forma clara na discussão sobre o "estado estacionário" que conclui o Livro 4 dos seus *Princípios*. Se para os economistas clássicos o fim do crescimento e a estagnação econômica eram nuvens negras pairando no horizonte como terrível ameaça, para Mill eles eram bem-vindos:

> A melhor condição para a natureza humana é aquela em que, ao passo que ninguém é pobre, ninguém deseja tornar-se mais rico, nem possui qualquer razão para temer ser jogado para trás pelos esforços dos outros em se lançarem à frente [...] É apenas nos países atrasados do mundo que o aumento da produção é ainda um objetivo importante; nos mais avançados, o que é economicamente necessário é uma melhor distribuição.

Basicamente, Mill argumentava que a acumulação de capital a qualquer preço e o crescimento populacional haviam impedido a afirmação de outros valores essenciais como a autonomia na esfera do trabalho, o respeito pela natureza e o aperfeiçoamento moral e estético.

Mesmo o progresso tecnológico não tinha trazido os benefícios que se poderiam esperar dele:

> É duvidoso que as invenções mecânicas até agora tenham aliviado a labuta diária de algum ser humano [...] Elas aumentaram o conforto das classes médias, mas ainda não começaram a produzir as grandes mudanças no destino humano que são da sua natureza e estão no seu futuro realizar.[32]

Para Mill, o hiato entre *o que é* e o que *deve ser* surgia de forma plena em situações como, por exemplo, a dos estados do Norte e Centro dos Estados Unidos. Eram estados prósperos, pouco povoados e com excelente dotação de recursos naturais e capital; as desigualdades eram reduzidas, as oportunidades amplas e abertas a todos, e a pobreza praticamente inexistente. E não obstante tais circunstâncias altamente favoráveis, apontava Mill, "tudo o que tais vantagens parecem ter feito por eles é que a vida de todo um sexo é dedicada à caça aos dólares, enquanto a do outro sexo se dedica à reprodução de caçadores de dólares".[33]

Mill, diga-se de passagem, jamais visitou os Estados Unidos. É muito provável que seu parecer aqui baseie-se no relato, este sim em primeira mão, feito por Tocqueville em *Democracia na América*:

> Um nativo dos Estados Unidos se apega aos bens deste mundo como se estivesse certo de que nunca morrerá; ele fica tão aflito em agarrar tudo o que está ao seu alcance que se poderia supor que está constantemente com medo de não viver o suficiente para usufruir o que tem. Ele apanha tudo, não aperta nada com firmeza, mas logo solta o que segura para buscar novas gratificações [...] O espetáculo em si é [...] tão antigo quanto o próprio mundo; a novidade é ver todo um povo que o exemplifica.[34]

Quanto à psicologia da "caça aos dólares", Mill seguiu de perto a análise sugerida por Adam Smith na *Teoria dos sentimentos morais*. O combustível da ambição econômica e da paixão pela riqueza não é, como acreditavam os utilitaristas ortodoxos, o prazer do consumo ou mesmo a segurança material. A verdadeira motivação é conquistar a aprovação geral e uma disposição favorável dos demais — "ocupar um lugar de honra na mente dos nossos semelhantes" (Malebranche). Segundo Mill,

> quando os meios de vida já foram obtidos, a esmagadora maioria do trabalho e do esforço restantes que ocorrem no

planeta tem como objetivo adquirir o respeito ou a opinião favorável dos homens, ser admirado, ou ao menos não ser desprezado, por eles. A atividade industrial e comercial que faz avançar a civilização, assim como a frivolidade, a prodigalidade e a sede egoísta de engrandecimento que a retardam, originam-se igualmente desta mesma fonte.[35]

O traço distintivo da postura milliana é a crença de que a estabilidade demográfica e a educação poderiam transformar profundamente a psicologia moral da maioria dos homens. É neste ponto que Mill claramente se distancia da posição mais cética e cautelosa adotada pelos iluministas escoceses e outros críticos do entusiasmo moral.

Para Malthus, por exemplo, "os vícios e a fraqueza moral da humanidade são, no seu conjunto, invencíveis". Pois, se é verdade que "o homem é sempre suscetível de aprimoramento", isso não significava, na visão malthusiana, "que todos os nossos esforços para aperfeiçoar o homem terão sucesso, ou ainda que ele jamais conseguirá realizar, mesmo no maior lapso de tempo concebível, quaisquer avanços extraordinários rumo à perfeição".[36]

Para Mill, no entanto, nossa "condição atual e imperfeita de cultura moral" era apenas o pano de fundo sombrio sobre o qual era possível erguer, com maior impacto, a crença na "perfectibilidade humana" — sua convicção fortemente enraizada na "possibilidade ilimitada de aperfeiçoamento moral e intelectual da humanidade".

Supondo a estabilidade populacional (sempre uma peça indispensável para qualquer avanço futuro), o instrumento básico desse processo era a educação. A ela caberia formar o caráter e despertar o desejo de auto-aperfeiçoamento nos indivíduos. Baseado na premissa lockiana de que a mente humana, ao nascer, é uma "tábula rasa" — uma chapa lisa e maleável na qual se podem imprimir os caracteres desejados —, Mill sustentou a tese de que "o poder da educação é quase ilimitado; não existe uma inclinação natural que ela não seja forte o suficiente para submeter pela coerção e, se necessário, destruir pelo desuso".[37] Como ele não se cansou de frisar:

> [Reside] no caráter da educação nacional existente em qualquer sociedade [...] a principal causa da sua permanência enquanto sociedade e a mais importante fonte do seu progresso: a primeira, na medida em que tal educação opera como um sistema de refreamento disciplinador e, a segunda, pelo grau em que mobiliza e revigora as faculdades ativas da mente.[38]

A alavanca educacional era, portanto, a variável-chave na receita milliana para reduzir o hiato. O fator primordial que transformou "a família européia de nações numa parte progressiva, ao invés de estacionária, da humanidade" não foi "qualquer excelência superior existente nelas, e que, se existe, existe como efeito, não como causa".[39]

O elemento decisivo, argumentou Mill, foi sua "notável diversidade de caráter e cultura": um traço comportamental *adquirido* e que se manifesta na disposição dos indivíduos de afirmar sua autonomia decisória na vida prática e intelectual: a disposição de não repetir o passado, não se acomodar ao existente mas, ao invés, questionar, experimentar e imaginar novos caminhos e possibilidades ainda não testadas.

Mill morreu em 1873. Nos quarenta anos seguintes, até a eclosão da Primeira Guerra Mundial, a tese do neolítico moral praticamente desaparece de cena. É o período em que o clima de opinião pendeu para o "farisaísmo filosófico" autocomplacente descrito acima por Jacks e que o historiador de idéias norte-americano Arthur Lovejoy caracterizou como "A Era do Bom Conceito do Homem sobre Si Próprio" (ou, usando o jargão psicanalítico, "A Era do Narcisismo").

Com a prolongada estabilidade política e econômica, o avanço da ciência e o advento da Segunda Revolução Industrial, firma-se também, nesse período, uma visão mais autoconfiante e positiva do presente. Se o hiato existe, ele seguramente não se deve ao retardamento moral da humanidade. Nessa fase, "a crença de que o homem é 'naturalmente bom' tornou-se uma premissa amplamente aceita tanto na política quanto na pedagogia; expressar uma 'opinião baixa' sobre a natureza humana passou a ser visto como odiosa blasfêmia".[40]

Obviamente, o interlúdio teve existência breve. Duas guerras mundiais e a extraordinária turbulência política e econômica do período entre-guerras trouxeram uma completa reversão de premissas e expectativas. Ressurge a imensidão do hiato em toda a sua esplendorosa plenitude e, com ela, a tese do neolítico moral como diagnóstico do mal. O depoimento de Lovejoy, numa palestra proferida em 1941, é digno de registro:

> O fato principal é evidente. Todos nós consideramos o espetáculo da conduta humana em nossa época assustador de ser contemplado; todos concordamos que o mundo está numa confusão horrenda, e que se trata de uma confusão criada pelo homem; e não há tema de discurso público que seja atualmente mais corriqueiro do que o trágico paradoxo do espantoso avanço do homem moderno em conhecimento e em poder sobre o meio ambiente físico, e seu completo fracasso até agora em transformar-se num ser apto a ser investido com tal conhecimento e poder.[41]

A observação de Lovejoy é corroborada pela evidência histórica. Em trabalhos publicados no período entre-guerras, filósofos como Bertrand Russell, Alfred Whitehead e o visconde Samuel, entre outros, desenvolveram argumentos mais ou menos radicais para sustentar a tese compartilhada do neolítico moral.[42] Outro exemplo interessante está no artigo "Possibilidades econômicas para os nossos netos", originalmente publicado por Keynes em 1930, ou seja, em plena Grande Depressão.

Seguindo de perto as pegadas de Mill, Keynes em primeiro lugar declara sua "profunda convicção de que o Problema Econômico, o problema da carência e da pobreza e o conflito econômico entre as classes e nações, é simplesmente o fruto de uma desordem assustadora, uma desordem transitória e desnecessária". Pois o fato, continua Keynes, "é que o mundo ocidental já detém os recursos e a técnica [...] capazes de reduzir o Problema Econômico, que hoje absorve nossas energias materiais e morais, a uma importância secundária".

Mas supondo que isso aconteça, ele pergunta, quais seriam as conseqüências? Como seria uma sociedade na qual o "problema econômico" estivesse de fato em plano secundário e não mais absorvesse o melhor de nossas capacidades? A resposta, como se pode facilmente notar, é puro Mill:

> Quando a acumulação de riqueza já não for mais de alta importância social, haverá grandes mudanças no código de ética. Estaremos em condições de nos desfazer de muitos falsos princípios morais que nos acorrentam por duzentos anos, e pelos quais temos exaltado alguns dos mais repugnantes atributos humanos como se fossem as maiores virtudes. Estaremos, então, em condições de ousar atribuir ao motivo monetário seu verdadeiro valor. O amor pelo dinheiro [...] será reconhecido pelo que é, uma morbidez bastante repulsiva, uma dessas propensões semicriminosas e semipatológicas que se conduz com um arrepio para os especialistas em doenças mentais.[43]

Keynes, é verdade, jamais atribuiu a fatores éticos a responsabilidade pela Grande Depressão. A causa principal do hiato seria, no caso, o que ele chamou de "desorganização" (é apenas na *Teoria geral* de 1936 que surge a teoria da "falha sistêmica"). Mas, ao especular, em plena depressão dos anos 30, sobre as possibilidades futuras, Keynes adotou uma perspectiva muito próxima da sugerida por Mill ao defender o "estado estacionário". As condições para a solução do "problema econômico" estavam dadas. Os valores e a moral existentes haviam sido úteis para a humanidade, cumprindo um papel crucial na construção dessas condições. A partir de certo ponto, entretanto, essa moral torna-se anacrônica em relação ao progresso em outras áreas de atividade e passa a impedir que a sociedade viva à altura de sua melhor capacidade. Hora de mudar os valores e a moral: Mill dirigiu-se aos seus contemporâneos; Keynes, aos "nossos netos". Ao contrário de Rousseau, nenhum dos dois teve filhos.

A geração dos netos de Keynes (e tataranetos de Mill) atingiu a idade adulta no pós-guerra e usufruiu um dos períodos de maior prosperidade econômica de todos os tempos — a *golden age* do crescimento e do pleno emprego. Mas nem por isso, é claro, as possibilidades que, segundo Keynes, seriam suas, tornaram-se realidade. E se as ameaças e oportunidades são agora outras, muitos dos diagnósticos para a redução do hiato entre *o que é* e o que *deve ser* são familiares. Outra vez, a tese do neolítico moral volta a entrar na ordem do dia. O principal centro irradiador da recente maré alta desse tipo de diagnóstico parece situar-se, com pouca margem para dúvida, na preocupação com a questão ambiental e a ameaça de catástrofe ecológica.

Aldo Leopold, um dos pioneiros do movimento conservacionista nos anos 40, foi um dos primeiros a argumentar seriamente que, com o advento da tecnologia industrial, o relacionamento entre o homem e a natureza requeria uma "nova ética" — uma "ética da conservação".

Para justificar sua proposta, Leopold sustentou que a evolução da moral humana podia ser dividida em três fases distintas. Na primeira, a ênfase havia recaído sobre as relações entre os indivíduos, como nas injunções dos Dez Mandamentos (não matar, não prestar falso testemunho, não cobiçar a mulher do próximo etc.). Na segunda, foi a vez das relações entre o indivíduo e a sociedade, com ênfase nos deveres de cada um para com a coletividade. Mas o que ainda faltava fazer, no campo da ética, era estender o campo dos julgamentos morais para cobrir também as ações do homem sobre o mundo natural: "uma ética lidando com as relações do homem com a terra e com os animais e plantas que crescem nela".⁴⁴

De lá para cá, e principalmente nas últimas duas décadas, a discussão sobre a necessidade e o caráter de uma "ética da conservação" tornou-se cada vez mais presente. Dentro do movimento ecológico, como bem observa o filósofo australiano John Passmore no seu notável *A responsabilidade do homem pela natureza*, existem profundas divergências quanto ao caráter das mudanças que se acreditam necessárias.

Enquanto uma ala gradualista propõe (como fizera Leopold) a *extensão* da ética convencional para cobrir o território até então moralmente neutro das relações entre o homem e a natureza, outra vertente advoga a tese da completa *ruptura* com as tradições éticas, religiosas e tecnológicas do Ocidente como a única saída para se estabelecer uma relação não exploradora e mais harmoniosa com o mundo natural.⁴⁵ Tal divisão, vale notar, reflete essencialmente a mesma diferença de atitude que, no passado, distinguiu a posição de filósofos morais reformistas como Kant e Mill daquela adotada por entusiastas morais como Rousseau e os românticos.

Tais diferenças, entretanto, erguem-se sobre um denominador comum subjacente a ambas as posições — a crença de que a humanidade em si ficou seriamente para trás, isto é, o avanço moral do homem não acompanhou como deveria o desenvolvimento de suas faculdades cognitivas e tecnológicas.

Entre as inúmeras versões e variações recentes do tema, vale a pena destacar, por sua clareza e eloqüência, a formulação dada ao problema pelo neurologista norte-americano Roger Sperry (ganhador do Prêmio Nobel de Medicina em 1982) no livro *Ciência e prioridade moral*:

> Se nós pudéssemos chamar um solucionador de problemas extraterrestre para examinar nossos dilemas terráqueos de um ponto de vista externo, livre de viés humano, eu acredito que ele iria rapidamente colocar o dedo sobre o fator valores humanos no controle da biosfera como a causa primá-

ria básica da maioria de nossas dificuldades. Em outras palavras, sua análise mostraria que as tendências rumo ao desastre existentes no mundo de hoje originam-se principalmente do fato de que, enquanto o homem vem adquirindo novos, e quase divinos, poderes de controle sobre a natureza, ele continua manejando esses mesmos poderes com um conjunto de valores profanos e relativamente míopes, cuja origem remonta, de um lado, a resquícios biológicos obsoletos da evolução na Idade da Pedra e, de outro, a diversas mitologias e ideologias baseadas em pouco mais do que fé, fantasia, pensamento desejoso, estados mentais alterados e intuição [...] Pode-se acrescentar que qualquer tentativa de atacar diretamente os sintomas evidentes de nossa situação global — poluição, pobreza, agressão, superpopulação, e assim por diante — dificilmente poderá obter sucesso sem que ocorram primeiro as requeridas mudanças nos valores humanos subjacentes.[46]

É curioso observar, de início, como o parecer "livre de viés humano" do convidado extraterrestre de Sperry acaba por fim repetindo um ponto de vista que, como foi visto acima, vem sendo insistentemente reiterado na história das idéias desde o surgimento da filosofia moral na Antiguidade clássica.

Obviamente, é de se supor que o nosso consultor interestelar, familiarizado com os assuntos humanos, estivesse perfeitamente ciente do longo pedigree intelectual do seu diagnóstico e do fato de que os próprios homens vêm se dizendo isso uns aos outros, com graus variáveis de ênfase e impaciência, há mais de 2 mil anos.

Relatar não é endossar. A pergunta que ainda precisa ser examinada é: até que ponto se pode aceitar a tese, cuja evolução e matizes foram mapeados acima, de que permanecemos atolados na "Idade da Pedra da moralidade" e, portanto, "valores são o problema número um de nossa época"?

A tese do neolítico moral — a crença de que o retardamento ético do homem é a causa principal do hiato entre *o que é* e o que *deve ser* — pode ser contestada a partir de várias frentes.

Uma primeira possibilidade seria questionar a própria existência do hiato: encarar a sociedade humana com a mesma impassibilidade com que nos acostumamos a encarar o universo natural não humano. Se adotarmos uma ótica estritamente fisicalista dos fenômenos, então estaremos negando *ipso facto* a realidade do hiato e, conseqüentemente, descartando qualquer explicação possível de suas supostas causas.

Esta, como nos informa Sperry, é a abordagem adotada hoje pela grande maioria — "cerca de 99,9% de nós, suponho" — dos cientistas que investigam o funcionamento do cérebro humano e suas relações com nossa experiência mental. O que temos aqui é um enfoque puramente físico da ação humana, no qual os estados mentais não passam de produto secundário e inócuo de processos neurofisiológicos.

Nos termos da metáfora devida ao biólogo inglês Thomas Huxley, nossa vida mental consciente e inconsciente, incluindo é claro todos os julgamentos morais, opiniões e crenças, estaria para o nosso comportamento observável assim como o apitar de uma panela de pressão está para o seu mecanismo de funcionamento.[47] O homem, nessa perspectiva, seria um ser inteiramente passivo no universo, e tão responsável pela sua conduta na vida prática quanto pela secreção da bílis no seu fígado ou pela chuva que cai.

Como se pode facilmente notar, o fisicalismo é uma premissa metafísica extrema, na qual não há lugar para qualquer resquício de autonomia moral humana. Trata-se de uma concepção totalmente alheia e incompatível com a experiência subjetiva normal do homem e que, como seria de se esperar, os próprios adeptos do fisicalismo são obrigados a abandonar quando saem do laboratório para reingressar na vida comum.

Não é preciso, entretanto, ir tão longe para se questionar a validade do neolítico moral como explicação do hiato. Mesmo admitindo a existência de uma margem de genuína liberdade de escolha na conduta individual, e a realidade de um hiato remediável entre o existente e o desejável, é possível contestar as credenciais do neolítico moral como hipótese explicativa.

O problema básico é a ausência de um critério aceitável que permita hierarquizar as sociedades humanas de acordo com um suposto grau de avanço no campo da ética. Existe *progresso moral*? E se existe, como seria possível defini-lo, verificá-lo ou medi-lo?

Pois uma coisa é afirmar que os julgamentos morais e a conduta prática dos homens possuem uma história, ou seja, sofrem transformações ao longo do tempo, e isso tanto para os indivíduos como para as comunidades onde vivem. Outra coisa, no entanto, é acreditar que essas mudanças se prestem a um ordenamento hierárquico com base em algum padrão universal ou sistema objetivo de medida.

Os defensores da tese do neolítico moral imaginam ser possível mostrar a existência de uma profunda defasagem entre o progresso humano no campo da ética, de um lado, e no campo da ciência, tecnologia e produção material, de outro. Mas o que lhes permite fazer essa comparação? Qual a métrica das "épocas morais" da espécie humana, à luz da qual poder-se-ia falar numa Idade da Pedra ou Era Nuclear no campo da ética?

A falácia contida na tese do neolítico moral tem origem na tentativa de estender para o campo da ética um procedimento que rigorosamente não se aplica a ela.

Existem áreas específicas da atividade humana onde o conceito de progresso é bem definido e virtualmente incontroverso. É difícil imaginar, por exemplo, que se possa questionar a existência de progresso na técnica de extração de dentes entre a época de Lucrécio e a dos netos de Keynes; ou que se possa negar a superioridade da descoberta de Harvey da circulação do sangue nos animais sobre a teoria do fluxo e refluxo sanguíneo; ou, ainda, duvidar que a Noruega seja mais desenvolvida que o Paquistão em termos de produção per capita e expectativa de vida ao nascer.

O mesmo já não se aplica, contudo, no tocante à ética. Com base no que, afinal, se poderia sustentar, com um mínimo de rigor e precisão, a afirmação de que os tupis superam, em termos éticos, os franceses do século XVIII (como quis Rousseau); ou de que a condição moral do escravo negro do século XIX é mais avançada do que a do silvícola africano ainda imerso na "noite da Natureza" (Hegel); ou, então, de que os "caçadores de dólares" millianos estão à frente dos romanos descritos por Lucrécio?

É impossível dizer. O fato é que não há aqui critérios objetivos que permitam fazer comparações claras e inequívocas como é o caso, em geral, no campo restrito da ciência, tecnologia e economia. A noção de um "neolítico moral" pressupõe, ao invés, a crença em algum tipo de esquema evolutivo grandioso ou filosofia da História (com *h* maiúsculo) à luz do qual se possa determinar a distância percorrida e a posição relativa de uma dada sociedade na auto-estrada do progresso ético e da perfectibilidade humana.

O problema é que tal auto-estrada não existe. É sem dúvida reconfortante acreditar que exista um enredo secreto da História — uma grande lei até aqui desconhecida ou uma chave interpretativa — capaz de dar sentido à trajetória da espécie humana desde o seu surgimento até o presente e além. E é certo que nunca faltarão filósofos da História dispostos a desvendar finalmente a trama e oferecer conforto existencial aos que precisam dele.

O fato, porém, é que não existe a Grande História, apenas histórias. A experiência ética da humanidade não é passível de redução a qualquer tipo de esquema ou periodização. A noção de neolítico moral é, portanto, uma ilusão.

Isso não quer dizer, obviamente, que a moral não existe. Como tentarei argumentar a seguir, a ética pode ser vista como um fator crucial para a sobrevivência e bem-estar material de uma sociedade. O que se nega é a tese de que, também nesse campo, possa-se falar na existência de um critério ou métrica bem definidos, a partir do qual se determine uma trajetória de progresso (ou regresso) comparável ao verificado em outras esferas da atividade humana.

A freqüência com que se bateu no passado (e provavelmente se continuará batendo no futuro) na tecla do retardamento moral do homem é sintoma de duas coisas importantes.

Primeiro, do fato perfeitamente compreensível de que, na história das idéias, cada época tende a se considerar a si própria como de alguma forma única, especial ou diferente. Hume põe o dedo no nervo da questão: "Declamar contra os tempos presentes e magnificar a virtude de ancestrais remotos é uma propensão quase inerente à natureza humana".[48] É inevitável que o passado e o futuro sejam sempre vistos, em alguma medida, no contexto das categorias e debates do presente.

Mas é possível ir muito além disso. Tipicamente, a tese do neolítico moral reforça a idéia de que a situação presente é de alguma forma inédita em termos históricos e que tanto as oportunidades abertas como os desafios a enfrentar não encontram paralelo no passado. Trata-se, portanto, de uma estratégia para atribuir significação especial ao presente.

Ao mesmo tempo, a ênfase na idéia de atraso moral é a expressão de um sentimento profundo e valioso. Ela é sintoma do perene descontentamento do homem consigo mesmo. Períodos de ufanismo e autocomplacência moral — o "farisaísmo" e "narcisismo" descritos por Jacks e Lovejoy — costumam ser breves e marcados pela arrogância, levando muitas vezes ao desastre.

O descontentamento moral é, sem dúvida, uma disposição salutar. Ele é o antídoto do conformismo, da estagnação e da transformação dos homens num rebanho resignado, industrioso e amorfo, contente com sua rotina e feliz em obedecer. É a vontade de melhorar e divergir — de construir a nossa própria identidade — que alimenta o exercício do que temos de mais valioso: da capacidade de escolha autônoma e da experimentação permanente na arte da vida.

O problema surge apenas no momento em que esse "descontentamento divino" compromete o sentido de realidade e descamba para o messianismo, passando a alimentar não mais o desejo de tornar-se melhor como indivíduo, mas sim sonhos extravagantes de regeneração moral do homem, engenharia do caráter e perfectibilidade humana.

Infelizmente, entre os adeptos da tese do neolítico moral de Platão ao misticismo ecológico, passando por Rousseau e pelo movimento romântico, foi freqüente a degeneração do descontentamento em messianismo. É difícil estimar quais teriam sido as conseqüências práticas desse tipo de postura, se é que tiveram alguma. Mas no plano teórico ela é insustentável.

A ética, é verdade, não deve ser estática. As mudanças no conhecimento científico, no meio ambiente e na problemática da sociedade demandam uma constante revisão dos nossos julgamentos morais. Mas o ponto central que precisa ser enfatizado é que uma "nova moralidade", ou, pior que isso, um "novo Homem" ou "nova consciência", não é o tipo de coisa que pode ser inventada, decretada ou planejada. Pouco se conhece, de fato, sobre as causas reais de mudança no campo da ética. As indicações disponíveis sugerem, no entanto, que se trata de um processo lento, extremamente descentralizado e que só pode surgir a partir do cultivo gradual e paciente de atitudes e valores já existentes na mente dos indivíduos.

Para o bem ou para o mal, a rica experiência política e econômica do século XX, com suas guerras, ondas de fanatismo e o espantoso *débâcle* do comunismo soviético, mostrou de forma contundente que a psicologia moral dos homens está longe de ser tão plástica ou maleável quanto os iluministas exaltados e seus seguidores nos fariam crer.

A mente humana é ainda pouco conhecida, mas seguramente ela não é a "página em branco" da qual se podem erradicar, por qualquer método conhecido, as paixões não racionais que os filósofos morais condenam há mais de 2 mil anos. O que é certo, contudo, é que, quanto mais os moralistas e reformadores sociais bem-intencionados ignoram as realidades recalcitrantes da natureza humana, mais a natureza humana, por sua vez, os ignora.

2. ÉTICA, SOBREVIVÊNCIA E COESÃO SOCIAL

A TESE DO NEOLÍTICO MORAL baseia-se num conceito negativo. A ênfase recai no suposto atraso moral dos homens em relação ao progresso científico, tecnológico e econômico. Temos brinquedos sofisticados, reluzentes e perigosos nas mãos, mas carecemos ainda da maturidade ética — da capacidade adequada de escolha e julgamento moral — para tirar deles o melhor proveito ou, até mesmo, para impedir que terminem nos destruindo.

Claramente, trata-se aqui de uma concepção que olha para o que *falta*. O diagnóstico do hiato entre *o que é* e o que *deve ser* baseia-se na identificação de uma ausência, ou seja, daquilo que estaria supostamente faltando para tornar o mundo um lugar mais digno e aprazível ou, no mínimo, menos perigoso.

Em contraste com a tese do neolítico moral (capítulo 1), a abordagem da ética como fator de coesão social (capítulo 2) e como fator de produção (capítulo 5) baseia-se num conceito essencialmente afirmativo. Ao invés de se detectar (ou denunciar) uma ausência, afirma-se aqui a presença e a importância de atributos de natureza ética como determinantes da capacidade de sobrevivência comunitária e do desempenho econômico dos indivíduos, empresas e nações. A ênfase recai não no que falta, mas no que *conta*: na ética que importa e faz diferença.

Dentro dessa perspectiva, a ética aparece como um fator relevante para o entendimento da realidade *como ela é*. Ela cumpre um papel importante no funcionamento normal da sociedade, ajuda a explicar o melhor ou pior desempenho de crescimento das economias nacionais e contribui para a promoção do bem-estar humano.

Trata-se, portanto, não de uma avaliação normativa — e dificilmente sustentável — do grau de avanço da humanidade na auto-estrada do aperfeiçoamento moral, mas de uma análise positiva da ética enquanto insumo do processo econômico e fator de coesão social.

A questão, é claro, é saber até que ponto e de que maneiras isso ocorre. Por meio de que mecanismos, mais precisamente, a variável ética se tornaria operante e interferiria nos rumos (e descaminhos) da economia e da convivência social?

Como será visto abaixo, existe uma rica tradição de pensamento filosófico e econômico sobre a questão da funcionalidade da ética. Um exame da história das idéias sobre o assunto sugere que, entre as diversas propostas e estratégias de argumentação adotadas, existem dois núcleos *temáticos* fundamentais em torno dos quais se organiza a discussão: 1) o valor de sobrevivência e coesão social da moralidade; e 2) as relações entre ética, comportamento individual e eficiência econômica.

Do ponto de vista *teórico*, por sua vez, observa-se que uma parte significativa dos problemas levantados na discussão de 1) e 2) está relacionada às tensões e imperativos conflitantes que surgem no âmbito de dois pares centrais de conceitos: *a*) moralidade cívica versus moralidade pessoal; e *b*) racionalidade individual versus racionalidade coletiva. Os capítulos 3 e 4 tratam diretamente dos problemas colocados pelos imperativos conflitantes em *a*) e *b*).

Vale adiantar, também, que uma tendência importante na investigação mais recente é o programa de pesquisa visando uma reaproximação entre ética e análise econômica, após um período de forte predomínio, no pós-guerra, da chamada abordagem de "engenharia econômica".

A engenharia econômica baseia-se em hipóteses comportamentais altamente simplificadas e padronizadas, sobre as quais são construídos modelos formais sofisticados. Como será visto nos capítulos 3 a 5, tal procedimento acabou levando a um completo divórcio, no plano da teoria, entre *ética* e *ação racional*. Mas como observa o economista indiano Amartya Sen, afirmando a necessidade de se investigar com maior cuidado o papel da moral no comportamento humano, "o caráter da teoria econômica moderna foi substancialmente empobrecido pela distância que se instaurou entre a ética e a teoria econômica".

A importância de uma reaproximação, argumenta Sen, transcende o plano puramente teórico:

> A metodologia da assim chamada "economia positiva" teve como efeito não apenas o abandono da análise normativa na ciência econômica, mas fez também com que se passasse a ignorar uma gama de considerações éticas complexas que afetam o comportamento humano observável e que, do ponto de vista dos economistas que investigam tal comportamento, são antes de mais nada questões de fato em vez de juízos normativos [...] Que tipo de sistemas de valor fizeram o capitalismo obter sucesso? Que papel desempenharam algumas virtudes simples como honestidade, veracidade, honrar promessas e cumprir contratos? São questões antigas. Nós precisamos de uma abertura para tais questões para entender melhor alguns problemas econômicos atuais. Seria difícil explicar o sucesso diferenciado e o fracasso de diversos países na esfera produtiva sem introduzir as variações de normas de comportamento. Nações com certos tipos de normas sociais fortes, como o Japão, têm tido vantagem considerável.[1]

Tudo isso parece sem dúvida bastante plausível e promissor. Mas é preciso ter claro, no entanto, que o projeto de trazer a ética para a teoria econômica é ainda um programa de pesquisa incipiente.

Para os adeptos da engenharia econômica, sempre ciosos do rigor e requinte formal de suas construções teóricas, observações como as de Sen costumam incitar uma resposta ao mesmo tempo jocosa e reveladora: "pode até estar certo na prática, mas não funciona na teoria". Muitos veriam, nessa resposta, apenas mais um exemplo daquilo que Adam Smith considerava ser um traço comum na história de qualquer ciência, ou seja, "a facilidade com que os teóricos abandonam a evidência dos seus sentidos para preservar a coerência das idéias na sua imaginação".[2]

Mas o outro lado da moeda, e que justifica em parte a reação dos adeptos da engenharia econômica, é que não existe de fato, até o momento, qualquer alternativa teórica séria, robusta ou minimamente testável que incorpore a ética à análise econômica. É correto afirmar, como sublinha Sen, que "estamos assistindo ao desenvolvimento de uma gama de teorias alternativas sobre o comportamento econômico que conduz ao sucesso industrial, baseadas em estudos comparativos de diferentes sociedades onde prevalecem sistemas de valor diferentes".[3]

Mas, por mais que se valorize tal tendência à redescoberta da ética, não se pode esquecer que se trata de um movimento que apenas engatinha, e que o faz tentativamente, sobre um território incerto e de difícil rastreamento. A abordagem ética da ação humana não tem a pretensão de substituir (ou destruir) o status quo em teoria econômica. O que se busca é apenas trazer à luz e analisar um aspecto importante da realidade social, mas que desaparece inteiramente de cena no âmbito da modelagem econômica convencional.

A discussão sobre a moral que conta — as funções sociais e econômicas da ética — está dividida em duas partes. A primeira (capítulo 2) aborda a questão do papel do respeito a normas morais de conduta na sobrevivência humana: a ética como fator de coesão social. A segunda (capítulos 3 a 5) trata das relações entre ética, comportamento individual e eficiência econômica: a ética como fator de produção.

O problema da ordem social vem desafiando a engenhosidade humana desde que se começou a especular sobre qual teria sido a origem da sociedade e quais seriam as condições que viabilizam sua permanência no tempo.

O que garante a coesão interna de um agrupamento humano e impede que ele se desmanche ou degenere em caos e guerra? Uma resposta freqüente na história das idéias é a noção de que a vida comunitária humana — e conseqüentemente todas as fabulosas vantagens que ela proporciona — tem como pré-requisito indispensável a obediência dos indivíduos a certas normas de comportamento sustentadas por sanções de aplicação geral. Enquanto exigência da vida comunitária, a conduta moral seria antes de mais nada algo de enorme interesse prático para o homem.

Assim como no caso do neolítico moral, a tese de que a moralidade é um fator decisivo de sobrevivência e coesão social tem raízes profundas na filosofia antiga. É impossível dizer, com segurança, quem foi o primeiro a formulá-la. O que é certo, contudo, é que o mito sobre a origem da sociedade atribuído a Protágoras, o filósofo sofista contemporâneo de Sócrates, marcou um extraordinário avanço na reflexão sobre o assunto.[4]

Ao ser questionado por Sócrates quanto à possibilidade de se "ensinar a virtude" da mesma forma como se ensina uma habilidade técnica (como, por exemplo, construir navios ou tocar flauta), Protágoras responde em duas etapas. Na primeira, conta uma lenda sobre a criação dos homens e o percurso até a conquista da ordem social; na segunda, abandona o recurso à parábola e à intervenção divina e desenvolve um argumento racional sobre o processo de aprendizagem moral e sua função na sustentação da sociabilidade entre os homens.

No início, sugere Protágoras, havia apenas os deuses. Quando a hora de criar os mortais chegou, Prometeu e Epimeteu, dois irmãos semideuses, foram convocados pelos deuses para dar a cada espécie animal os poderes e as defesas necessários à sua sobrevivência.

Epimeteu pediu ao irmão que o deixasse cumprir sozinho a tarefa e distribuiu os mais diversos atributos e capacidades entre os animais. Força e velocidade, garras e chifres, asas e pêlos foram repartidos entre as diferentes espécies de tal forma que nenhuma delas fosse capaz de extinguir a outra ou ficasse desprovida de proteção e alimento. Mas, quando Prometeu foi inspecionar o trabalho, percebeu que o irmão havia gasto todos os recursos de defesa e de sobrevivência disponíveis com as criaturas não racionais. Para o homem, esquecido, restara apenas um corpo débil e nu. Prometeu resolveu, então, reparar o erro. Roubou a sagacidade técnica e o domínio do fogo dos deuses e colocou-os à disposição da humanidade. Tentou, ainda, trapacear Zeus e furtar dele a arte de gerir a vida comunitária, mas sem sucesso.

Sobe o pano da criação. De posse dos "dons divinos" da sagacidade e do fogo, os homens, com o tempo, realizaram diversos feitos. Desenvolveram a linguagem, a religião, a agricultura e melhores moradias. Continuavam, todavia, vivendo em grupos esparsos e muito precariamente, à mercê da violência de animais ferozes. Quando tentavam juntar-se e agir em conjunto, os homens se descobriam incapazes de viver em sociedade:

> Eles tratavam uns aos outros com injustiça, sem possuir a arte de gerir uma cidade [*polis*], e assim se dispersavam e começavam a ser destruídos de novo. Foi aí que Zeus, temendo pela extinção da raça humana, mandou Hermes trazer a consciência [*aidós*] e a justiça [*diké*] para a humanidade, para que fossem os princípios de organização das cidades e os vínculos de amizade. Hermes perguntou então a Zeus sobre como dar a consciência e a justiça aos homens: "Devo distribuí-las do mesmo modo que as habilidades práticas? Estas estão distribuídas assim: um médico é suficiente para muitos leigos, e o mesmo com os demais especialistas. Devo dar a justiça e consciência para os homens dessa maneira, ou distribuí-las a todos?". "Para todos", disse Zeus, "e deixe que todos as compartilhem; pois as cidades não poderiam vir a existir se apenas uns poucos as compartilhassem, como nas outras profissões. E estabeleça uma lei, sob minha autoridade, para que aquele que não for capaz de compartilhar da consciência e da justiça seja morto como uma praga na cidade".[5]

Protágoras declarava-se agnóstico. O mito e a intervenção dos deuses na criação da sociedade devem ser vistos como um recurso retórico, visando realçar certos traços da exposição. O ponto central é a tese de que a espécie humana sobreviveu graças a sua capacidade para a vida comunitária, e que esta, por sua vez, só se tornou possível com o desenvolvimento das virtudes morais da "consciência" e da "justiça".

A primeira (*aidós*) denota o respeito pelos demais: um senso de vergonha e modéstia que conduz à moderação e ao refreamento das aspirações instintivas do indivíduo. A segunda (*diké*) é o sentido de certo e errado: a capacidade de discernimento ético e uma visão compartilhada do que é lícito e ilícito do ponto de vista moral.[6]

Ao explicar sua posição diante da questão socrática, de ser ou não possível "ensinar a virtude", Protágoras argumenta que a consciência e a justiça são traços mentais conquistados a duras penas pela humanidade ao longo dos tempos, e que precisam ser adquiridas de novo, por cada geração que nasce, mediante um longo processo de aprendizado. O decreto de Zeus no mito, como comenta Guthrie, representa "o trabalho do tempo, da experiência amarga e da necessidade".[7]

O próprio fato de que os transgressores são punidos, como se fossem "uma praga na cidade", revela a crença de que a conduta moral não é um dom original (como é, no mito, a sagacidade técnica inata ao homem), mas algo que precisa ser adquirido e inculcado, e que pode até ser eventualmente corrigido. O código penal e a punição dos malfeitores, argumenta Protágoras, têm antes de mais nada um caráter pedagógico. Eles existem não para vingar o dano já feito, o que seria irracional, mas para deter e prevenir transgressões futuras — para refrescar a nossa memória acerca das exigências elementares da vida comunitária.

Quanto ao processo de aprendizado moral propriamente dito, Protágoras afirma que ele começa já no colo das mães.

> Pois tão logo a criança consegue entender o que é dito a ela, sua ama e sua mãe, seu mestre e seu próprio pai esforçam-se por torná-la tão boa quanto for possível, ensinando e mostrando a ela através de cada palavra e ato que isso é direito e aquilo errado, isso é bom e aquilo mau, isso sa-

grado e aquilo profano, "faça isso" e "não faça aquilo". [*Protágoras*, 325c-d]

Esse aprendizado continua nos bancos escolares e prossegue, depois, na vida adulta, mediante a pressão de nossos concidadãos e, também, é claro, por conta do trabalho de filósofos que, como o próprio Protágoras, têm por profissão (remunerada) ensinar a virtude.

O aprendizado da justiça e da consciência — do respeito às normas sociais — seria, portanto, alguma coisa muito distinta do processo de aquisição de habilidades técnicas, mas semelhante ao de assimilação da linguagem. Embora seja difícil dizer quem exatamente nos ensinou a usar nossa língua materna, é certo que ninguém nasceu com ela e que praticamente todos possuem algum domínio do seu uso.

Por fim, concluindo o argumento, Protágoras contrasta a condição moral do homem civilizado, cidadão da *polis*, com a do selvagem pré-político. Sua avaliação, vale notar, reproduz o julgamento feito pelos adeptos da versão mais forte do neolítico moral, porém com o sinal invertido: "Até mesmo o homem mais depravado que foi criado numa sociedade regida por leis é um homem justo, um especialista nessa esfera, quando o comparamos com homens sem educação, ou tribunais, ou leis, ou qualquer tipo de coerção para forçá-los a ser bons" (*Protágoras*, 327c-d).

Mesmo que não possua quaisquer qualidades morais, o civilizado precisa ao menos aparentar possuí-las. Deixar de fazê-lo seria loucura. Significaria a proscrição da vida comunitária, o isolamento e a autodestruição. (Mesmo o hipócrita não deixa de reconhecer implicitamente o valor da conduta moral; daí que "a hipocrisia é um tributo que o vício presta à virtude", como diria mais tarde o moralista francês La Rochefoucauld;[8] e para se descobrir o padrão de moralidade socialmente aceito basta apenas observar, como sugere o bispo inglês Joseph Butler, "aquilo que cada homem que encontramos se esforça por parecer que ele é".)[9]

Além de Protágoras, diversos outros filósofos antigos enfatizaram o valor de sobrevivência e coesão social da moralidade.

Um breve retrospecto, sem qualquer pretensão de sistematicidade, da evolução do tema na filosofia antiga permite apontar algumas recorrências e variações significativas.

Na análise aristotélica da formação da associação política (*polis*), por exemplo, o papel da ética como fator de união na vida comunitária aparece de forma clara. As primeiras formas de conexão entre os homens, como a família (cônjuges e escravos) e a vila (uma liga de famílias), tiveram como finalidade básica a preservação da vida, a maior segurança e a satisfação de necessidades. Com a formação da *polis* (uma associação de vilas) o processo de entrosamento social atinge o seu ápice. A *polis* tem como finalidade não apenas resolver questões práticas de segurança e produção, mas principalmente dar aos seus membros condições para que possam perseguir fins mais elevados e mostrar o melhor de si.

O discernimento moral, argumenta Aristóteles na *Política*, é condição nuclear da possibilidade de constituição da *polis*:

> A singularidade do homem, em comparação com o resto do mundo animal, está em que apenas ele possui a percepção de bem e mal, de justo e injusto, e de outras qualidades similares; e é a associação numa percepção comum dessas coisas que constitui uma família e uma *polis* [...] O homem isolado — aquele que é incapaz de partilhar dos benefícios da associação política ou que não precisa partilhar porque já é auto-suficiente — não pertence à *polis*, sendo portanto ou uma besta selvagem ou um deus. [*Política*, 1253a][10]

É no âmbito da *polis* que os cidadãos encontrarão pela primeira vez a chance de transcender um modo de vida essencialmente prático, ou seja, absorvido pela preocupação com a segurança e a satisfação de necessidades. O perímetro da *polis* estabelece, portanto, o limite da independência humana. Dentro dele, os homens podem finalmente mostrar sua verdadeira natureza e florescer enquanto "animais políticos" e capazes de buscar a excelência como um fim em si mesma.

É por isso que Aristóteles conclui que "o homem é por natureza um animal destinado a viver na *polis*": um ser vocacionado para a associação política, e isso "num grau ainda mais alto do que as abelhas ou outros animais gregários" (*Política*, 1253*a*). Mas a condição básica de existência da *polis* é a ética. Para que a associação política possa surgir e se manter é preciso que os homens — seres intermediários entre as feras (*aquém*) e os deuses (*além* do bem e do mal) — compartilhem de uma percepção comum no discernimento de valores e na determinação do que é justo.

A comparação entre as análises de Protágoras e Aristóteles, delineadas acima, sobre as condições de existência e o processo de surgimento de uma ordem social maior e mais complexa que a liga de famílias permite identificar um ponto comum e uma diferença importantes.

O denominador comum é a proposição de que a engenhosidade técnica não basta. A vida comunitária entre os homens requer a existência de crenças morais compartilhadas e de normas publicamente aceitas, demarcando a conduta lícita e a ilícita. À falta desses elementos, a ordem social não poderia surgir ou continuar existindo. A ética possui, portanto, um inestimável valor instrumental, na medida em que viabiliza a vida comunitária e, indiretamente, todos os benefícios práticos e espirituais que ela traz para o homem.

Por outro lado, verifica-se um contraste significativo entre Protágoras e Aristóteles quanto ao *grau de adesão* dos homens às crenças e normas que tornam a ordem social coesa. Aristóteles, é verdade, admite a existência de classes de indivíduos que não compartilham da moralidade comum. Bárbaros e escravos são "animais pré-políticos" que vivem aquém do bem e do mal e não pertencem à *polis*.

Além deles, há a figura do "homem isolado". Aristóteles retrata-o como uma peça solitária e perdida num jogo de damas. É o homem "sem clã, sem lei e sem coração". Movido pela "paixão da guerra", ele é o pior dos seres:

O homem, quando completo, é o melhor dos animais; mas se ele estiver isolado da lei e da justiça ele é o pior de todos. Sua injustiça é tanto mais grave quando se trata de injustiça armada [...] É por isso que, se ele for sem virtude, ele é um ser depravado e selvagem no mais alto grau, e pior que todos os demais na gratificação de taras e fomes insaciáveis. [*Política*, 1253a]

O ponto, contudo, é que o "homem isolado" aristotélico é claramente a exceção. Como os bárbaros e os escravos, ele jamais chega a constituir uma ameaça real à estabilidade da ordem social.

Aristóteles atribui, portanto, um forte grau de adesão, por parte da grande maioria dos cidadãos, aos valores e normas que sustentam a *polis*. Igualmente, ao relatar o caminho que levou da família à vila, e desta à associação política, Aristóteles descreve um processo gradual e contínuo, sem maiores traumas, violência ou retrocessos. O surgimento da *polis* é visto como o coroamento final de um percurso *natural*, eminentemente não conflituoso, e conduzindo a formas cada vez mais completas e perfeitas de convivência entre os homens. Mas se isso é verdade, como entender a perspectiva aristotélica? O que lhe permite sustentar tal posição?

O princípio filosófico subjacente à visão de Aristóteles sobre a adesão bem enraizada dos cidadãos à moral e o surgimento não conflituoso da *polis* pode ser encontrado naquilo que Bertrand Russell chamou de "otimismo ético" aristotélico.

O ponto central, argumenta Russell, é que Aristóteles "acredita na importância científica das causas finais, e isso tem como implicação a crença de que o fim [*telos*] governa o curso do desenvolvimento no universo".[11] Cada ser é dirigido por seu *telos*. Os homens desejam viver a melhor vida possível — este é o fim que perseguem. O "homem isolado" — o transgressor — é uma aberração solitária, porque ele nega a vocação política e social do ser humano. Para Aristóteles,

O homem é um animal impelido pela sua natureza a viver numa *polis*. Um *impulso natural* é, portanto, uma razão pela qual os homens desejam viver em sociedade, mesmo quando não precisam da ajuda mútua; mas eles são também reunidos por um *interesse comum*, na medida em que, por meio da união de todos numa forma de associação política, cada um obtém sua parte na vida boa. [*Política*, 1278*b*]

Daí que, como ele afirma na *Ética*, "ninguém escolheria o mundo inteiro sob a condição de ser sozinho, uma vez que o homem é uma criatura política e cuja natureza é viver com outros" (1169*b*). A coesão da sociedade e o consenso moral que a sustenta não são o resultado do acaso, da imposição autoritária ou da mera utilidade. Para Aristóteles, a ordem social é robusta — e o seu surgimento é não conflituoso — porque ela está inscrita na ordem de um universo teleológico e existe, assim, por princípio. A *polis* é o resultado de um "impulso natural" aliado a um "interesse comum". Chegar até ela é o *telos* supremo da evolução das formas de associação entre os homens.

Aí reside a diferença básica entre Aristóteles e Protágoras no tocante ao problema da ordem social. Protágoras não compartilha da crença aristotélica na importância de causas finais e do seu otimismo ético.

É por isso que o processo de surgimento e consolidação da vida comunitária descrito por Protágoras é eminentemente conflituoso. O caminho até a *polis* é marcado pela injustiça e violência generalizadas. As virtudes da consciência e da justiça, das quais depende a ordem social, não são naturais no homem. São conquistas árduas e relativamente frágeis. O aprendizado moral é o resultado da necessidade nua e crua de sobrevivência num mundo hostil; ele reflete a experiência amarga do homem após um longo e doloroso processo de tentativa e erro que levou a espécie humana à beira da extinção.

Pior: a "praga" do relapso — da transgressão generalizada às normas vigentes de convivência — é uma ameaça latente e que requer leis implacáveis para não se tornar realidade. Existe um "homem solitário" aristotélico, pronto para dar o ar de sua graça, no peito de cada cidadão da *polis*.

A mesma ênfase no caráter conflituoso da criação e manutenção da ordem social permeia o argumento desenvolvido por Lucrécio no Livro 5 de *De rerum natura*. Lucrécio divide a evolução da sociabilidade humana em três fases cronológicas: o homem primitivo, a sociedade pré-política e a sociedade política. Se a ética tornou possível a passagem da primeira para a segunda fase, foi também a fragilidade da adesão a ela que acabou levando, por meio de um processo extremamente conflituoso, amargo e violento, ao surgimento da terceira.

Os homens primitivos viviam em condição precária. Não possuíam vestes ou moradia fixa e sequer mantinham vínculos sexuais duradouros. Eles "levavam suas vidas da maneira errante das bestas selvagens", completamente isolados entre si e preocupados somente consigo mesmos: "cada um era ensinado pela sua vontade a viver e batalhar para si próprio apenas".[12]

Mas, com o passar do tempo e a descoberta gradual de novas técnicas de sobrevivência (domínio do fogo para defesa e preparo de alimentos, construção de cabanas e uso de peles animais como proteção para o corpo), os homens passaram a criar vínculos sexuais mais permanentes com suas parceiras e a estabelecer relações de afeto com seus descendentes. Surgem as famílias e, das relações que se estabelecem entre elas, a sociedade pré-política:

> Dessa forma, também, moradores próximos começaram a formar laços de amizade uns com os outros, visando não causar danos ou serem injuriados, e a recomendar que crianças e mulheres fossem tratadas com compaixão, usando gritos e gestos para fazer saber, através de palavras mal formadas, que o certo para todos os homens é ter piedade dos mais fracos. E, embora a harmonia entre eles não pudesse ser estabelecida sem exceções, uma parcela muito grande dos homens respeitou seus acordos de boa-fé, ou então a raça humana já teria sido então toda destruída e nem a reprodução teria se prolongado pelas gerações até o presente.[13]

Na sociedade pré-política a ética aparece como fator de sobrevivência e coesão social. As normas básicas de conduta são: 1) a adesão espontânea e de "boa-fé" a um acordo recíproco de não-agressão, definido por Epicuro como "um certo pacto de não prejudicar e não ser prejudicado";[14] e 2) a proteção dos membros mais fracos da comunidade (mulheres e crianças).

Nessa fase intermediária, e de relativa harmonia, da convivência social, as necessidades e a ambição humanas eram *limitadas*. Os homens já não ingeriam veneno por ignorância, como fazia o primitivo, mas ainda não se envenenavam uns aos outros, como fará o civilizado (cf. p. 31). As principais conquistas da sociedade pré-política foram o melhor domínio do fogo e o desenvolvimento da linguagem.

Com o progresso técnico, entretanto, as bases da sociedade pré-política foram irremediavelmente minadas. O aperfeiçoamento da linguagem e as novas possibilidades de vida e consumo despertaram nos homens um enorme apetite por riqueza e poder. Surge a propriedade das terras e dos rebanhos e difunde-se o uso de metais e do ouro como moeda.

Embora não esclareça exatamente de que forma, Lucrécio afirma que surgem também os primeiros governantes ("reis"): indivíduos dotados de excepcional liderança, força e sagacidade ou grandes proprietários que dividem suas terras e rebanhos entre os súditos. Os reis são temidos e invejados pelos demais, e a necessidade de garantir sua proteção, em caso de revolta, leva à construção de fortalezas. Com o desejo de proeminência aceso em cada mente, generaliza-se a competição pelo poder, fama e riqueza entre os homens. Rompe-se o acordo moral que sustentava a sociedade pré-política e tem início o doloroso processo de aprendizado que culmina no nascimento da sociedade política.

A transição da sociedade pré-política para a política é marcada pela violência, anarquia e instabilidade. Lucrécio descreve uma situação de conflito aberto entre homens sem freios ou inibições. Os reis, antes temidos e reverenciados, são agora depostos e decapitados pela multidão. Na desordem turbulenta que se instaura, todos se imaginam melhores que os outros e "cada homem busca para si próprio o poder e o comando". A situação descamba de tal modo que finalmente os homens, cansados da violência e da insegurança, buscam meios de restaurar a ordem:

> Então alguns tiveram a idéia de criar magistraturas e estabelecer regras de direito para que os homens se dispusessem a obedecer a leis. Pois a raça humana, extenuada de levar uma vida de violência, estava se debilitando em função de suas hostilidades. Como conseqüência disso, mais prontamente ela mesma, por sua própria vontade, acedeu em se sujeitar às leis e regras estritas de direito. Pois, uma vez que cada um, movido pela sua ira, buscava vingar-se mais duramente do que agora é permitido por leis iguais para todos, por esta razão os homens estavam esgotados de viver pela violência.[15]

Assim, o despertar de novos desejos e de uma ambição *ilimitada* nos homens, com o conseqüente acirramento da competição, destruíram o frágil equilíbrio da ordem pré-política. No seu lugar, surge uma situação de anarquia, conflito e violência generalizada — uma verdadeira "guerra de todos contra todos" que desemboca, por sua vez, no surgimento de um novo equilíbrio: a sociedade política.

Um fragmento atribuído por Plutarco a Colotes (seguidor e contemporâneo de Epicuro no final do século IV a.C.) capta de forma expressiva a tensão subjacente à nova ordem:

> Os que promulgaram leis e regulamentos, e instituíram monarquias e outras formas de governo em aldeias e cidades, deram à vida humana grande repouso e tranqüilidade, libertando-a de muitas preocupações; e, se alguém empreendesse sua abolição, deveríamos viver a vida dos animais selvagens e estar prontos para nos devorarmos uns aos outros quando nos encontrássemos.[16]

O traço distintivo da sociedade política lucreciana é a existência de um código de leis de caráter compulsório. A obediência às normas de conduta e restrições legais é garantida não mais pela boa-fé ou pela piedade em relação aos mais fracos, mas por um sistema uniforme de punições. O principal freio inibidor das transgressões é o medo. Medo da punição *ex ante*; e medo de ser descoberto e punido *ex post*.

Mesmo que logre eludir a justiça humana, aponta Lucrécio, o transgressor "ainda se pergunta se o seu segredo se manterá para sempre". A religião, cujo desenvolvimento é paralelo ao da sociedade política, baseia-se também no medo de punição (divina) e age como um reforço à sanção penal na obediência às normas. Enquanto a ordem pré-política se mantinha com base em laços de *amizade* espontânea entre famílias, a ordem política depende de um código de *justiça* de caráter compulsório, sustentado por sanções penais e religiosas externas.

Ao contrário da visão aristotélica, portanto, na perspectiva aberta por Protágoras e Lucrécio não há nenhuma garantia metafísica (teleológica) conduzindo à criação, ou sustentando a permanência, da ordem social.

A vida comunitária organizada é uma planta delicada. A moralidade é um ingrediente-chave, porém frágil, do cimento que mantém a sociedade coesa. O estado de conflito, violência e anarquia é latente. A questão básica é saber o que leva à maior ou menor aderência, por grande parte dos homens, ao código de justiça vigente e às virtudes morais. Quais são os determinantes do grau de adesão dos indivíduos às normas de conduta que permitem a convivência humana em sociedade?

Na filosofia moderna, a discussão do problema da origem, natureza e robustez da ordem social afasta-se claramente da abordagem aristotélica e retoma alguns pontos importantes da tradição de pensamento associada a Protágoras e Lucrécio. Esse movimento não é gratuito. Ele reflete, antes de mais nada, as próprias conquistas da Revolução Científica do século XVII, que minaram o solo conceitual sobre o qual se erguia o edifício aristotélico.

Na concepção de universo que se firma com o advento da ciência moderna — baseada numa visão atomista, mecânica e materialista do mundo — não há mais lugar para a modalidade de explicação teleológica típica do aristotelismo, ou seja, baseada em princípios explicativos como causas finais, hierarquias naturais e holismo. Com a impugnação definitiva do cosmo aristotélico pela Revolução Científica do século XVII, ficaram também comprometidos seu otimismo ético e sua concepção do político.[17]

O berço do tratamento moderno do problema da ordem social é sem dúvida a filosofia hobbesiana. Enquanto filósofo da ciência moderna (uma parte menos conhecida de sua obra), Hobbes procurou consolidar e estender a abordagem cartesiana da natureza física, em franca oposição à concepção teleológica do aristotelismo. Em sua ética e em sua filosofia política, Hobbes buscou permanecer fiel ao espírito do método científico.

A própria organização de sua obra mais sistemática — os três volumes em que se divide a versão latina de *Os elementos da filosofia* — mostra com clareza a continuidade do projeto intelectual hobbesiano. A primeira parte (*De corpore*) trata das questões fundamentais da matéria e dos organismos físicos; a segunda (*De homine*), aborda o homem enquanto ser natural: sua psicologia, paixões e os princípios de sua conduta; finalmente, a terceira (*De cive*) considera as implicações políticas das duas partes anteriores e o homem enquanto cidadão ou membro da comunidade política.

O ponto de partida da análise hobbesiana do problema da ordem social é o relativismo moral. Hobbes nega a possibilidade de conhecimento ético, isto é, de conhecimento seguro e universal sobre o que é certo/bem ou errado/mal, no sentido em que é possível conhecer as leis da geometria ou do movimento físico dos corpos.

Os julgamentos morais são eminentemente subjetivos e dependem dos desejos, sentimentos e temperamento de cada um. Não existe, portanto, um padrão ético de validade inquestionável e aceitação universal através do qual se possa determinar como devemos viver. A raiz da perene discórdia entre os homens estaria não apenas no entrechoque das vontades (apetites e aversões) individuais mas, em larga medida, na própria divergência na percepção do que é certo ou errado. Como ele afirma:

> Os desejos dos homens são diferentes, visto que eles diferem entre si em temperamento, costume e opinião; nós vemos isso em percepções sensoriais tais como o paladar, tato ou olfato, mas ainda mais nos negócios comuns da vida, onde aquilo que uma pessoa *aprova* — ou seja, chama de *bem* — outra vai *condenar* e chamar de *mal*. De fato, com freqüência o mesmo homem, em momentos diferentes, irá *aprovar* e *censurar* a mesma coisa. Enquanto esse for o caso, surgirá necessariamente a discórdia e o conflito.[18]

O problema é que, na visão relativista hobbesiana, o conflito moral entre os homens — a completa falta de acordo sobre o que aprovar e o que condenar — não é passível de resolução no campo da ética. Não obstante, como observa Richard Tuck, Hobbes sugere que há uma saída: "propõe que o caminho para o acordo ocorrerá por meio da *política*, o que constitui [sua] contribuição mais característica para a teoria política".[19] O consenso moral é instaurado mediante um processo político cujo passo decisivo é o estabelecimento de um poder soberano. Aqui reside a diferença fundamental entre o "estado de natureza" e a "comunidade política" (*commonwealth*) hobbesianos:

> No estado de natureza [...] cada homem é o seu próprio juiz, e difere dos outros com respeito aos nomes e designações das coisas, e a partir dessas diferenças surgem disputas e rompe-se a paz; era necessário que houvesse uma medida comum de todas as coisas que poderiam gerar controvérsia; como, por exemplo: o que será chamado certo, o que bem, o que virtude, o que muito, o que pouco, o que *meum* e *tuum*, o que uma libra [...] etc. Pois nessas coisas os julgamentos privados podem diferir e criar controvérsia. Essa

medida comum, alguns dizem, é a razão reta; com eles eu concordaria se houvesse tal coisa para ser descoberta ou conhecida *in rerum natura*. Mas, usualmente, aqueles que invocam a razão reta para decidir qualquer controvérsia têm em mente a sua própria. Mas, isto é seguro, vendo que a razão reta não existe, a razão de algum homem, ou homens, precisa ocupar o lugar dela; e aquele homem, ou homens, é ele, ou são eles, que tem o poder soberano [...]; e conseqüentemente as leis civis são para todos [os membros da comunidade política] as medidas das suas ações, por meio das quais determinam se são certas ou erradas, vantajosas ou desvantajosas, virtuosas ou viciadas; e, por meio delas, o uso e a definição de todos os nomes sobre os quais há discórdia deverão ser estabelecidos. Como, por exemplo, no caso de algum nascimento estranho ou deformado, não deverá ser decidido por Aristóteles, ou pelos filósofos, se se trata de um homem ou não, mas pelas leis.[20]

Assim, é a criação de uma ordem moral, instituída graças à autoridade do poder soberano, que caracteriza a passagem do "estado de natureza" para a "comunidade política". Para Hobbes, "é a autoridade, não a verdade, que faz a lei". As noções de certo e errado, justo e injusto, dependem da constituição de um poder político soberano. "Onde não há poder comum, não há lei: onde não há lei, não há injustiça."[21]

Mas se o ordenamento moral é a condição de existência da comunidade politicamente organizada, como explicar o seu surgimento? O que fez com que os homens se dispusessem, afinal, a abrir mão da sua condição natural, em que "cada um era seu próprio juiz", para aceitar a ordem moral imposta pelo soberano?

A resposta, como será visto a seguir, é o *medo* e, em particular, o medo da morte violenta. Não é à toa que o próprio Hobbes costumava brincar que sua mãe entrou em trabalho de parto no exato momento em que soube que a armada espanhola se preparava para atacar a Inglaterra: "O medo e eu somos gêmeos que nasceram juntos".

Ao descrever "a condição natural da humanidade" no *Leviathan*, Hobbes nega a existência de um instinto ou impulso de sociabilidade inato no ser humano, e afirma a igualdade fundamental na distribuição das faculdades físicas (força) e mentais (inteligência) entre os homens.

Ao mesmo tempo, movidos por suas paixões naturais, os homens jamais se satisfazem com o que é seu e buscam incessantemente aumentar suas posses, segurança e reputação (cf. p. 32). Não existe um bem supremo a ser buscado por todos, mas existe um mal supremo que os homens evitam a qualquer preço — a morte. O único direito do homem natural perante os demais é o seu direito de defesa quando ameaçado, ou seja, o direito de autopreservação.

Ocorre, no entanto, que no "estado de natureza" cada indivíduo julga por si mesmo sobre o que constitui uma ameaça a sua sobrevivência e sobre como exercer o direito natural de autodefesa. Pior, dada a igualdade básica entre os homens, ninguém tem suficiente poder para estar seguro de que possa conservar-se a salvo do ataque e da violência dos demais. Como resultado, o "estado de natureza" é uma condição de conflito endêmico, insegurança e instabilidade radical:

> Sem um poder comum para mantê-los em assombro, os homens estão naquela condição que é chamada guerra; e uma guerra tal que é de cada homem contra cada homem. Pois a guerra consiste não apenas na batalha ou no ato de lutar, mas num período de tempo dentro do qual a disposição de confronto por meio da luta é suficientemente conhecida [...] Em tal condição, não há lugar para o trabalho, pois seus frutos são incertos, e conseqüentemente não há cultivo da terra; não há navegação, nem o uso de mercadorias que podem ser importadas pelo mar; não há edificações confortáveis, nem instrumentos para deslocar e remover objetos que exigem muita força; não há conhecimento da face da Terra, contagem do tempo, artes, literatura, sociedade. E, o que é pior, há constante medo e perigo de morte violenta; a vida

do homem torna-se solitária, miserável, sórdida, embruteci-
da e curta.[22]

A possibilidade de escapar desse estado de coisas, argumenta Hobbes, deve-se em parte às paixões, em parte à razão. As paixões são aquelas que "inclinam os homens para a paz": o medo da morte, o desejo das coisas que dão comodidade à vida, e a esperança de, por meio do trabalho, obtê-las. À razão cabe identificar os meios pelos quais os homens podem chegar a um acordo para sair do "estado de natureza".

Para Hobbes, existe apenas uma porta de saída da "condição miserável de guerra", que é a vida no "estado de natureza". Mas os caminhos que levam até ela são dois.

A *saída* é a constituição de um poder soberano diante do qual os homens abdicam de seu autogoverno e de seus julgamentos morais:

> A única maneira de construir tal poder comum, capaz de defender os homens da invasão de estrangeiros e das agressões mútuas [...] é outorgar todo seu poder e força a um homem, ou a uma assembléia de homens, que possa submeter todas as suas vontades a uma única vontade [...] Isto é mais do que consentimento ou concórdia; é uma união real de todos em uma mesma pessoa, feita através de um pacto de cada homem com cada homem, de maneira tal, como se cada homem dissesse para cada homem, "eu autorizo e cedo meu direito de me autogovernar a este homem, ou a esta assembléia de homens, sob a condição de que você ceda o seu direito a ele, e autorize todas as suas ações de uma maneira análoga". Isso feito, a multidão assim unida em uma única pessoa, é chamada comunidade política [*commonwealth*], em latim *civitas*. Tal é a origem daquele grande Leviatã, ou melhor, para ser mais reverente, daquele *deus mortal*, ao qual devemos, sob o *Deus imortal*, nossa paz e defesa.[23]

Os *dois caminhos* que levam à constituição do soberano — do poder comum capaz de coordenar os julgamentos e ações dos homens perante a ameaça de violência externa e interna — são a *via da subjugação* (pela força) e a *via da política* (acordo).

"A consecução deste poder soberano", afirma Hobbes, "se dá de dois modos. Um, pela força natural, como quando um homem faz seus filhos se submeterem [...] ou por meio da guerra subjuga seus inimigos a sua vontade, dando-lhes suas vidas sob essa condição." O outro modo "é quando os homens chegam a um acordo entre si de se submeterem a um homem, ou assembléia de homens, de forma voluntária, confiando que serão protegidos por ele contra todos os demais".

Mas em ambos os casos, vale notar, é a paixão do *medo* que garante o resultado. "Os homens que escolhem seu soberano, fazem-no pelo medo que têm um do outro, e não daquele a quem estão instituindo." Na via da subjugação, os vencidos "se submetem àquele do qual têm medo". Assim, "em ambos os casos", conclui Hobbes, "fazem-no pelo medo".[24]

O detalhe do argumento desenvolvido por Hobbes vem se prestando, desde o século XVII, a inúmeras leituras e interpretações conflitantes. Mas a orientação básica de sua filosofia política parece clara.

Qualquer governo é melhor que a *ausência de governo*. O despotismo, por pior que seja, é preferível ao mal maior da anarquia, da violência civil generalizada e do medo permanente de morte violenta. A filosofia hobbesiana atende a uma demanda universal e profunda dos homens diante da insegurança gerada pela ameaça de desintegração e colapso das normas que garantem a ordem social — a demanda por autoridade e segurança.

Assim como o "estado de natureza" e a "guerra de todos contra todos", também o "contrato social" hobbesiano, pelo qual os homens escolhem um soberano (ou assembléia soberana) para governá-los e pôr fim ao conflito, não deve ser visto como a descrição de um evento histórico específico. Trata-se, antes, de um recurso expressivo — uma espécie de mito pedagógico — para mostrar o processo altamente conflituoso de surgimento da comunidade política.

O ponto central é o fato de que a autoridade do poder soberano é, antes de mais nada, autoridade *moral*. O nó do problema hobbesiano é a divergência radical e insanável dos juízos humanos no campo da ética. As vontades e interesses individuais são conflitantes e, o que é mais grave, não existe um padrão de justiça aceitável pela maioria — um acordo básico sobre valores e um discernimento comum sobre o certo e o errado — que permita fixar o que é lícito e ilícito na interação humana.

É o conflito moral que bloqueia a solução espontânea, isto é, não autoritária, do conflito prático. Mais pessimista neste ponto que Lucrécio, Hobbes jamais aventa a possibilidade de que tenha havido no passado uma vida comunitária relativamente harmoniosa baseada num acordo moral "de baixo para cima" — algo como a sociedade pré-política lucreciana. Mas o traço comum entre eles é a noção de que a escalada do conflito e da violência provocou a instauração de um código de leis e sanções compulsórias mediante um processo político de decisão.

Na solução hobbesiana, a autoridade estatal é a garantia do ordenamento moral que sustenta a vida comunitária entre os homens. Premidos pelo medo onipresente que tolhe a vida no "estado de natureza", os indivíduos aceitam restringir sua liberdade de ação e abdicam de julgar por si mesmos, a cada momento, o que constitui uma ameaça ou perigo a sua integridade física. Eles renunciam a seu julgamento privado e submetem-se a um código de normas e restrições legais que é imposto a todos por um poder comum e publicamente reconhecido.

O grande benefício dessa institucionalização da justiça é a maior segurança. Reduz-se o risco de morte violenta. O entrechoque das paixões — a propensão natural dos homens pelo ganho, poder, sexo e fama — pode agora transcorrer sem descambar para um conflito terminal. Mas se tal conquista permitiu o avanço da civilização, é preciso lembrar que o perigo de relapso ou retrocesso é igualmente real.

Àqueles que criticam a ficção do "estado de natureza" como um exagero retórico ou caricatura injustificável da realidade, Hobbes pede apenas que olhem, por um momento, para si próprios. Cada um de nós trai a crença no "estado de natureza" ao agir. Quando um homem sai em viagem, observa Hobbes,

> ele se arma e procura ir bem acompanhado. Quando vai dormir, ele tranca suas portas. Mesmo quando está em sua casa, tranca suas gavetas. E tudo isso quando ele sabe que existem leis e funcionários públicos armados para vingar todos os danos que lhe sejam feitos. Que opinião tem ele dos outros homens quando anda armado; ou dos seus concidadãos, quando tranca suas portas; ou dos seus filhos e empregados domésticos, quando tranca suas gavetas? Será que ele não está acusando a humanidade, através de suas ações, tanto quanto eu o faço pelas minhas palavras? Mas nenhum de nós acusa a natureza do homem que faz isso. Os desejos e as outras paixões dos homens não são pecados em si. Da mesma forma, as ações que resultam dessas paixões, até que os homens saibam de uma lei que as proíbe. Coisa que, até que leis sejam feitas, não têm como saber. E nenhuma lei poderá ser feita se eles não concordarem sobre a pessoa que irá fazê-la.[25]

Quando o olho vigilante do soberano fraqueja ou adormece, o "estado de natureza" hobbesiano aflora. Líbano, Somália e Iugoslávia são exemplos extremos. Mas não é preciso ir tão longe. Um passeio à noite pelas ruas de Lagos ou do Rio de Janeiro também serve para ilustrar o ponto.

Igualmente, uma visita aos jornais que relatam os efeitos do blecaute que deixou a cidade de Nova York às escuras, por algumas horas, no outono de 1965. A escalada da violência — roubos, saques, crimes e estupros — aparece como um verdadeiro laboratório hobbesiano em condições ideais de impunidade. Curiosamente, a Estátua da Liberdade permaneceu iluminada durante todo o episódio. Sua eletricidade vinha de Nova Jersey.

* * *

A contribuição de Hobbes, como foi visto acima, recuperou e desenvolveu temas que já estavam presentes no âmbito da filosofia antiga não aristotélica (Protágoras e Lucrécio). Mais especificamente, Hobbes *reproblematizou* a questão da ordem social — da transição de um estado de conflito e anarquia para um estado de paz e segurança.

Foi por meio da filosofia hobbesiana, mais do que qualquer outra, que se firmou no pensamento moderno a imagem de uma sociedade em situação de guerra potencial entre homens sem freios e inibições. Por diferentes motivos, sua mensagem suscitou reações em filósofos de orientação tão distinta quanto Hume e Kant (críticos) ou Bayle e James Mill (adeptos).[26]

Mas entre os desdobramentos teóricos dessa perspectiva no século XVIII, um dos capítulos mais interessantes foi sem dúvida a fábula sobre o povo troglodita que o jovem Charles de Secondat, barão de Montesquieu, faz contar em suas *Cartas persas*.

A trama das *Cartas* de Montesquieu é constituída pelos relatos e reflexões de dois viajantes persas imaginários, Usbek e Rica, que visitam a França no final do reinado de Luís XIV (o Rei-Sol). O livro é composto das cartas que os viajantes trocam com amigos que deixaram na Pérsia ou entre si quando se separam. Através do recurso ao observador estrangeiro, Montesquieu satiriza traços da vida pública e privada parisiense, mostrando como pareceriam estranhos e aberrantes aos olhos dos que ainda não estavam, como os franceses da época, cegos pela familiaridade com eles.

Além disso, as cartas contêm reflexões sobre temas de filosofia moral, muitas das quais expressando, provavelmente, as posições do próprio autor. Entre elas destaca-se, pela perspectiva que oferece acerca do papel da ética como fator de sobrevivência e coesão social, a história contada por Usbek sobre as desventuras dos trogloditas.

A seqüência de cartas (11 a 14) sobre os trogloditas surge como resposta a uma questão levantada por um amigo persa de

Usbek: o que torna os homens felizes, os prazeres dos sentidos ou a prática da virtude?

Usbek, obedecendo à solicitação do amigo, discute a relação entre moral e felicidade humana, mas evita a argumentação abstrata da "filosofia sutil". Há verdades, sugere, como as da ética, que não basta serem ditas, mas é preciso fazer que interessem e sejam sentidas. Daí a opção (análoga à de Protágoras quando conta o mito da origem da sociedade) pela narrativa pedagógica sobre os trogloditas — um povo árabe fictício cujos ancestrais remotos teriam sido os trogloditas ("moradores das cavernas") pré-históricos.[27]

Os trogloditas eram um povo mau e feroz, desprovido de qualquer princípio de eqüidade ou justiça. Viviam sob o jugo autoritário de um rei estrangeiro, incapaz de corrigir sua perversidade congênita.

A certa altura, contudo, os trogloditas se insurgiram. Depuseram o rei e exterminaram a família real. Elegeram novos governantes, mas logo resolveram que viveriam melhor sem eles e por isso eliminaram-nos. A partir desse momento, "todos os indivíduos concordaram em não obedecer mais a ninguém: cada um zelaria unicamente por seus interesses, sem consultar os dos outros". Cada um satisfaria por si mesmo suas próprias vontades e, uma vez que estas estivessem atendidas, eles diziam, "tanto se me dá que os outros trogloditas vivam na miséria". Assim tem início a *fase anárquica* da convivência troglodita.

A principal característica do período de anarquia foi a total incapacidade de criar instituições. Os direitos de propriedade tornaram-se objeto de disputas sangrentas; as mulheres mais belas eram violentadas e raptadas pelos que se dispunham a correr o risco de fazê-lo; as (raras) trocas de mercadorias não obedeciam a qualquer princípio de justiça comutativa e não guardavam qualquer relação com o valor dos bens transacionados; os conflitos privados não tinham árbitros e se resolviam na base da força ou da sagacidade; os mais fracos, velhos e desafortunados morriam à míngua; e, por fim, até mesmo as relações dos trogloditas com o resto do mundo acabaram comprometidas.

Da primeira vez que uma epidemia se alastrou pela nação troglodita, eles foram salvos graças à habilidade de um médico de um país vizinho que, chamado às pressas, trouxe consigo e ministrou a terapia salvadora. Contudo, quando já estavam curados do mal, os trogloditas recusaram-se a pagar o médico pelos serviços prestados.

Mais tarde, quando um surto ainda pior da epidemia voltou a atacá-los, eles foram pedir auxílio ao tal médico. O médico respondeu que não iria, pois a mente dos trogloditas estava infestada por uma praga ainda mais letal que a outra. Sem ajuda externa e sem capacidade de se ajudarem a si próprios, os trogloditas foram quase todos extintos, "vítimas de sua própria maldade e injustiça".

Terminada a fase anárquica, tem início a reconstrução da sociedade em novas bases. Apenas dois homens e suas famílias conseguiram sobreviver à praga que assolou a nação troglodita. Durante o período da anarquia, eles viveram em total isolamento porque eram diferentes dos demais e não toleravam a perversão existente. Tratava-se, de fato, de homens singulares: "conheciam a justiça, eram humanos, amavam a virtude". Afastados de seus compatriotas mas unidos entre si, eles souberam manter acesa a tocha da ética em tempos de cólera e corrupção.

Na educação que deram aos seus filhos, os trogloditas sobreviventes cuidaram para que eles "sentissem que o interesse dos indivíduos sempre reside no interesse comum". Com o tempo, vieram matrimônios estáveis e felizes. O povo, renovado, cresceu em número e floresceu. A prática da virtude se consolidava pela multiplicação de exemplos. Trabalhavam com afinco, sempre pelo bem comum, e celebravam, agradecidos, a benevolência dos deuses.

Prosperidade, concórdia, saúde — é o apogeu da *fase harmoniosa* dos trogloditas. A cobiça era desconhecida. A única competição que conheciam era no altruísmo e benevolência. "Nos presentes que se davam uns aos outros, sempre consideravam que a maior vantagem consistia, justamente, em dar." Os rebanhos viviam misturados: a instituição propriedade não tinha razão de ser. O povo troglodita vivia agora, em suma, "como uma única família".

Tamanha prosperidade e bem-aventurança logo despertou a inveja em nações vizinhas. Os trogloditas tentam apaziguá-los oferecendo ajuda, mas os povos estrangeiros insistem em pilhar seus rebanhos e entrar armados no seu território. Uma tentativa de ocupação militar encontra os trogloditas bem preparados para a defesa e os invasores são rechaçados, em combates sangrentos, como se fossem bestas ferozes. Na guerra implacável contra o invasor estrangeiro prevalece o valor de sobrevivência das virtudes marciais: sangue-frio, coragem e desprendimento diante da morte.

Outras forças, no entanto, menos óbvias e mais eficazes que o inimigo externo, acabam comprometendo a continuidade da perfeita harmonia em que viviam os trogloditas. Com a população crescendo a cada dia, eles concluíram que convinha escolher um rei. Reuniram-se em assembléia e elegeram, para governá-los, "um velho venerado pela idade e por uma virtude sem falhas". O homem eleito reluta, contudo, antes de aceitar o encargo. Mais experiente que seus compatriotas, ele avalia com palavras amargas o que de fato ocorria com seu povo e antecipa o término da fase harmoniosa:

> Percebo bem o que sucede, ó trogloditas! Começais a sentir a virtude como um fardo. Na condição em que viveis, sem chefe algum, tendes de ser virtuosos a despeito de vós mesmos: sem isso não teríeis como sobreviver, e voltaríeis à desgraça em que findaram vossos ancestrais. Mas esse jugo vos parece demasiado duro; preferis submeter-vos a um príncipe e obedecer a suas leis, que serão menos rígidas que vossos costumes. Assim podereis satisfazer vossa ambição, adquirir riquezas e enlanguescer em covarde volúpia, bastando apenas que eviteis cometer grandes crimes [...] Chego ao fim de meus dias; meu sangue se enregela nas veias; em breve hei de rever meus sagrados ancestrais. Por que desejais que eu os

aflija, e que seja obrigado a lhes dizer que vos deixei submetidos a um jugo que não é mais o da virtude?[28]

Assim termina a fase harmoniosa e a fábula dos trogloditas de Montesquieu. Ao elegerem um rei para governá-los, isto é, ao desobrigarem-se de perseguir o *máximo moral* para viverem apenas dentro do *mínimo legal*, os trogloditas voltam, de certa forma, ao ponto de partida de sua história. Evitam recair na interação destrutiva que arruinou seus antepassados corruptos, mas abdicam, também, da interação perfeitamente cooperativa e altruísta da fase seguinte. Tanto na fase anárquica quanto na harmoniosa foram forças internas que acabaram minando a estabilidade da ordem existente. Na primeira, a praga que contaminou mentes e corpos; na segunda, o crescimento populacional descontrolado e o "fardo da virtude".

As desventuras dos trogloditas mostram não apenas o papel da ética como fator de sobrevivência e coesão social. Elas reforçam a ênfase na importância da autoridade política para a existência e estabilidade da vida comunitária organizada entre os homens.

A reflexão e a própria experiência moral sempre tiveram uma existência precária no âmbito da ciência moderna. A história da filosofia está repleta de declarações programáticas (não executadas) e tentativas mais ou menos sistemáticas de dar fundamentos científicos rigorosos para a ética.

Nenhuma delas, contudo, conseguiu muita coisa. Não há nada, no campo da ética, que se compare às conquistas das ciências exatas e naturais. A constatação de Bertrand Russell, em 1946, continua tão atual como quando foi feita: "Ao contrário de outros assuntos tratados pelos filósofos gregos, a ética não fez quaisquer avanços definidos, no sentido de descobertas amplamente ratificadas. Nada na ética é *conhecido* em um sentido científico".[29] O mais grave, no entanto, é que não se conseguiu sequer estabelecer com razoável segurança qual seria o caráter e a realidade da experiência moral humana.

Como foi visto na Introdução, a raiz da tensão existente entre ética e ciência é profunda. A ciência *busca conhecer o mundo observável* abstraindo-se por completo das preferências e valores humanos. O que se almeja é tão-somente a produção de conhecimento objetivo: conhecimento, o tanto quanto possível, independente da subjetividade de quem o produz. A ética persegue uma finalidade oposta. Trata-se aqui precisamente de *não aceitar a realidade como ela é*, isto é, de deliberar e afirmar na prática nossas preferências e valores morais num universo parcialmente criado pelo próprio homem. A ética lida com aquilo que pode ser diferente do que é.

A tensão entre ética e ciência pode assumir tintas fortes. Para os adeptos mais extremados do neolítico moral (capítulo 1), o avanço da ciência é uma das causas do suposto retrocesso da humanidade em termos morais.

De um ponto de vista estritamente científico dos fatos, no entanto, a própria experiência moral do homem não passaria, afinal, de uma pseudo-experiência, ou seja, algo desprovido de poder causal sobre processos físicos observáveis.

Tanto uma quanto outra posição representam, contudo, especulações sobre as quais qualquer veredicto definido é prematuro. Se é provável, por um lado, que grandes avanços no estudo da psicologia moral virão a partir do melhor conhecimento científico sobre o funcionamento do cérebro e do sistema nervoso humanos, parece também verdadeiro, por outro, acreditar que existem questões, como as da ética, que jamais poderão ser devidamente consideradas ou respondidas pela abordagem científica.

A freqüência do recurso ao mito e à fábula narrativa na apresentação de teorias sobre as relações entre ética, sobrevivência e coesão social foi parcialmente registrada neste capítulo. A essa classe pertencem: o mito atribuído por Platão ao sofista Protágoras, um dos criadores da retórica; a poética epicurista de Lucrécio; a plêiade de imagens e metáforas devidas a Hobbes ("leviatã", "guerra de todos contra todos", "estado de natureza", "contrato social" etc.); e, por fim, o "mito dos trogloditas" de Montesquieu.

Tal procedimento deixa transparecer a dificuldade da adoção de uma postura estritamente científica diante do problema da ordem moral. "Tudo o que é dito metaforicamente não está claro" (Aristóteles). O apelo freqüente à metáfora, à alegoria e às armas do arsenal retórico expressam um tipo peculiar de uso da linguagem. Entram em cena recursos persuasivos que não dependem de confrontação empírica ou demonstração dedutiva.

Parece inegável que tais recursos servem, em boa medida, para compensar a baixa segurança cognitiva do emissor. Estão ligados, portanto, à percepção — dificilmente questionável — da crônica falta de progresso científico no campo da investigação ética.

Por outro lado, há que se questionar o monopólio do método científico sobre a produção de conhecimento confiável. Uma coisa é o apreço pelo conhecimento científico; outra, muito distinta, é o cientificismo. Há boas razões para se suspeitar que a utilização indiscriminada e imprópria da abordagem científica acarreta um estreitamento indesejável do campo de possibilidades de reflexão e de vida abertos para o homem.

É difícil conceber que a vida subjetiva do homem possa ser conhecida objetivamente. O cientificismo é a crença de que existem respostas científicas para perguntas que a ciência não tem como formular. A observação feita por Wittgenstein coloca o problema de forma clara: "As pessoas atualmente pensam que os cientistas existem para instruí-las, e os poetas, músicos etc. para lhes dar prazer. A idéia *de que estes últimos têm alguma coisa para ensinar-lhes* — isto não lhes ocorre".[30]

À luz dessa advertência oportuna, vale a pena indagar: o que se pode aprender das teorias sobre as relações entre ética e coesão social discutidas acima? Que lições e conclusões podemos tirar da reflexão sobre o problema da ordem social tendo em vista o percurso reconstruído neste capítulo? Quais os pontos comuns, e quais as divergências mais significativas, entre as diferentes abordagens apresentadas?

A vida comunitária organizada possui exigências próprias. A partir de certo grau de complexidade, opulência e impessoalização das relações sociais, o modelo de convivência da família e da tribo — baseado em vínculos afetivos, restrita divisão do trabalho e predomínio da tradição sobre a escolha racional — não é capaz de garantir por si só a estabilidade da ordem social.

Nem todos os autores discutidos, é verdade, aceitam a tese da existência possível de uma sociedade pré-política cuja evolução teria desembocado no surgimento das leis e da autoridade política (como em Aristóteles, Lucrécio ou na fase harmoniosa dos trogloditas). Tanto no mito de Protágoras quanto na visão hobbesiana existe uma forte descontinuidade entre a anarquia pré-social e a ordem social. A passagem de uma à outra não dá margem a idílios pré-políticos de simplicidade e pureza.

Mas um denominador comum entre todos os autores vistos é a crença na necessidade de um poder soberano: uma autoridade pública reconhecida e capaz de garantir coercitivamente o respeito às normas de conduta que tornam a vida comunitária estável.

Há várias formas de justificar essa necessidade da organização política coercitiva e da institucionalização de um código de leis sustentado por sanções penais administradas pelo Estado. A mais comum é, talvez, o argumento da fragilidade da vida comunitária organizada — a ameaça latente e perene de anarquia, conflito, guerra civil e esfacelamento interno da ordem social.

Variações em torno desse argumento estão presentes em Protágoras, Lucrécio, Hobbes e Montesquieu. De modo geral, todos evocam o risco concreto de degeneração da convivência humana, mediante um processo de interação destrutiva ("praga") que conduz a uma situação de desordem civil crônica ("guerra de todos contra todos"). O poder soberano e as leis são a garantia necessária para manter afastada essa perigosa ameaça.

Mesmo no caso da filosofia política aristotélica — onde o risco de colapso radical da ordem social não parece ser tão presente — a existência e a necessidade da organização política são defendidas, em termos éticos, como fins desejáveis em si mesmos e, instrumentalmente, como fator de prevenção da desordem política e como salvaguarda contra o "homem isolado" e o invasor externo. Em todos os casos, portanto, está descartada qualquer pretensão de que seria desejável ou exeqüível prescindir inteiramente, numa sociedade complexa e urbanizada, da autoridade política: Estado, leis, tribunais e polícia.

Já quanto à questão do grau de adesão interna dos indivíduos às normas de conduta que sustentam a vida comunitária, as diferenças entre os autores discutidos são profundas. Sobre esse ponto, Aristóteles e Hobbes ocupam posições polares e irreconciliáveis.

No modelo hobbesiano, a adesão interna dos indivíduos às normas de conduta é praticamente nula. O mundo é um lugar habitado por feras. A *bête humaine* é um ser que "carrega a guerra n'alma", e apenas a força do medo — sobretudo da morte violenta — é capaz de subjugar a nossa propensão natural ao total descaso pelo bem-estar dos demais na busca implacável do auto-interesse egoísta. O relativismo ético é de tal ordem que termina levando a um impasse e a uma ruptura. O acordo moral é *imposto de fora e de cima para baixo* pelo soberano. A decisão tomada pelo representante do Estado tem força coercitiva e não pode ser contestada: ela contém em si mesma a garantia de sua correção e justeza.

A ruptura não altera, contudo, o caráter passional, egoísta e aquisitivo dos homens-átomos. A arte de viver em comunidade está constantemente ameaçada pela discórdia civil e pelo invasor externo. De modo geral, o poder de arbítrio estatal numa dada sociedade será tanto mais forte e concentrado quanto maior for a ameaça à sobrevivência e à coesão social.

Na visão aristotélica, como foi visto acima, a adesão interna dos indivíduos (cidadãos qualificados da *polis*) às normas de conduta é praticamente unitária. O que os move a isso não é o medo ou a autoridade externa, mas a convergência de um *impulso natural de sociabilidade* e um *interesse prático comum*. A vida comunitária entre os homens tem um grau de coesão e robustez ainda maior que entre as abelhas e formigas. Existe uma vocação humana profunda para a vida em sociedade e para o exercício da política; as virtudes cívicas são e devem ser cultivadas porque fazem parte da melhor vida para o homem.

Na visão de Aristóteles, portanto, rigorosamente, não existe um "problema da ordem social". Seu otimismo ético e sua confiança teleológica em causas finais contrastam com uma visão mais realista, como em Protágoras, na qual o caráter conflituoso e instável da convivência humana aparece de forma clara.

Para cada preto e branco existem muitos cinzas. Na prática, o valor do grau de adesão dos indivíduos às normas sociais situa-se em algum ponto entre o *zero* hobbesiano e a *unidade* aristotélica. Mais precisamente, o grau de adesão 1) não pode ser nulo, mas 2) também está longe de convergir para o ideal encontrado na *polis* aristotélica ou, ainda, em estados de simplicidade rústica como a sociedade pré-política de Lucrécio e a fase harmoniosa dos trogloditas de Montesquieu.

Não pode ser nulo porque sem um mínimo de adesão, isto é, sem um acordo moral básico, construído de baixo para cima e razoavelmente internalizado por um grande número de membros da comunidade, a ordem social não pode existir. "Uma sociedade constituída de egoístas irrefreados se espatifaria em pedaços."[31]

Nenhum ordenamento moral conseguiria manter-se baseado *apenas* na imposição, por parte da autoridade estatal, de leis coercitivas sobre um conjunto de indivíduos isolados e recalcitrantes. O medo não basta. Tem razão o filósofo norueguês Jon Elster quando argumenta que, se os indivíduos sempre se comportassem de maneira oportunista e criminosa quando pudessem fazê-lo impunemente, então a ordem social jamais se teria firmado e a civilização, tal como a conhecemos, não existiria.[32] Por maior que seja a força coercitiva da autoridade constituída, nenhuma lei ou poder soberano consegue sustentar-se se não existe a indiferença ou uma aceitação difusa e um sentimento popular que os legitimem. O fracasso da Lei Seca nos Estados Unidos e a deposição do xá do Irã em 1979 são exemplos claros disso.

93

Em contraste com a sombria visão hobbesiana (e mais longe ainda da ensolarada teleologia política aristotélica) estão teorias como as de Protágoras, Lucrécio e Montesquieu. Em cada uma delas encontramos elementos que ajudam a elucidar a questão dos determinantes do grau de adesão dos indivíduos às normas que dão estabilidade à ordem social.

O que nos leva a acatar uma norma de conduta? Por que submetemos nossas ações, com maior ou menor freqüência, a restrições externas, mesmo quando estas conflitam com o nosso desejo ou benefício imediato? Qual a motivação individual de fazer coisas como, por exemplo, cumprir as leis, pagar impostos, dizer a verdade, não atirar lixo na rua, ser pontual, entrar em fila, respeitar o farol, não colar etc., e isso independentemente da relação que fazer tais coisas possa guardar com o nosso auto-interesse? O esquema sugerido por E. Aronson permite abordar de modo interessante a questão.[33]

Considere-se, por exemplo, uma norma de conduta bem definida como *pagar corretamente o imposto x*. A força coercitiva e fiscalizadora do Estado não conseguiria, por si só, fazer com que x seja acatado de modo a garantir o recolhimento de uma parte considerável da arrecadação potencial. A adesão mais ou menos generalizada dos contribuintes ao pagamento regular de x pode ser atribuída a três fatores básicos: submissão, identificação e internalização.

No caso da *submissão*, a adesão à norma se dá por força da ameaça de sanção externa dos infratores. A decisão resulta de um processo deliberativo racional. A punição é o preço do crime. Se o governo emprega fiscais de arrecadação; se o não-pagamento de x é punido com multa ou prisão; e se o risco de ser pego existe, então a relação custo-benefício da evasão pode ser tal que me leve a pagar corretamente o imposto devido. A adesão à norma baseia-se aqui num cálculo racional. Ao mudarem os valores e as probabilidades de ocorrência, altera-se também a decisão do agente.

Dentro dessa ótica, o crime bem-sucedido (a sonegação impune de x), se não chega a ser a própria virtude, é ao menos um excelente negócio. O apelo à sanção externa como incentivo ao respeito a normas não é monopólio da relação entre Estado e indivíduo. Em instituições como religião, família, escola e empresa, o recurso à ameaça de punição — neste ou em outro mundo — é um mecanismo de reforço amplamente utilizado.

A submissão é, contudo, um mecanismo claramente insuficiente para dar conta da adesão a normas de comportamento. Não é difícil imaginar que muita gente continuasse pagando regularmente o imposto x, mesmo sabendo que os fiscais foram despedidos e o risco de ser pego é zero. Diversas normas (como, por exemplo, não mentir ou não atirar lixo na rua) não dependem, para serem respeitadas, de um sistema de sanções institucionalizado.

De fato, como nota Elster, "se a punição fosse meramente o preço do crime, ninguém sentiria vergonha ao ser apanhado".[34] Ao contrário da submissão, baseada apenas no cálculo racional, a identificação e a internalização dependem da existência de uma rede de sentimentos e crenças morais compartilhada pelos indivíduos que integram a comunidade.

A *identificação* é a adesão a normas motivada pelo exemplo e pelo desejo de conquistar ou manter a boa opinião dos demais. Pago o imposto x porque as pessoas que mais prezo e admiro assim fazem e sinto-me bem pelo fato de, como elas, também fazê-lo. O desejo de estar bem comigo mesmo e de comandar o apreço e o respeito daqueles a quem prezo e admiro atuam aqui como incentivos ao cumprimento da norma.

A força da identificação surge com clareza na observação de Catão: "Os romanos são como carneiros, pois um homem dirige melhor um rebanho deles do que cada um isoladamente; pois no rebanho, se você consegue que pelo menos alguns sigam na direção certa, todo o resto segue atrás".[35] A moralidade cívica — a adesão às normas que dão coesão à comunidade — parece depender, em larga medida, desse tipo de mecanismo: a constituição de uma rede de sentimentos morais baseada, acima de tudo, na necessidade psicológica de cada um de obter — e periodicamente renovar — a aprovação e a opinião favorável de terceiros (e de si próprio) para aquilo que faz.

Finalmente, a *internalização* é a decisão de acatar a norma com base numa reflexão ética. Pagarei o imposto x, embora pudesse sonegá-lo impunemente. Não me importa, também, o que farão ou poderão pensar os outros. Pago porque acredito tratar-se da conduta sã e razoável. X é um tributo justo e estou convencido de que a vida em sociedade requer, de cada um de nós, o respeito a um conjunto de regras de interesse comum. Não pagar significaria violar a regra e lesar a comunidade. A generalização da evasão fiscal, a partir de um cálculo individual de cada um sobre as vantagens de fazê-lo, levaria a uma situação na qual todos terminariam sendo diretamente prejudicados, talvez pela deterioração da infra-estrutura de bens públicos ou, alternativamente, pelo descontrole inflacionário ("falácia da composição").

O mecanismo de internalização pode ser visto como a vitória dos "interesses constitucionais" do indivíduo sobre os seus "interesses operacionais".[36] Sob que conjunto de normas de conduta e regras gerais de convivência se prefere viver? Os interesses *constitucionais* são nossas preferências com respeito às regras do jogo ou ao ambiente institucional em que escolheríamos viver. Os interesses *operacionais* são nossas preferências com respeito às possibilidades de ação a cada momento, considerando as restrições existentes.

O que é melhor para mim individualmente agora? A questão é saber até que ponto estamos dispostos a sacrificar interesses operacionais em função dos constitucionais. Por exemplo: meu interesse numa ordem constitucional na qual impostos são devidamente cobrados e recolhidos não acarreta a existência de um interesse individual meu em pagar corretamente os tributos devidos. Posso preferir $ para a sociedade como um todo, mas fazer Ø. "O fato de eu não praticar o bem não significa que eu deva pregar o mal" (Sêneca). A internalização via reflexão ética é o mecanismo pelo qual meu interesse (operacional) em Ø é vencido pelo meu interesse (constitucional) em $.

Entre os autores discutidos neste capítulo, mecanismos como

a identificação e a internalização se fizeram presentes em diversos momentos. Podemos encontrá-los na ênfase dada por Protágoras às virtudes da consciência e da justiça, e em sua análise do processo de aprendizagem moral como algo distinto do aprendizado de uma técnica e análogo à assimilação da linguagem natural; no papel atribuído por Lucrécio à formação de vínculos afetivos no âmbito da família e em relações de amizade como fundamento da sociabilidade humana; e, por fim, no papel dos "nichos cooperativos", ou seja, as duas famílias que, na fábula de Montesquieu, conseguiram de alguma forma sobreviver imunes aos tempos de cólera e corrupção que assolaram a nação troglodita.

A ordem social é produto da interação dos indivíduos que a constituem. O caráter e a estabilidade da ordem dependem da qualidade da interação. A existência de conflitos no plano dos desejos e interesses individuais é um fato inescapável da condição humana. O problema é como impedir que esse substrato de conflito descambe para uma situação de confronto aberto, violento e terminal.

Enquanto fator de coesão social, a função da moralidade e das leis é assegurar a coexistência relativamente pacífica desses desejos e interesses conflituosos, ou seja, criar parâmetros e regras de convivência que permitam, não reconciliar por completo, mas compatibilizar e coordenar as aspirações e vontades individuais numa comunidade de pessoas.

A ordem social pressupõe a existência de algum tipo de ordenamento moral cujo papel central é conter e domesticar o conflito natural entre os homens. A grande questão é saber o que determina, em cada situação particular, o maior ou menor grau de adesão dos indivíduos às normas de conduta que sustentam a vida comunitária.

Na prática, a adesão a normas parece ser motivada não por uma ou por outra, mas por uma combinação de submissão, identificação e internalização. Mas ao contrário da submissão baseada em escolha racional, mecanismos como a identificação e a internalização trazem à luz a função de sentimentos morais e da reflexão ética como fatores de sobrevivência e coesão social.

No próximo capítulo serão abordados os limites da autoridade política e da moralidade cívica enquanto princípios de organização da vida comunitária e econômica. Por fim, nos capítulos 4 e 5 discute-se a outra função básica da moral em sociedades complexas — a ética como fator de produção.

3. MORALIDADE CÍVICA E MORALIDADE PESSOAL

A PERCEPÇÃO DE UM PERIGO IMINENTE, real ou imaginário, provoca uma descarga automática de adrenalina em nosso sistema nervoso. O efeito imediato disso é a adoção de um comportamento defensivo que, por sua vez, anula a causa original da descarga. A adrenalina torna o indivíduo mais alerta e atento a mudanças no ambiente e estimula ações impulsivas de resposta ao perigo, como a fuga ou a busca de abrigo. Afastada a ameaça (ou pelo menos a crença de que ela existe), cessa também a descarga de adrenalina. O sistema nervoso tende ao relaxamento e restaura-se o equilíbrio inicial. O mecanismo automático da adrenalina, baseado no princípio da homeostase regida por feedback negativo, aumenta as chances de sobrevivência e a capacidade de autopreservação do organismo.

O problema, contudo, é que nem sempre isso funciona. Existem situações de emergência e perigo iminente em que o comportamento defensivo natural do indivíduo — a reação espontânea baseada no puro instinto de sobrevivência — produz resultados desastrosos. São situações nas quais a sobrevivência de cada um requer, antes de mais nada, uma boa dose de autocontrole ("sangue-frio") e de obediência a normas externas de ação.

Um exemplo claro disso é o que pode ocorrer numa sala de cinema lotada em que se descobre um incêndio. A única porta de saída da sala é estreita e permite apenas a passagem de uma pessoa por vez. Movidos pela percepção do perigo, os espectadores buscam de modo atabalhoado escapar o mais depressa possível. Rapidamente, contudo, a defesa legítima do direito individual de autopreservação conduz ao mais completo tumulto, gerando uma situação de conflito aberto. Num piscar de olhos, a exacerbação da disputa pelo acesso à porta leva à generalização da violência. Pânico. Os mais fracos sucumbem, os mais fortes se agridem e se obstam mutuamente, e o incêndio se alastra. O rival na fuga torna-se um perigo ainda mais direto e ameaçador que o próprio fogo. Poucos conseguem escapar. Como resultado, o saldo de mortos e feridos é claramente maior do que poderia ter sido.

Situações como essa reproduzem, em escala reduzida, o problema da desagregação da ordem social discutido no capítulo anterior. A atmosfera onipresente de ameaça e o medo da morte violenta levam a comportamentos reativos espontâneos que agravam o desequilíbrio, exacerbam a disputa e acabam colocando a comunidade numa trajetória de conflito terminal. A partir de certo ponto, a interação destrutiva adquire uma dinâmica própria e torna-se praticamente irresistível. O instinto de sobrevivência do indivíduo — a defesa selvagem e intransigente do direito de autopreservação — termina aumentando consideravelmente a probabilidade de morte e autodestruição.

A existência de caminhos alternativos (superiores) a essa trajetória depende da intervenção de alguma forma de restrição ao impulso natural de sobrevivência. Os efeitos do medo e da adrenalina precisam ser controlados e devidamente canalizados para evitar o desastre maior. O elemento crucial para que isso aconteça é que os indivíduos, embora desejando ardentemente continuar vivos, não se deixem cegar pelo amor a sua própria vida.

No exemplo do incêndio, é possível identificar dois caminhos alternativos ao descrito: 1) a adesão a *normas* preestabelecidas de precedência como, por exemplo, a de que crianças, mulheres e idosos devem ser os primeiros a sair; ou 2) o surgimento de uma *liderança* capaz de impor e fazer respeitar alguma regra de precedência que organize a saída e impeça a escalada do conflito. Em ambos os casos, trata-se da submissão do indivíduo a uma *autoridade* — impessoal em 1) e pessoal em 2) — cuja função é coordenar o acesso ao bem escasso ("porta de saída").

Na ausência de qualquer restrição desse tipo, prevalece a lógica da interação destrutiva, com resultados nefastos para os envolvidos. Daí, vale notar, a falácia grotesca da fórmula brechtiana, ingenuamente materialista, "primeiro a comida, depois a ética". A sobrevivência, é verdade, é condição para tudo o mais. Mas, sem ética, a própria sobrevivência fica comprometida. Sem ela, não há ordem social, paz ou "comida" — há desagregação, guerra e fome. É a economia que se ergue sobre a infra-estrutura ética.

Situações típicas de emergência coletiva (naufrágios, calamidades, epidemias, guerras etc.) e, de forma mais geral, toda a discussão sobre a origem e estabilidade da ordem social (capítulo 2) colocam em evidência as vantagens inquestionáveis associadas à existência de uma autoridade externa comum, capaz de coordenar as ações dos indivíduos e de protegê-los das forças desagregadoras internas e externas à comunidade. Toda a ênfase aqui recai, naturalmente, na importância da moralidade cívica, ou seja, no valor de sobrevivência da obediência uniforme às normas sociais e aos governantes. A ordem exige conformidade. E o transgressor, como afirmou Protágoras, precisa ser eliminado "como uma praga na cidade".

Um sério risco, no entanto, e cuja tentação intelectual e prática não é difícil perceber, é ir longe demais nessa direção. O Conselho Noturno platônico (cf. pp. 29 e 33) é apenas um lembrete dos excessos a que pode levar uma valorização unilateral da moralidade cívica. O reconhecimento dos benefícios inestimáveis da autoridade em relação a certas áreas e problemas da vida comunitária não deve ofuscar os seus profundos limites, custos e riscos em relação a outras áreas e problemas, particularmente no campo da economia.

O ponto básico é que a ênfase nos méritos da autoridade e da moralidade cívica capta apenas um lado da questão. Mais grave, o predomínio excessivo e unilateral desse componente restritivo e normativo da moral, em detrimento de outros valores como a autonomia decisória e a liberdade de ação do indivíduo, acaba trazendo conseqüências profundamente negativas para a vida comunitária. Uma análise equilibrada do papel inestimável e, ao mesmo tempo, dos limites da autoridade e da moralidade cívica é de fundamental importância para um entendimento adequado da função social da moral e das relações entre ética e economia.

A autoridade e a moralidade cívica representam as exigências da vida comunitária. A manutenção da coesão social e a preservação da segurança requerem algum sacrifício da liberdade individual e da tolerância. A grande questão é: até que ponto tal sacrifício é de fato justificável ou, ainda, desejável? Por que não, para retomar o exemplo do cinema, sujeitar os espectadores a outros tipos de restrição externa, regulando não apenas o procedimento em caso de emergência, mas impondo também — em nome, talvez, da racionalidade, da igualdade ou de algum outro ideal coletivo — o filme a que poderão assistir, a sala e a sessão que deverão freqüentar, o assento que ocuparão, o meio de transporte que deverão usar e assim por diante? Pois uma coisa é aceitar a tese, menos controversa, de que *alguma* restrição é necessária para evitar que a convivência humana degenere em guerra e caos. Outra, no entanto, é avaliar o *custo* de estender tais restrições ou, ainda, saber *até onde* vale a pena ir nessa direção.

Claramente, trata-se de uma questão de equilíbrio. Há uma tensão, difícil de ser calibrada, entre as exigências da vida comunitária e as exigências da liberdade individual. Bertrand Russell toca no nervo dessa tensão quando afirma que

> essa dualidade entre a moralidade cívica e a pessoal é algo que precisa ser levado em conta por qualquer teoria ética adequada. Sem a moralidade cívica, as comunidades perecem; sem a moralidade pessoal, sua sobrevivência não tem valor. Portanto, tanto a moralidade cívica quanto a pessoal são igualmente necessárias para um mundo bom.[1]

Se o fogo queima e destrói, o gelo paralisa e petrifica. Duas ameaças simétricas. Se o individualismo sem peias leva à anarquia suicida (capítulo 2), o coletivismo leva à apatia, ao conformismo e à estagnação. Um, pode-se dizer, é o negativo fotográfico do outro. Ao pesadelo hobbesiano da desintegração social é preciso contrapor o pesadelo ético e econômico da supressão do indivíduo.

Do lado do gelo, o problema surge quando as normas e restrições que representam *em tese* o ponto de vista da comunidade — a "vontade coletiva" — ultrapassam os limites do razoável e se transformam em opressão e despotismo. A autonomia do indivíduo é sacrificada no altar da obediência à autoridade. No limite, o predomínio unilateral do princípio da conformidade acaba levando não ao colapso, mas ao enrijecimento e ossificação da vida comunitária, aproximando-a do padrão de comportamento estereotipado característico de insetos sociais como abelhas, cupins e formigas.

Mas o pesadelo de alguns pode ser o sonho de outros. A história das idéias exibe a freqüência com que a ambição impaciente de consertar o mundo desemboca em propostas de salvação cujo conteúdo consiste na imposição de normas e restrições que cerceiam dramaticamente a liberdade de escolha e que levariam, se implementadas, ao virtual sufocamento da individualidade. Como seria de esperar, tais propostas provocaram reações de protesto em filósofos das mais diversas origens e orientações. São pensadores que, à sua maneira, preferiram aliar-se à "mosca irritante" socrática do que alistar-se no Conselho Noturno platônico ou candidatar-se a "rei-filósofo".[2]

Nietzsche, por exemplo, não só identificou com clareza a ambição francamente coletivista do platonismo — "Platão intencionava [...] fixar os costumes nas coisas grandes e pequenas e, especialmente, regulamentar o modo de vida cotidiano de cada um"— como, de forma mais abrangente, lançou um protesto vigoroso e incisivo contra a submissão do indivíduo à pressão castradora da moralidade cívica: "A moralidade treina o indivíduo a ser uma função do rebanho e a atribuir valor a si próprio apenas enquanto uma função [...] A moralidade é o instinto de rebanho no indivíduo".[3] No ideal socialista, sugeriu

Nietzsche, essa tendência é levada ao paroxismo. O indivíduo é visto como uma espécie de "luxo não autorizado da natureza". A existência humana tende a tornar-se "um sobreviver insípido em condição indolor de conforto".[4]

Contra essa mesma ameaça insurgiu-se também John Stuart Mill. Preocupado com os excessos práticos e teóricos cometidos em nome do igualitarismo e do sentimento democrático, Mill defendeu a importância da diversidade de opinião, da experimentação moral e da liberdade de escolha como valores essenciais da existência humana. "Nenhuma sociedade", sustentou Mill, "em que a excentricidade seja motivo de reprovação, pode estar em uma condição saudável."[5]

Indivíduos extraordinários — grandes desbravadores no terreno da experimentação moral como Sócrates e Jesus Cristo — foram julgados e condenados pelas autoridades de seu tempo porque ousaram divergir da opinião da maioria (*vox populi*). Que ambos tenham ido até o fim, e se deixado matar, por conta de um punhado de "opiniões excêntricas", talvez possa mesmo parecer loucura. Mas uma loucura que liberta e redime. A loucura que levou o poeta a indagar: "Sem a loucura que é o homem mais que a besta sadia, cadáver adiado que procria?".[6]

Aos olhos de Mill, o gelo paralisante do coletivismo representava uma ameaça mais grave e preocupante para a sociedade moderna do que o risco de um relapso na fogueira da anarquia hobbesiana. No *Ensaio sobre a liberdade*, Mill pintou com tintas fortes a realidade do que considerava ser "o problema vital do futuro", isto é, "a natureza e os limites do poder que pode ser legitimamente exercido pela sociedade sobre o indivíduo".

Os inimigos da liberdade individual — as formas básicas do poder que a sociedade exerce sobre cada um — eram a) o peso morto da tradição e das convenções; b) o uso e abuso do poder legislativo e discricionário pelos governantes; e c) a pressão exercida pela opinião e sentimentos da maioria. A tendência na sociedade moderna, argumentou Mill, era de uma redução na força de a) mas, ao mesmo tempo, uma expansão de b) e c), com conseqüências profundamente negativas sobre o livre desenvolvimento da individualidade. Como resultado, os objetivos humanos se tornavam cada vez mais estreitos, e a maioria dos homens se convertia num "rebanho industrioso". A pressão da "mediocridade coletiva" sufocava a criatividade, minava o senso de independência e conduzia a uma "uniformidade domesticada de pensamento, relacionamentos e ações":

> É o hábito da nossa época não desejar nada com força. O seu ideal de caráter é não possuir qualquer tipo de caráter bem definido; é deformar pela compressão, como se faz com os pés de uma dama chinesa, qualquer parte da natureza humana que sobressaia de modo proeminente e que tenda a tornar a pessoa marcadamente dissimilar, enquanto indivíduo, da humanidade comum.[7]

Preocupação análoga a essa, vale notar, aparece de forma incisiva nas reflexões de Tocqueville — "o Montesquieu de nossa época" (Mill) — sobre os descaminhos da sociedade européia. Mas se o diagnóstico é em essência o mesmo, existe uma diferença importante de ênfase que reflete, possivelmente, o contraste entre a Inglaterra vitoriana e a tradição francesa de um Estado fortemente centralizador. Ao contrário de Mill, a análise de Tocqueville privilegia não tanto a pressão da opinião pública ou a "tirania da maioria" sobre o indivíduo, mas a expansão insidiosa de uma autoridade estatal que, em nome de fins supostamente coletivos, restringe a autonomia e "amolece" a vontade individual:

> Após ter assim tomado em suas mãos poderosas cada indivíduo e após ter lhe dado a forma que bem quis, o soberano estende os braços sobre toda a sociedade; cobre-lhe a superfície com uma rede de pequenas regras complicadas, minuciosas e uniformes, através das quais os espíritos mais originais e as almas mais vigorosas não conseguiriam aparecer para sobressair na massa; não dobra as vontades, amolece-as, inclina-as e as dirige; raramente força a agir, mas opõe-

se freqüentemente à ação; não destrói, impede o nascimento; não tiraniza, atrapalha, comprime, enerva, arrefece, embota, reduz, enfim, cada nação a nada mais ser que uma manada de animais tímidos e industriosos, cujo pastor é o governo.[8]

Uma modalidade ainda mais completa e ameaçadora de coletivismo estatal — e que costuma não só "amolecer" mas literalmente "quebrar" a vontade dos indivíduos — é a que se baseia na crença da existência de fins transcendentes ou supra-individuais em função dos quais estaria justificado o sacrifício da liberdade, bem-estar e até da própria vida dos membros da comunidade. Claramente, o conteúdo específico do apelo a tais fins e desígnios coletivos varia em cada caso concreto, podendo ser de natureza religiosa, militar, racial, nacionalista ou ideológica. Mas o denominador comum entre eles é o fato de que todos acabam servindo de pretexto para justificar a violentação das aspirações e desejos do indivíduo por meio da submissão absoluta à autoridade. Nisso, como sugere Bertrand Russell,

> reside a diferença essencial entre a perspectiva liberal e a do Estado totalitário: a primeira considera o bem do Estado como consistindo em última análise no bem-estar do indivíduo, enquanto a segunda considera o Estado como o fim e os indivíduos meramente como ingredientes indispensáveis, cujo bem-estar deve estar subordinado a uma totalidade mística que é simples disfarce para o interesse dos dominadores.[9]

A experiência do século XX mostra que o Estado totalitário retratado por Russell está longe de ser apenas uma aberração isolada, isto é, uma espécie rara (ou extinta) de monstruosidade confinada a uma época histórica específica ou região geográfica definida. A Alemanha nazista, a Rússia soviética e o Estado teocrático islâmico são exemplos de submissão do indivíduo à autoridade que não ficam em nada a dever a regimes semelhantes do mundo antigo como, por exemplo, o Império Egípcio, Esparta ou a teocracia inca no Peru.

Em suma, o excesso de autoridade é uma ameaça tão real quanto a sua ausência. À ficção hobbesiana do estado de natureza é preciso contrapor a imagem do rebanho nietzschiano. Existe uma tensão perene entre a *moralidade cívica* que garante a sobrevivência e a ordem social, de um lado, e a *moralidade pessoal* que expressa a liberdade do indivíduo e dá valor à sobrevivência, de outro. Se o colapso da primeira leva à anarquia troglodita, o enfraquecimento da segunda é o caminho para o niilismo do formigueiro humano — uma ordem *prima facie* estável, é verdade, porém rígida, mecânica e desprovida de valor.

É importante frisar que a ênfase na importância da autonomia individual e a sua defesa contra os avanços coletivistas baseiam-se fundamentalmente num argumento filosófico. O amor pela liberdade, como qualquer forma de amor, jamais poderá ser cientificamente validado ou demonstrado.

A ciência é uma arma incomparável quando se trata de mostrar a futilidade de certos juízos e sentimentos humanos (por exemplo, a crença primitiva de que a mulher que morre ao dar à luz está sendo punida pela prática de incesto ou adultério). Mas o método científico jamais será capaz de arbitrar sobre a validade dos nossos valores e sentimentos, sejam eles quais forem (por exemplo, a crença milliana de que "a obrigação de não trazer crianças ao mundo a não ser que elas possam ser mantidas adequadamente na infância e criadas com a probabilidade de que possam manter-se a si próprias na idade adulta é de tal forma negligenciada na prática e subestimada na teoria que chega a ser vergonhoso para a inteligência humana").[10] Nada disso, é claro, significa que valores devam ser vistos como "questão de gosto" e "gosto não se discute". A rejeição do cientificismo não implica negar a possibilidade de discutir racionalmente os fundamentos dos nossos sentimentos e valores morais.

Por diferentes razões e caminhos, filósofos como Nietzsche,

Mill, Tocqueville e Russell desenvolveram argumentos contra a hipertrofia da moralidade cívica e o abuso do poder exercido pela autoridade política sobre cada membro da comunidade. Mas, sob a diversidade motivacional e retórica de suas objeções, é possível identificar uma premissa básica comum — a semente lógica irredutível — a partir da qual se erguem suas críticas ao coletivismo. A premissa do argumento é a afirmação do *valor moral do indivíduo* ou, mais especificamente, a atribuição de significado metafísico especial à *capacidade de escolha* com a qual o ser humano é singularmente dotado.

Basicamente, o que está em jogo aqui é a proposta de Huxley discutida na Introdução. A diferença é que a moralidade cívica e a autoridade política ocupam agora o lugar do "grande Poder". Suponha que os seus preceitos e ordens sejam infalíveis e capazes de fazer com que cada membro da comunidade "sempre pense o que é verdadeiro e faça o que é moralmente certo", mas sob a condição de que ele abra mão de qualquer pretensão de pensar ou agir por conta própria. Por que não trocar a liberdade falível de cada indivíduo pelo automatismo infalível do todo? Por que não optar por uma ordem social controlada e dirigida de cima sem falhas? O que há de errado com isso, mesmo na suposição heróica (para não dizer absurda) de que a moralidade cívica e a autoridade política acertem sempre?

Seja qual for a resposta, seu conteúdo dependerá essencialmente de um juízo de valor. Um ponto central é a questão da relação entre as partes e o todo. Qual é o *locus* do valor? Se o valor de uma ordem social (o todo) pode ser alguma coisa distinta ou independente do valor dos indivíduos (partes) que a constituem, então não há nada de errado em princípio com a opção pela sociedade dirigida de cima. A ordem social estaria para o indivíduo assim como o corpo está para os seus órgãos e membros. A parte existe para servir o todo e deve agir tendo em vista a realização do todo ao qual pertence. "O que não é do interesse da colméia, não pode ser do interesse da abelha" (Marco Aurélio).

Mas se o valor de uma ordem social reside precisamente no valor dos indivíduos que a constituem, e não pode ser considerado como algo cuja existência independe do valor de tais indivíduos, então uma sociedade composta por autômatos do bem é uma sociedade desprovida de valor. Nesse caso, nenhuma propriedade concebível do todo social pode compensar a perda representada pela transformação dos homens (exceto, talvez, a elite governante) em "bestas sadias" que não pensam ou agem por si, mas apenas obedecem às normas e comandos vindos de fora. As partes são fins em si mesmas, e o todo é que é um instrumento para o seu bem. O juízo de valor implícito nessa posição é o de que "as coisas verdadeiramente valiosas na vida humana são individuais, e não coisas como as que acontecem num campo de batalha ou nas lutas políticas ou na marcha de massas arregimentadas em direção a uma meta imposta de fora".[11]

Rousseau queixou-se amargamente da hipocrisia dos franceses de sua época, mas não foi impedido de desertar seus cinco filhos recém-nascidos; Thoreau deplorou a vulgaridade de seus conterrâneos e foi viver isolado no interior de Massachusetts. Ambos desejavam realizar seu potencial criativo e literário (cf. pp. 37 e 41-2). A atitude de Rousseau foi covarde e condenável. A de Thoreau corajosa e louvável. Nada, contudo, poderia justificar uma autoridade que se arrogasse a pretensão de decidir por eles. Uma autoridade que, em nome de algum plano, meta ou valor coletivo, negasse a *qualquer um dos dois* o direito fundamental de buscar por si seu próprio caminho e fazer aquilo que lhe parecesse melhor nas circunstâncias. Sem liberdade não há escolha moral; sem escolha moral não pode haver mérito; e, sem mérito, o que pode valer o indivíduo?

A afirmação do valor do indivíduo é, sem dúvida, um princípio ético moderno, identificado com certas correntes de pensamento liberal do Iluminismo europeu do século XVIII. Sua origem, contudo, tem raízes profundas no mundo antigo. A metáfora recorrente do "rebanho", por exemplo, denotando apreensão diante da uniformidade dos juízos e ações humanas, já havia sido empregada pelo filósofo estóico latino Sêneca: "Nada é mais importante do que não seguirmos como carneiros o rebanho que passa diante de nós, indo não para onde deveríamos ir, mas para onde o rebanho vai".[12] Muito antes disso, no entanto, o passo decisivo rumo à descoberta teórica e prática da autonomia do indivíduo enquanto valor irredutível da existência humana foi dado no bojo da reflexão ética que floresceu no Iluminismo grego do século V a.C.

A semente fértil dessa descoberta já transparece com nitidez na máxima socrática: "A vida irrefletida não vale a pena ser vivida" (*Apologia*, 38). No julgamento de Sócrates pelo tribunal ateniense, o conflito entre a moralidade cívica da *polis* e a moralidade pessoal do filósofo adquire um sentido trágico e atinge um ponto de ruptura. Sócrates não questiona o direito do tribunal de julgá-lo. Ao mesmo tempo, ele se recusa a apelar para o uso da retórica em sua autodefesa e a fugir da prisão quando a chance de fazê-lo aparece. Durante o julgamento e, depois, ao descartar a hipótese da fuga, ele reafirma de forma incisiva o valor supremo do exercício da escolha individual:

> Assim como os atenienses decidiram que o melhor a fazer era me condenar, eu, de minha parte, julguei que o melhor era permanecer aqui sentado, e que o mais certo e apropriado era não fugir, mas submeter-me a qualquer pena que possam me impor.[13]

Submetendo-se livremente à sentença de seus concidadãos, Sócrates transforma sua morte num ato de escolha. O que lhe seria imposto de fora, pela moralidade cívica, torna-se uma decisão soberana, livre e pessoal sua. A vitória da moralidade pessoal no drama socrático está na recusa do filósofo em se deixar cegar pelo amor à vida mesmo quando, como no seu caso, isso signifique escolher a morte.

A moralidade pessoal sem a moralidade cívica é cega: o resultado é a fogueira hobbesiana. Mas a moralidade cívica sem a moralidade pessoal é vazia: o resultado é o iceberg totalitário. O argumento filosófico contra os avanços da autoridade e da moralidade cívica baseia-se na afirmação do valor moral do indivíduo e enfatiza o empobrecimento existencial — o sufocamento do que há de mais distintivo e valioso no ser humano — resultante de um predomínio excessivo da obediência e da submissão a normas externas de ação.

O argumento filosófico define um tipo de objeção ao coletivismo. Se, numa situação de guerra ou emergência coletiva, a imposição de restrições à liberdade individual além do que seria necessário para prevenir danos aos demais é condição de sobrevivência para a comunidade, então ela é justificável. Mas se, em condições normais, o cerceamento do indivíduo produz, no limite, "um sobreviver insípido em condição indolor de conforto", então o coletivismo deve ser rejeitado, e isso mesmo na hipótese de que sua adoção promova o "conforto". No segundo caso, o argumento filosófico contra o coletivismo prescinde de uma avaliação de suas conseqüências práticas.[14]

Outro tipo de objeção, obviamente, é de natureza econômica. Quais são, afinal, as conseqüências práticas do coletivismo? Até que ponto se poderia esperar que a maior ou menor extensão da autoridade política e da moralidade cívica — do poder exercido pela comunidade (ou em nome dela) sobre o indivíduo — seja favorável à promoção do conforto e bem-estar material? A resposta, seja ela qual for, dependerá de um argumento econômico. De fato, como será visto a seguir, a origem e a evolução da teoria econômica moderna estão intimamente ligadas à construção de um argumento rigoroso sobre os custos, riscos e limites *de ordem prática* associados a um predomínio excessivo da autoridade e da moralidade cívica sobre a ação individual.

Qualquer sistema econômico representa uma resposta aos desafios da *escassez* e da *escolha*. Os indivíduos possuem necessidades e desejos de consumo, mas não existem recursos para satisfazê-los integralmente. O problema econômico da comunidade reside na disparidade entre essas necessidades e desejos, de um lado, e os meios disponíveis para satisfazê-los, de outro. Se não existisse a escassez, desapareceria o problema econômico: tudo aquilo que precisássemos ou desejássemos seria obtido com a mesma facilidade e indiferença com que respiramos. Muitos morreriam de tédio. Igualmente, se não houvesse escolha, isto é, se não pudéssemos deliberar e decidir sobre como utilizar os recursos disponíveis para satisfazer, ainda que parcialmente, nossos objetivos, desapareceria o problema econômico: viveríamos como os insetos sociais, presos a padrões biológicos de sobrevivência e reprodução. A economia política daria lugar à insetologia.

A existência simultânea da escassez e da escolha é um fato da condição humana. Crusoé em sua ilha, Gulliver em Lilipute e Thoreau em sua cabana tiveram que lidar com ele. Mas numa sociedade complexa, baseada na divisão social do trabalho e na existência de um grande número de empresas e indivíduos que não se conhecem pessoalmente, o problema econômico adquire o que se poderia chamar de uma terceira dimensão.

Os indivíduos agora dependem dos bens e serviços produzidos por terceiros (a grande maioria deles desconhecidos) para satisfazer suas necessidades e prioridades de consumo. Eles se especializam em determinadas atividades e colhem um prodigioso aumento de produtividade. Elevam seu padrão de consumo, mas abrem mão, no processo, de qualquer resquício de auto-suficiência. A dimensão nova que isso introduz na análise econômica — o problema da *coordenação* — é saber como esses indivíduos e empresas irão ajustar-se uns aos outros, isto é, que tipo de regime irá disciplinar suas ações como produtores e consumidores, de modo que o resultado conjunto de seus esforços produtivos (oferta) seja por fim compatível ou consistente com suas prioridades de consumo (demanda).

O berço da formulação e do tratamento modernos do problema da coordenação é sem dúvida a teoria econômica de Adam Smith. Há, talvez, uma pequena dose de exagero na avaliação de Ronald Coase, ao receber o Prêmio Nobel de Economia de 1991, de que "a principal atividade dos economistas", desde a publicação da *Riqueza das nações* em 1776, "tem sido preencher as lacunas no sistema de Adam Smith, corrigir seus erros e tornar sua análise bem mais precisa".[15] Mas o que parece ser de fato espantoso sobre a contribuição smithiana — e não apenas no campo da economia — é que mais de dois séculos depois de seu aparecimento, ela não tenha perdido a capacidade de periodicamente recuperar a atualidade, ressurgir das cinzas e oferecer pistas férteis sobre temas de interesse corrente.

O conjunto da produção intelectual de Adam Smith se caracteriza pelo seu reduzido tamanho (apenas dois livros, alguns poucos artigos e uma coletânea póstuma de ensaios) e pela sua extraordinária diversidade temática. Smith escreveu sobre assuntos que hoje se encontram espalhados por diversos departamentos universitários e que vão desde a ética, psicologia, jurisprudência e economia política até a retórica, lingüística, e filosofia e história da ciência. Subjacente a essa diversidade, entretanto, é possível identificar uma profunda unidade de argumentação e tratamento teórico. Qualquer que fosse o objeto de sua investigação, Smith procurava sempre seguir uma estratégia bem definida de argumentação na apresentação dos resultados e, ao mesmo tempo, oferecer um tipo específico de teoria explicativa sobre o fenômeno estudado.

A estratégia de argumentação é aquela que o próprio Adam Smith havia batizado, em suas aulas sobre retórica, de "método newtoniano". A apresentação de uma teoria deve obedecer a uma seqüência lógica. Primeiro, a introdução de um pequeno número de princípios básicos, familiares e auto-evidentes; depois disso, a tentativa de explicar os fenômenos e fatos observáveis, buscando sempre mostrar como estes derivam daqueles princípios originalmente enunciados. O propósito do exercício é revelar, tão claramente quanto for possível, como um grande número de eventos publicamente observáveis — eventos que à primeira vista poderiam parecer desconexos e até contraditórios entre si — podem na verdade ser reduzidos a poucas classes de fenômenos (classificação), e estas, por sua vez, podem ser vistas como o resultado natural da interação de um conjunto reduzido de princípios familiares (explicação).[16]

Explicar, para Adam Smith, é essencialmente a arte de apaziguar a imaginação — de reduzir o desconhecido ao já conhecido e de mostrar como aquilo que nos parece à primeira vista estranho, aberrante ou surpreendente não passa, no fundo, do efeito de causas familiares, isto é, de alguma coisa razoavelmente inteligível à luz de princípios com os quais estamos familiarizados.[17] Pensar é inescapavelmente tornar as coisas mais simples do que elas são. Pensar cientificamente é submeter o processo de simplificação a uma certa disciplina: é descobrir *como* tornar as coisas radicalmente mais simples do que são, elucidando seu mecanismo interno de funcionamento e o sistema de relações básicas do qual resultam. É bom lembrar, sugeriu Smith ao concluir seu estudo sobre a psicologia da investigação científica ilustrada pela história da astronomia, que em qualquer ramo da ciência até mesmo as melhores teorias são arranjos provisórios, capazes de satisfazer nossa imaginação por algum tempo, mas fadados a se tornar menos satisfatórios com o avanço do conhecimento e, portanto, a dar lugar a outras teorias.[18]

"A fama", alertou um grande poeta, "é a quintessência dos mal-entendidos que se juntam a um nome." Adam Smith não fugiu à regra. Ao contrário da imagem popular que acabou associada a seu nome, Smith jamais se propôs a ser o profeta de uma nova era. Sua ambição como economista nunca foi converter os políticos com suas idéias (na *Riqueza das nações* ele chega a descrever o político profissional como "aquele animal insidioso e traiçoeiro [...] cujas recomendações flutuam ao sabor dos acontecimentos"),[19] assim como ele também jamais teve a pretensão de desvendar a fórmula da riqueza para uma humanidade sem rumo. A imagem de Adam Smith como um "otimista ensolarado", advogado ingênuo do "laissez-faire" (termo que ele, aliás, jamais usou) e defensor do "enrichissez-vous!" é uma das caricaturas mais grotescas da história das idéias. De fato, como nos recorda o próprio Smith (parafraseando Cícero), "não existe absurdo que ainda não tenha encontrado seu porta-voz".

Entre os estudiosos do seu pensamento, ninguém melhor

do que James Bonar captou a grande ambição que levou Smith a se dedicar à economia como disciplina teórica:

> Adam Smith foi um filósofo até o final de seus dias. A motivação primordial da filosofia, ele diz, não é a utilidade, mas sim a curiosidade; e a investigação é perseguida como um bem em si, sem preocupação com qualquer fim supostamente útil [...] Seu motivo principal para estudar economia, assim como para estudar ética, não foi, como no caso de Malthus, a filantropia, ou, como no dos fisiocratas, o patriotismo. Foi essencialmente a descoberta da verdade por ela mesma, o amor de encontrar ordem onde parecia haver caos.[20]

A pergunta a ser respondida é aquela formulada por James Dunbar, historiador contemporâneo de Smith no Iluminismo escocês: "Será tudo ao redor de mim discórdia, confusão, caos? Ou existe algum princípio de união, consistência ou algo assim?".[21] A grande ambição teórica de Smith, como economista, foi encontrar uma resposta afirmativa e persuasiva a essa questão.

A noção da existência de ordem onde parecia haver o caos remete-nos para o núcleo da solução dada por Smith ao problema da coordenação. Smith percebeu que diferentes sistemas econômicos implicam diferentes modos de se ajustar reciprocamente e disciplinar as ações individuais. O *Estado* e o *mercado* representavam os dois tipos básicos de resposta ao problema da coordenação. Existia, no entanto, uma surpreendente assimetria no princípio de funcionamento e nos resultados práticos de cada um.

De um lado, as tentativas da autoridade estatal de impor uma ordem ao sistema econômico por meio do processo político — o que no século XVIII era o sistema mercantilista — acabavam gerando não tanto a ordem sonhada, mas discórdia, ineficiência e confusão. A ordem econômica imposta de cima é o caminho da desordem:

O homem de sistema [o planejador estatal] costuma se achar muito sábio em seu próprio juízo; e ele está com freqüência tão enamorado da suposta beleza do seu próprio plano ideal de governo, que não tolera qualquer desvio, por menor que seja, em qualquer parte dele. Ele atua com o intuito de implantá-lo completamente e em todos os detalhes, sem prestar qualquer atenção, seja nos grandes interesses, seja nos fortes preconceitos, que podem se opor a ele. Ele parece imaginar-se capaz de dispor os diferentes membros de uma grande sociedade com a mesma facilidade com que a mão dispõe as diferentes peças sobre um tabuleiro de xadrez. Ele não considera que as peças sobre o tabuleiro não possuem qualquer outro princípio de movimento além daquele que a mão confere a elas; mas que, no grande tabuleiro de xadrez da sociedade humana, cada peça tem por si mesma um princípio de movimento que lhe é próprio, inteiramente distinto daquele que o poder legislativo poderia decidir imprimir a ela. Se estes dois princípios coincidem e agem na mesma direção, o jogo da sociedade humana se desenrolará com desenvoltura e harmonia, e é muito provável que seja feliz e coroado de sucesso. Se eles forem opostos ou diferirem, o jogo prosseguirá miseravelmente, e a sociedade viverá continuamente numa condição da mais alta desordem.[22]

Assim, as tentativas do governo de interferir, manipular e dirigir as atividades de empresas e indivíduos, a fim de obter resultados específicos, implicam algum grau de coerção e acabam, na maioria dos casos, gerando ineficiência, redução do bem-estar e efeitos inesperados que, por sua vez, muitas vezes terminam pegando de surpresa a própria autoridade estatal. Ao tentar corrigir as falhas da interferência anterior, e eliminar os efeitos não intencionais por ela gerados, o governo volta a intervir, deflagrando uma espiral de intervenções que se auto-alimenta. É a escalada intervencionista.

Do outro lado, sugeriu Adam Smith, estava o livre mercado, ou seja, um sistema no qual os indivíduos são livres para tentar satisfazer seus objetivos à luz dos seus próprios recursos e conhecimentos, sem uma disciplina ou plano imposto de fora pela autoridade estatal. À primeira vista, esse seria o caminho mais curto e óbvio para a desordem — para a mais completa confusão, desperdício e anarquia. Não obstante, e ao contrário do que se poderia imaginar a princípio, esse sistema possuía uma lógica interna de funcionamento e seu resultado estava longe de ser caótico. Enquanto a ordem imposta de fora pelo Estado conduz à desordem, a desordem aparente do mercado conduz a seu oposto. Ela geraria não mais desordem, mas uma ordem espontânea e constituída de dentro pelo próprio entrechoque anárquico das partes.

Nesse sistema, sugeriu Smith, "cada homem, desde que ele não viole as leis da justiça, fica perfeitamente livre para perseguir seu próprio interesse a sua maneira, e colocar sua diligência e seu capital em competição com os de qualquer outro homem":

> Pelo direcionamento daquela diligência de tal modo que seu produto possa ser do maior valor, ele busca apenas seu próprio ganho e nisso ele é, como em muitos outros casos, conduzido por uma mão invisível a promover um fim que não era parte de sua intenção. E nem sempre é pior para a sociedade que não fosse parte dela. Pela busca de seu próprio interesse ele com freqüência promove o da sociedade mais eficazmente do que quando de fato tenciona promovê-lo [...] Sobre o tipo de indústria doméstica que seu capital pode empregar, e cujo produto terá chance de ser do maior valor, cada indivíduo, é evidente, pode, na sua situação local, julgar muito melhor do que o faria qualquer político ou legislador. O político que tentasse dirigir as pessoas privadas na maneira como devem empregar seus capitais estaria não só se sobrecarregando da mais desnecessária atenção, mas assumindo uma autoridade que não poderia ser confiada não apenas a nenhuma pessoa isolada, mas a nenhum conselho ou senado de qualquer espécie, e que jamais seria

tão perigosa como nas mãos de alguém que tivesse a parvoíce e a presunção suficientes para alimentar a fantasia de que estivesse apto a exercê-la.[23]

A principal contribuição de Adam Smith à ciência econômica foi precisamente mostrar em detalhe, no Livro 1 da *Riqueza das nações*, como a interação das atividades de um grande número de indivíduos e empresas, cada qual buscando apenas defender o que acredita ser o seu próprio interesse, conduz à formação de uma ordem espontânea, dotada de uma lógica interna consistente e capaz de garantir uma alocação eficiente dos recursos produtivos (terra, capital e trabalho) da comunidade.

Transacionando livremente no mercado, os agentes econômicos cooperam competindo entre si, como dois tenistas. A tarefa da coordenação é realizada de modo espontâneo pelo sistema de preços e o Estado fica, assim, desobrigado do dever de supervisionar a economia:

> um dever que quando ele tenta cumprir o expõe a inumeráveis enganos, e para cujo desempenho adequado nenhum conhecimento ou sabedoria humanos jamais poderiam ser suficientes; o dever de superintender a atividade das pessoas privadas, e dirigi-la aos empregos mais propícios ao interesse da sociedade.[24]

Reconstruir passo a passo a análise smithiana do funcionamento e das propriedades do mercado regido pelo sistema de preços é algo que extrapolaria os limites deste trabalho. O que importa frisar aqui, no entanto, é que dentro da lógica do mercado, embora o indivíduo seja livre para escolher seus próprios meios para realizar seus próprios fins, isso não significa que exista uma total ausência de restrições externas a seu comportamento. É a natureza da disciplina — e não sua inexistência — que diferencia o mercado do Estado enquanto resposta ao problema da coordenação.

Na economia de comando *pura*, os produtores recebem ordens da autoridade estatal definindo as tarefas a serem executadas e as metas e prazos a serem cumpridos. Como nem todos estarão dispostos a "cooperar" na execução do plano, o sistema requer uma boa dose de supervisão e vigilância. A sanção extrema, que paira sobre todos aqueles que se mostram mais recalcitrantes no cumprimento da função que lhes foi imputada, é alguma forma de punição que pode ir do confinamento à internação psiquiátrica. Aos olhos de Mill, vale notar, um sistema assim parecia algo tão absurdo que ele se recusava a crer que alguém pudesse vir a defendê-la seriamente: "A própria idéia de conduzir toda a indústria de uma nação dirigindo-a de um único centro é tão obviamente quimérica que ninguém se aventura a propor qualquer modo pelo qual isso possa ser feito".[25] Marx, como se sabe, nunca explicou como funcionaria na prática o planejamento central. E não foi à toa que Lenin admitiu, logo após a Revolução de Outubro, que "é muito mais fácil tomar o poder numa época revolucionária do que saber como usar esse poder adequadamente".[26]

Na economia de mercado *pura*, sai o Estado e entra o sistema de preços. Para sobreviver e usufruir a vida, o indivíduo precisa abrir um canal de acesso aos bens e serviços de que necessita. Acontece, no entanto, que, assim como "palavras não pagam dívidas", também suas necessidades e desejos insatisfeitos não compram aquilo de que ele precisa para viver. A maior ou menor intensidade do seu desejo de consumo de nada valerá, para fins práticos, caso ele não descubra, em algum lugar, uma demanda recíproca por alguma coisa que ele possua ou possa oferecer.

O indivíduo vive agora sob a disciplina da regra: "Se queres obter o que desejas, encontra então o que oferecer em troca". Para abrir um canal de acesso ao que necessita — para adquirir os meios de compra reconhecidos pelo mercado — ele precisa oferecer em troca alguma coisa cujo valor o mercado reconhece e está disposto a pagar. Se na economia de comando a pressão é para que ele *obedeça*, na de mercado ela é para que *faça alguma coisa*. Para que encontre um emprego, aja ou tome alguma iniciativa. E a remuneração que vier vai depender não do mérito moral, do civismo ou das intenções que ele possa ter, mas do valor que os demais estão dispostos a pagar para ter acesso aos bens que oferece ou aos serviços que presta. As vantagens e a especificidade desse sistema de atribuição de valor econômico são descritas com acuidade por Hayek:

> Queremos que o indivíduo tenha liberdade porque apenas se ele puder decidir por si o que fará ele também poderá usar toda a sua singular combinação de informação, habilidades e capacidades que ninguém mais está em condições de apreciar plenamente. Para dar chance ao indivíduo de que ele realize o seu potencial, devemos permitir que aja de acordo com suas próprias estimativas das várias oportunidades e probabilidades. E, como não sabemos o que ele sabe, não podemos julgar se suas decisões foram justificadas, nem podemos saber se o seu sucesso ou fracasso foi devido a seus esforços e previdência ou à sua sorte. Em outras palavras, devemos olhar para os resultados, não para intenções ou motivos, e podemos permitir que aja com base no seu próprio conhecimento apenas se também permitirmos que mantenha aquilo que os demais estão dispostos a pagar-lhe pelos seus serviços, independentemente do que se possa achar sobre a propriedade da remuneração do ponto de vista do mérito moral que o indivíduo possui ou da estima que temos por ele enquanto pessoa.[27]

A sanção extrema que paira sobre aqueles que, por qualquer motivo, estão incapacitados de adquirir poder sobre os bens e serviços produzidos por terceiros não é a prisão ou o sanatório: é a fome, a mendicância e a privação. No mercado, como observou Adam Smith,

> não é por conta da benevolência do açougueiro, do cervejeiro ou do padeiro que esperamos obter nosso jantar, mas sim da atenção que eles dedicam ao seu próprio interesse. Nós

nos dirigimos não à sua humanidade mas ao seu amor-próprio, e nunca falamos com eles das nossas próprias necessidades mas das suas vantagens.

Na invejável condição de beneficiário, desde os 41 anos de idade, de uma generosa pensão vitalícia patrocinada pelo duque de Buccleuch, Smith sabia melhor do que ninguém do que estava falando: "Ninguém exceto um mendigo escolhe depender principalmente da benevolência dos seus concidadãos".[28]

Pensar é saber tornar as coisas mais simples do que elas são. Na prática, os sistemas econômicos não existem — e nunca existirão — em forma pura. Eles estão sempre em algum ponto intermediário entre o total laissez-faire preconizado pelos libertários e o dirigismo absoluto do qual se aproximou o experimento soviético. Conceitualmente, esses dois pólos extremos representam a contrapartida econômica do fogo e do gelo na ordem social. Um traz para a província da economia algo semelhante ao estado de natureza hobbesiano, enquanto o outro é a tradução econômica do rebanho nietzschiano.

Adam Smith mostrou com inigualável sagacidade a existência de ordem onde parecia haver o caos. Mas ao contrário da maioria dos seus seguidores, ele jamais supôs que sua teoria — ou qualquer teoria econômica, por mais tola ou genial que fosse — pudesse algum dia mudar substancialmente o rumo dos acontecimentos. Com notável realismo, Smith notou a força dos preconceitos públicos e interesses privados que se opõem ao livre mercado ("gente do mesmo ramo de negócios raramente se encontra, até mesmo para entretenimento e diversão, sem que a conversa termine em alguma conspiração contra o público ou em algum conluio para elevar os preços"), e previu que "esperar que a liberdade de comércio seja algum dia completamente instaurada na Grã-Bretanha é tão absurdo quanto esperar que uma Utopia ou uma Oceana nela seja implantada".[29] Para ele, o mecanismo de ajuste do mercado — um sistema automático de correção baseado (como no caso da adrenalina) no princípio da homeostase regida por feedback negativo — era uma conquista prática da humanidade e não uma descoberta ou invenção filosófica.

Na visão smithiana, o mercado está para a divisão do trabalho e o comércio entre homens livres assim como a gramática está para as trocas verbais numa língua natural como o português. Tal como a gramática, o mercado é uma instituição humana constituída por regras que se formaram gradualmente, sem que ninguém soubesse ou deliberasse de antemão como seria o seu funcionamento. São regras abstratas e complexas, que não dizem concretamente *o que fazer* (dizer) e sim *como fazê-lo* (dizê-lo), e que têm a característica de resultar da ação humana, mas não da intenção humana. O mercado baseado na propriedade privada, no princípio das trocas voluntárias e na formação de preços mediante um processo competitivo reconhecidamente imperfeito funciona como uma espécie de gramática das trocas, da mesma forma como a gramática da linguagem natural — um produto espontâneo das trocas lingüísticas entre os homens — regula a nossa comunicação verbal na vida comum.

Desse modo, a economia política não criou o mercado, exatamente como a gramaticologia não inventou a gramática. O mercado é uma regra de convivência entre os participantes de um espaço econômico, assim como a gramática permite a convivência entre os membros de uma comunidade lingüística. E o poder dos economistas para impor ou erradicar as leis do mercado é análogo ao dos gramáticos para exigir respeito às normas gramaticais ou alterá-las. Atribuir a Adam Smith, ou a qualquer outro "gênio da economia", a invenção do sistema de mercado seria como imaginar que a humanidade precisou esperar pela formalização da gramática para aprender a falar ou escrever corretamente. O sistema nervoso humano não precisou esperar pela teoria de Walter Cannon para experimentar os efeitos da adrenalina, assim como James Watt (colega de Smith na Universidade de Glasgow) não esperou pelo advento da termodinâmica para — aí sim — inventar a máquina a vapor.[30]

Nessa perspectiva, o erro fatal das economias de planejamento central foi a presunção, ao mesmo tempo arrogante e ingenuamente racionalista, de que a "organização científica" da sociedade — o plano econômico elaborado pela autoridade central — poderia substituir com vantagem o mercado regido pelo sistema de preços como fonte de incentivos e mecanismo de coordenação das atividades definidas pela divisão social do trabalho. Fazer isso foi imaginar que era possível tratar a economia como um todo como se ela fosse uma grande fábrica ou um gigantesco exército. Na analogia com a linguagem, o que se tentou fazer equivaleria à tentativa de decretar a proibição do uso de uma língua natural (como, digamos, o russo) nas trocas verbais e a obrigatoriedade do uso de uma língua de laboratório (por exemplo, o esperanto). O resultado, como se sabe, foi um verdadeiro hospício econômico, bem retratado no conhecido lamento do funcionário soviético (mas não só dele): "Nós fingimos que trabalhamos e eles fingem que nos pagam".

Quando a autoridade política se excede, e abusa da prerrogativa de puxar, empurrar, restringir e barrar o movimento das peças sobre o "grande tabuleiro de xadrez da sociedade humana", ela prejudica o andamento da partida e impede a nação de se tornar tão próspera quanto poderia ser. Quando ela vai ainda mais longe e "mela o jogo", virando o tabuleiro em nome de uma "nova ordem", ela acaba criando não a ordem sonhada, mas o caos. Mas afirmar que o mercado regido pelo sistema de preços é uma solução espontânea para o problema da coordenação não significa dizer que ele também resolva os problemas da escassez e da escolha. As regras do jogo por si mesmas — e a maior ou menor interferência do Estado no seu andamento — ainda estão longe de constituir o próprio jogo.

O fato é que, sem jogadores, não há jogo. Para entender o "jogo da sociedade humana" é imprescindível saber alguma coisa sobre as características e qualidades de quem joga. O que move, como agem e o que buscam os jogadores?

O mercado, como foi visto acima, é um mecanismo disciplinador das ações. Ele exerce essa função, contudo, sem destruir a liberdade do indivíduo. Cada um permanece livre para escolher seus próprios meios e usar o conhecimento de que dispõe para atingir seus próprios fins. O que falta saber agora é: o que é razoável esperar que os indivíduos façam com essa liberdade? Que princípios irão governar seu comportamento na vida prática, e quais as conseqüências prováveis de diferentes padrões de conduta para o desempenho do sistema econômico?

O argumento filosófico contra o coletivismo afirma o valor moral do indivíduo e opõe-se aos excessos da autoridade e da moralidade cívica. O argumento econômico contra o dirigismo afirma a ordem espontânea do mercado e opõe-se às distorções e ineficiência causadas pela ingerência da autoridade estatal no funcionamento da economia. Enquanto a objeção filosófica se apóia num princípio metafísico, ou seja, na capacidade de escolha moral que diferencia o ser humano do resto do mundo natural, a objeção econômica é conseqüencialista. Ela se baseia numa avaliação das conseqüências da adoção de regras alternativas para a solução do problema da coordenação.

O que falta analisar agora é a questão da *qualidade dos jogadores* que atuam dentro dessas regras. Mais especificamente, trata-se de examinar o problema da relação entre moralidade cívica e pessoal, de um lado, e o comportamento econômico do indivíduo, de outro. O fato, como será visto a seguir, é que o tratamento moderno dessa questão assinala uma completa ruptura com o pensamento clássico e medieval. Ao contrário do argumento filosófico contra a moralidade do rebanho, cujas raízes no mundo antigo são claras e profundas, o argumento desenvolvido pela economia política moderna introduz um ponto de vista absolutamente inédito sobre o tema.

A condenação da riqueza, do comércio e da ambição material é uma nota constante ao longo de toda a história da filosofia moral desde o Iluminismo grego do século V a.C. até o Renascimento europeu. Fossem quais fossem suas divergências em relação a outros temas da ética, sobre esse ponto específico os moralistas antigos e medievais foram unânimes. Sem exceção, eles condenaram a ganância e a busca do lucro, censuraram a acumulação de riqueza pessoal e desprezaram o comércio.

Sócrates, por exemplo, recusava-se a receber pelo ensino da filosofia e fazia disso um ponto de honra. A exortação aos homens para que abandonem suas preocupações mundanas e abracem um ideal de vida elevado, despojado do ponto de vista material mas espiritualmente requintado, é um lugar-comum do moralismo clássico. Uma pequena amostra da ocorrência desse tipo de juízo no mundo pré-renascentista ajuda a captar o tom e a orientação do pensamento ortodoxo sobre o tema:

A pobreza resulta do aumento dos desejos do homem e não da redução das suas posses [...] Quem quer muito, carece muito. Abençoado é aquele a quem os deuses deram meramente o suficiente. [Platão]

Os cidadãos [da *polis*] não deveriam levar uma vida de artesãos ou comerciantes, porque tal vida é ignóbil e contrária à virtude [...] [O homem bom] renunciará à riqueza, às honrarias e, em geral, às vantagens pelas quais os homens lutam, preservando para si a nobreza. [Aristóteles]

A riqueza demandada pela natureza é limitada e fácil de ser obtida; a demandada pela imaginação ociosa estende-se até o infinito [...] Aquilo que remove a dor causada pela carência, e torna a vida como um todo completa, é fácil de obter; por isso não há necessidade de ações que envolvam competição. [Epicuro]

Estar satisfeito com a nossa própria riqueza é a maior e mais segura riqueza [...] Nada é mais revelador de um espírito pequeno e mesquinho do que o amor à riqueza; nada mais honorável e magnificente do que desprezar o dinheiro se você não o possui, mas dedicá-lo à beneficência e liberalidade se você o possui. [Cícero]

Você não se envergonha de si próprio, você que mira a riqueza com uma admiração deslumbrada? [...] A melhor quantidade de posses que se pode ter é aquela suficiente para nos manter fora da pobreza, mas não muito acima dela. [Sêneca]

Toda a riqueza provém do pecado. Ninguém pode ganhar sem que alguém perca. Se o pecado não foi cometido pelo atual proprietário da riqueza, então a riqueza é produto do pecado cometido pelos seus antepassados. [são Jerônimo][31]

Seria incorreto, é verdade, negar a existência de diferenças no tratamento da motivação econômica pelas diversas escolas de filosofia moral no mundo antigo e medieval. Aristóteles, por exemplo, adota uma postura bem menos intransigente e austera que Platão quanto ao papel dos "bens externos" na felicidade humana. Ao mesmo tempo, sabe-se que diversos estóicos negaram com ações tudo aquilo que defenderam com veemência em palavras. O exemplo de Sêneca é o mais notório: em poucos anos na condição de tutor de Nero ele se tornou um dos maiores milionários de Roma.[32] A advertência bíblica de que "o amor pelo dinheiro é a raiz de todos os males" (são Paulo) não impediu o papa Sisto IV de vender indulgências por procuração para salvar as almas no purgatório. Não obstante, no plano da reflexão ética ao menos, a atribuição de valor negativo ao desejo pela riqueza e à atividade mercantil foi unânime. Na filosofia medieval, como aponta William Letwin, "o mercador era identificado com o pecado da cobiça, e até mesmo o puro ato do comércio, *negotium*, era considerado como essencialmente vicioso".[33]

É impossível saber qual terá sido o impacto sobre o comportamento humano de toda essa pregação moral. Mas de uma coisa, no entanto, é possível ter alguma certeza. A insistência e a uniformidade com que os moralistas clássicos condenaram a motivação econômica ao longo dos séculos é ela própria sintomática. Ela revela não só aquilo que *afirma*, isto é, a preferência pelos valores espirituais, mas também aquilo que *nega*: a presença e a intensidade do desejo humano pela riqueza e conforto material. A condenação moral desse desejo pressupõe o reconhecimento de sua existência. A universalidade e a veemência da condenação são índices de sua força.

Essa análise do moralismo clássico ajuda, portanto, a corroborar a conclusão a que chegou Max Weber em sua exaustiva investigação comparativa das religiões mundiais:

> O impulso à aquisição, a busca do ganho, do dinheiro, da maior quantidade possível de dinheiro, não tem nada a ver com o capitalismo. Tal impulso existe e tem existido entre garçons, médicos, cocheiros, artistas, prostitutas, funcionários desonestos, soldados, nobres, cruzados, apostadores e mendigos. Pode-se dizer que ele tem sido comum a todos os tipos de homens, de todas as condições, em todas as épocas e países do planeta, onde quer que a possibilidade objetiva dele exista ou tenha existido.[34]

A novidade é que, de forma mais clara a partir do Renascimento europeu do século XIV, esse poderoso e perene impulso à aquisição passa a conquistar espaços crescentes de realização na vida prática. E, paralelamente a essa maior liberdade de ação econômica, verifica-se uma profunda reavaliação ética da ambição material enquanto motivo da conduta individual.

Um capítulo da maior importância nessa reavaliação do impulso à aquisição foi, sem dúvida, a Reforma protestante liderada por Lutero no século XVI e, em particular, as diversas seitas puritanas associadas a esse movimento (calvinismo, metodismo, pietismo e batismo). Estudos detalhados da evolução desse aspecto da doutrina cristã, como os de Weber e Tawney entre outros, mostram por meio de farta evidência textual a extraordinária revalorização do auto-interesse econômico operada pelos teólogos puritanos. Longe de pecaminoso, ganhar bem passa a ser visto como sinal de virtude e devoção. Elogiar a pobreza seria como elogiar a doença. Richard Baxter, por exemplo, um influente teólogo puritano contemporâneo de Hobbes, fez da escolha da profissão mais lucrativa um dever cristão:

> Se Deus lhe indica um caminho pelo qual você pode legalmente conseguir ganhar mais do que de outra forma (sem causar dano a sua alma ou a qualquer outra), se você recusa isso, e escolhe o caminho de menores ganhos, você contraria um dos fins da sua vocação, e você se recusa a ser um intendente de Deus e a aceitar Suas dádivas e a usá-las para Ele quando Ele assim requer: você pode esforçar-se para ser rico para Deus, embora não para a carne e o pecado.[35]

Outros, como o pastor Joseph Lee, foram mais longe e sugeriram não só que os indivíduos de fato buscam as atividades que lhes trazem maior retorno, mas que o bem geral será mais bem servido se cada um for livre para assim fazê-lo: "É uma máxima inegável que cada um, pela luz da natureza e da razão, fará aquilo que favorece sua maior vantagem [...] O avanço das pessoas privadas será o avanço do público".[36]

Embora o caráter da relação causal entre crenças religiosas e prática econômica permaneça um ponto altamente controverso, seria difícil negar que afirmações como essas assinalam uma mudança doutrinária radical em relação aos moralistas antigos e medievais.

Tão clara e profunda quanto a reação puritana (religiosa) à ortodoxia cristã foi a reação filosófica (secular) ao moralismo clássico. Existem, é claro, como foi visto no capítulo 1, linhas de continuidade intelectual. A veia normativa dos moralistas clássicos continuou pulsando — quando não provocando palpitações e faniquitos rousseaunianos — entre os inúmeros adeptos do neolítico moral na filosofia moderna. O que se observa, contudo, é que principalmente a partir do século XVII, e em larga medida sob a influência direta da revolução científica em curso, a filosofia moral européia passa a se preocupar mais seriamente com a análise do comportamento humano *como ele é*, abandonando (ou pelo menos atenuando) a pretensão de coibir os nossos impulsos naturais ou moldar a conduta humana como ela *deve ser*.

O surgimento da ciência econômica moderna no século XVIII está intimamente ligado a esse movimento. A pergunta que ocupou os fisiocratas franceses e os iluministas escoceses em suas investigações econômicas não foi saber *se* a busca da riqueza era um fim moralmente aceitável para a vida humana. Em contraste com a orientação predominantemente normativa do moralismo antigo e medieval, a questão relevante para eles era, *dada a busca da riqueza como um fim*, que fatores e condições determinarão o maior ou menor sucesso da comunidade na realização desse objetivo.

A questão, vale notar, de forma alguma exclui a existência de outros fins além da riqueza. Mais importante, a resposta, qualquer que ela seja, independe do valor que se julgue desejável atribuir à busca da riqueza como um fim, entre outros, para a existência humana.

Adam Smith, por exemplo, era profundamente cético quanto à importância da riqueza para a felicidade do indivíduo, e qualquer pessoa que tenha se dado ao trabalho de ler algumas páginas da *Teoria dos sentimentos morais* irá concordar com o comentário de Alfred Marshall segundo o qual "Adam Smith seria a última pessoa no mundo a pensar que a riqueza é o objetivo da vida humana, a última pessoa a supor que os ideais de uma vida elevada devessem ser subordinados ao crescimento da riqueza material por qualquer indivíduo ou nação que se respeita".[37] Obviamente: nada disso impediu que Smith perguntasse com total objetividade quais são as causas da riqueza das nações, nem que ele oferecesse, como resposta, uma teoria na qual a prosperidade nada tem a ver com a virtude moral dos jogadores.

Reduzida aos seus termos mais simples, a explicação smithiana das causas da prosperidade reduz-se à seguinte proposição (extraída dos rascunhos da *Riqueza das nações*): "Pouco mais é requerido para conduzir [uma nação] do mais baixo barbarismo até o mais elevado grau de opulência do que paz, impostos razoáveis e uma administração tolerável da justiça; tudo o mais sendo trazido pelo curso natural das coisas".[38] Ao "curso natural das coisas", por sua vez, correspondem duas coisas fundamentais: de um lado, (*a*) "o sistema óbvio e simples da liberdade natural" (as *regras do jogo* do sistema de mercado); e, de outro, (*b*) "o esforço uniforme, constante e ininterrupto de cada homem a fim de melhorar sua condição" (a existência de *jogadores* dispostos a promover de forma ativa e assídua o seu auto-interesse econômico). Essas são, na visão smithiana, as duas variáveis-chave para entender a riqueza das nações.

O papel e a importância de (*a*) foram discutidos acima. Mas o que é surpreendente constatar, como se verá, é que (*b*) ocupa um lugar ainda mais destacado do que (*a*) na teoria de Adam Smith. Mais particularmente, a análise de (*b*) tem uma relevância própria, na medida em que permite identificar com clareza um dos pontos básicos que diferenciam o liberalismo econômico doutrinário dos fisiocratas franceses e o pensamento mais flexível — menos rígido e dogmático — característico da abordagem de Smith e outros membros do Iluminismo escocês.

Smith transformou o auto-interesse individual — o desejo de cada um de obter mais pelo que faz e melhorar de vida — no protagonista do enredo que leva da escassez à opulência na biografia nacional. Esse desejo de melhorar de vida, ele afirma, "embora geralmente calmo e desapaixonado, vem conosco do útero materno e nunca nos abandona até que ingressemos no túmulo":

> Durante todo o intervalo que separa esses dois momentos, não existe talvez um instante sequer no qual qualquer homem esteja tão completa e perfeitamente satisfeito com sua situação, de modo a não possuir qualquer desejo de alteração ou melhoria de qualquer tipo. Um aumento da fortuna é o meio pelo qual a maior parte dos homens deseja e se propõe a melhorar sua condição.[39]

Na *Riqueza das nações*, é verdade, Smith evitou especular sobre os motivos que levam o "desejo de melhorar de condição" a adquirir, para "a maior parte dos homens", um conteúdo essencialmente econômico — a ser percebido como "um aumento da fortuna". Em vez de discutir a psicologia moral subjacente ao impulso à aquisição, como fizera na *Teoria dos sentimentos morais*, Smith tratou de mostrar a força desse impulso, seus efeitos sobre o processo de geração de riqueza e, como veremos, sua capacidade de triunfar sobre a miopia dos políticos e sobrepujar "uma centena de obstruções impertinentes com as quais a estupidez das leis humanas com tanta freqüência estorva sua operação".[40]

A melhor evidência do peso atribuído por Adam Smith ao princípio de ação descrito por (*b*), ou seja, o auto-interesse individual, é sua crítica à tese fisiocrata de que existiria *um único* caminho capaz de garantir o crescimento e a prosperidade das nações: a via da absoluta liberdade e da perfeita justiça. Quesnay, sustentou Smith, parece supor que qualquer (*a*) — quaisquer regras do jogo econômico — que fique aquém do mais completo e acabado "laissez-faire, laissez-passer" irá também impedir que (*b*) atue de forma eficaz na geração de riqueza, e por isso terminará condenando a economia à estagnação. Para criticar a rigidez da doutrina fisiocrata e elucidar a natureza da sua divergência da posição de Quesnay (médico particular de madame Pompadour na corte de Luís XV), Smith recorre a uma analogia entre o organismo humano e o organismo social:

> Alguns médicos dados à especulação parecem imaginar que a saúde do corpo humano somente pode ser preservada mediante um regime de dieta e exercício muito preciso, em relação ao qual qualquer violação, por menor que seja, necessariamente provoca algum grau de doença ou desordem proporcional ao grau da violação. A experiência parece mostrar, entretanto, que o corpo humano freqüentemente logra preservar a mais perfeita condição de saúde sob uma variada gama de diferentes regimes, até mesmo sob alguns regimes que se acreditaria estarem muito longe do que seria perfeitamente saudável. O estado sadio do corpo humano parece [...] conter algum princípio ainda desconhecido, capaz de preservar, ou em muitos casos até mesmo corrigir, os maus

efeitos de um regime bastante falho. O sr. Quesnay [...] parece haver adotado uma noção do mesmo tipo com relação ao corpo político, e imaginado que ele somente iria florescer e prosperar sob um regime muito preciso, o regime exato da perfeita liberdade e da perfeita justiça. Ele parece não haver considerado devidamente que, no corpo político, o esforço natural que cada homem faz de forma contínua para melhorar sua condição é um princípio de preservação capaz de impedir e corrigir, em muitos aspectos, os efeitos negativos de uma economia política em algum grau parcial e opressiva. Tal economia política, embora possa sem dúvida retardar mais ou menos, não é sempre capaz de fazer cessar por completo o progresso natural de uma nação rumo à riqueza e à prosperidade, e ainda menos de fazê-la retrogredir. Se uma nação não pudesse prosperar sem usufruir da perfeita liberdade e da perfeita justiça, não haveria em todo o mundo uma única nação que poderia ter prosperado.

Esse mesmo argumento, vale notar, embora sem a referência aberta a Quesnay, aparece diversas vezes ao longo do tratado econômico de Smith. Por exemplo, na seguinte passagem enfática do Livro 2:

O esforço uniforme, constante e ininterrupto de cada homem para melhorar sua condição, o princípio a partir do qual originalmente derivam a opulência pública e nacional, assim como a privada, é com freqüência poderoso o suficiente para manter o progresso natural das coisas rumo à melhoria, não obstante a extravagância do governo e os grandes erros da administração. Como o princípio [...] da vida animal, ele com freqüência restaura saúde e vigor à constituição, apesar não só da doença, mas das prescrições absurdas do médico.[41]

Como essas passagens deixam claro, existe uma diferença básica entre o liberalismo econômico de estilo fisiocrata, com sua ênfase num regime puro de regras econômicas implantadas de cima pela autoridade estatal, e a visão dos iluministas escoceses, para os quais a liberdade é uma conquista dos indivíduos na base da sociedade, e a prosperidade o produto de suas ações independentes do Estado (e até à revelia dele) em busca de uma vida melhor. À luz dessa distinção podemos apreciar melhor a pertinência da conjetura de Marshall sobre a existência de uma possível relação causal entre o purismo doutrinário e a ausência de raízes da doutrina na população:

> O liberalismo econômico tem sido assimilado por muitos líderes do pensamento na França, mas não pela grande massa da população; e, em parte por essa razão, suas doutrinas têm lá sido formuladas com uma precisão mais confiante do que em qualquer outro lugar. O novo sistema francês [fisiocracia] foi o trabalho de pensadores melhores e homens mais interessantes [...] Mas, embora estivesse em harmonia com as palavras que estavam nos lábios dos homens, ele era alheio aos seus hábitos e instintos latentes: ele nunca se tornou uma parte efetiva dos princípios de ação do francês comum na vida prática.[42]

Finalmente é preciso lembrar que Adam Smith, ao contrário do que fariam filósofos como Marx e Herbert Spencer no século XIX, jamais flertou com a idéia de um possível (ou desejável) desaparecimento do Estado. No Livro 5 da *Riqueza das nações*, ele discutiu as três funções básicas nas quais o exercício da autoridade política é imprescindível — segurança externa, administração da justiça e provisão de bens públicos — e defendeu, ainda, uma maior participação do setor público na educação popular, com o intuito de compensar, ao menos parcialmente, o empobrecimento existencial, ético e intelectual ("alienação") provocado pela crescente especialização das funções fabris mediante a divisão interna do trabalho.

Enquanto responsável pela administração da justiça, cabe ao Estado garantir a proteção de cada membro da comunidade contra a violência e opressão de cada outro membro. Entre as "leis da justiça" salientadas por Smith destacam-se: a prevenção contra o uso da fraude, da força e de práticas anticompetitivas para se obter vantagens sobre os demais; a garantia da execução de contratos livremente acordados; e a defesa dos direitos de propriedade adquiridos de forma legítima.

Da manutenção da justiça depende, é claro, a vigência das regras do jogo do sistema de mercado:

> Na corrida por riqueza, por honrarias e por promoções:, [o indivíduo] pode correr tão esforçadamente quanto for capaz, esticando cada nervo e cada músculo a fim de ultrapassar todos os seus concorrentes. Mas se ele porventura acotovela ou derruba qualquer um deles, a disposição tolerante dos espectadores termina por completo. Trata-se de uma violação do jogo limpo que eles não podem admitir.[43]

O que está aqui em jogo, no entanto, é bem mais do que o mercado. Da manutenção da justiça depende, para Smith, a própria ordem social:

> A sociedade [...] não pode subsistir entre aqueles que estão todo o tempo prontos para ferir e causar danos uns aos outros. No momento em que o dano começa, no momento em que o ressentimento mútuo e a animosidade têm vez, todos os seus vínculos se rompem, e os diferentes membros que a constituem são [...] separados e dispersos pela violência e oposição dos afetos discordantes [...] A benevolência é menos essencial para a existência da sociedade do que a justiça. A sociedade pode subsistir, embora não na condição mais confortável, sem a benevolência; mas a prevalência da injustiça irá causar sua total destruição [...] [A benevolência] é o ornamento que embeleza, não a fundação que sustenta o edifício [...] A justiça, ao contrário, é a viga mestra que mantém de pé todo o edifício. Se ela for removida, o grande, o imenso tecido da sociedade humana [...] irá num momento

se esfacelar em átomos. As regras da justiça podem ser comparadas às regras da gramática; e as regras das outras virtudes, às regras que os críticos literários dispõem para a consecução daquilo que é sublime e elegante numa composição. As [da justiça] são precisas, exatas e indispensáveis. As [da virtude] são inexatas, vagas e indeterminadas, e nos sugerem mais uma idéia geral de perfeição a que devemos almejar do que direções certas e infalíveis para atingi-la.[44]

A justiça, portanto, não é apenas o arcabouço legal do mercado. Ela é também — o que é sem dúvida ainda mais importante para Smith — a condição mínima de existência da ordem social.

Sem estilo não há elegância. Mas sem gramática não há texto. Sem amor e generosidade não há grandeza, e a sociedade entre os homens se torna aquilo que o próprio Smith descreve como "um sistema de trocas mercenárias de bons ofícios segundo uma avaliação comum" — eis o fantasma que os românticos ingleses mais tarde evocariam, em tom lamentoso e acusatório (até mesmo contra Adam Smith!), de uma "sociedade fria" onde "o pagamento à vista é o único nexo entre os homens" (Carlyle).[45] Mas se a falta de virtude leva ao gelo, a falta de justiça leva ao fogo — à situação de conflito e guerra total retratada por Protágoras, Lucrécio, Hobbes e Montesquieu (capítulo 2). Sem justiça, em suma, não há ordem social na qual se possa existir, ganhar a vida ou tentar amar, criar e ser bom.

A vida comunitária organizada possui exigências próprias. A ordem social requer a adesão a normas que estabeleçam as regras mínimas da justiça. A divisão social do trabalho demanda a existência de algum mecanismo de coordenação capaz de disciplinar as ações individuais. Em ambos os casos, as exigências da vida comunitária têm precedência sobre as aspirações instintivas e o auto-interesse de cada indivíduo. "Embora cada homem possa ser todo o universo para si mesmo, para o resto da humanidade ele é uma parte insignificante dele."[46]

A tensão entre moralidade cívica e pessoal — entre as normas sociais de convivência pacífica e os desejos e valores de cada indivíduo — é um traço permanente da existência humana. Encontrar o ponto certo para essa tensão, garantindo simultaneamente o máximo de respeito às exigências da vida comunitária e o máximo de liberdade individual, é um dos maiores desafios do processo de amadurecimento de uma sociedade. A experiência histórica mostra que, na busca desse equilíbrio, não existem respostas simples e definitivas. O caminho é lento, baseado em tentativa e erro. Mais grave, o risco de retrocesso é real e está presente de ambos os lados. Os excessos e abusos em uma direção muitas vezes suscitam excessos e abusos ainda mais terríveis na direção contrária.

As conseqüências do individualismo irrestrito foram discutidas no capítulo 2. Situações de emergência coletiva, em particular, tendem a ressaltar os enormes benefícios da autoridade política e da moralidade cívica como fatores de sobrevivência e coesão social. O fato, contudo, é que este é apenas um lado da questão. Como procurei argumentar acima, existem sérios limites, custos e riscos associados ao predomínio excessivo da autoridade política e da moralidade cívica em detrimento da autonomia e da moralidade pessoal.

Dois argumentos básicos justificam essa afirmação. Primeiro, há o *argumento filosófico*, baseado no princípio metafísico do valor moral do indivíduo. A semente desse argumento remonta ao surgimento da filosofia moral no mundo antigo e floresce na crítica ao coletivismo desenvolvida por autores como Mill, Tocqueville, Nietzsche e Russell, entre outros.

"A vida irrefletida não vale a pena ser vivida." A capacidade de escolha, e portanto de erro e busca, é o que nos faz humanos. A tese básica aqui é a noção de que o indivíduo — e não o todo social ou alguma entidade supra-individual — é o *locus* do valor. O valor da sociedade é o valor dos indivíduos que nela vivem, e não qualquer propriedade que possa existir acima ou separadamente deles. Os excessos da autoridade política e da moralidade cívica restringem a autonomia individual e levam, no limite, ao niilismo da "besta sadia" e do formigueiro humano. O argumento filosófico é uma objeção de princípio ao coletivismo. Ele independe, portanto, de uma avaliação das conseqüências práticas (mais ou menos vantajosas) de sua adoção.

O segundo argumento é o econômico. Ao contrário do filosófico, ele tem um caráter conseqüencialista e se baseia no princípio da eficácia econômica da liberdade individual.

O *argumento econômico* contra os excessos da autoridade política e da moralidade cívica sustenta que a prosperidade material resulta da combinação adequada entre (*a*) *regras do jogo* e (*b*) *qualidade dos jogadores*. O dirigismo estatal tende a ser nocivo à criação de riqueza, na medida em que politiza as decisões econômicas, gera distorções na alocação de recursos e compromete a função epistêmica do mercado. Como um juiz, o papel do Estado é manter o respeito às regras do jogo. Cabe a ele zelar para que o jogo seja limpo, mas sem tentar decidir os lances pelos jogadores ou impor o resultado da partida.

A pregação dos moralistas antigos e medievais, por sua vez, mostrou-se impotente para alterar a escala de valores dos indivíduos ou refrear o desejo da maioria dos jogadores de melhorar de vida. O auto-interesse econômico é o combustível da "mão invisível" e o motor do crescimento. Mas a análise *do que é*, qualquer que seja o seu mérito cognitivo, não implica prejulgar o que *deve ser*. A investigação inaugurada por Adam Smith sobre as causas da riqueza das nações — sua teoria sobre o papel das regras do jogo e da qualidade dos jogadores no desempenho econômico — pode ser verdadeira ou falsa. Ela pode ser ainda, como será argumentado no capítulo 5, seriamente deficiente e incompleta. Mas em nenhum caso ela deixa de ser compatível com qualquer juízo moral que se deseje fazer sobre o valor e o lugar da riqueza na vida dos indivíduos e das nações.

4. "VÍCIOS PRIVADOS, BENEFÍCIOS PÚBLICOS"

A CONDIÇÃO HUMANA padece de uma singular cisão. As funções vitais do organismo — todos os processos metabólicos que ocorrem dentro do nosso corpo — são eventos imunes a nossa vontade e escolha conscientes. O coração bate, o sangue circula, o pulmão trabalha e o alimento é digerido sem que possamos decidir como acontecerá tudo isso. Sob o efeito do estímulo apropriado, o fígado segrega a bílis e as glândulas supra-renais a adrenalina. A eficácia de um anestésico independe das crenças que o doente possa ter sobre o seu funcionamento.

Mas quando passamos do metabolismo interno do corpo para a nossa relação com os eventos do ambiente externo — para as nossas ações no mundo — imediatamente notamos uma mudança radical. O cardíaco é livre para decidir se vai ou não consultar um médico, e o cirurgião escolhe a melhor técnica para reparar o coração defeituoso. Ciente de que a digestão do alimento ingerido ocorre a sua revelia, o prisioneiro pode ainda optar pela greve de fome como forma de protesto. Agir ou deixar de agir são eventos que de alguma forma partem do indivíduo e que estão, portanto, abertos à interferência de seus estados mentais — suas crenças, preferências e opiniões.

Algumas atividades, é curioso notar, parecem situar-se na fronteira cinzenta do controlável. Se prestarmos atenção no fato (e se tivermos paciência para isso) podemos acelerar ou retardar a respiração; de outro modo (e enquanto dormimos) ela encontra o seu próprio ritmo. Há um sentido em que acordar na hora desejada é um ato de vontade — algo que podemos nos forçar a fazer —, ao passo que nenhum esforço da vontade consciente consegue nos fazer adormecer quando o sono não vem. Estar ciente de que se deseja e precisa dormir costuma ser, de fato, um traço comum da insônia.

A experiência subjetiva dessa cisão entre aquilo que *nos acontece* e aquilo que *fazemos* é algo que cada um pode facilmente constatar por si mesmo. O porquê da cisão e o que faz com que a fronteira esteja onde está — podemos mexer o dedo e a língua mas não o pâncreas e o nervo óptico — são questões que se prestam a um tratamento científico e que a biologia poderá talvez algum dia ajudar a esclarecer.

O que é certamente mais difícil imaginar é que o avanço da ciência possa algum dia refutar a validade da nossa experiência subjetiva da cisão. A história da ciência, é verdade, tem sido em grande medida a história da destruição de nossas crenças em causalidades imaginárias: com um simples par de prismas polidos, por exemplo, Newton enterrou milênios de fantasias sobre as causas do arco-íris. Mas daí a supor que a nossa sensação de liberdade ao agir no mundo seja também ela uma ilusão antropocêntrica há um fosso intransponível. Trata-se aqui de uma questão metafísica sobre o lugar da espécie humana no universo — o homem como parte apenas ou também como parceiro da criação — e uma das poucas certezas firmes que se pode ter sobre o assunto é que ele continuará fornecendo matéria-prima para especulação e debate enquanto ainda houver filósofos no mundo para especular e debater.

Do ponto de vista da ética, a experiência da cisão entre aquilo que nos acontece, de um lado, e aquilo que fazemos quando agimos ou deixamos de agir, de outro, é crucial. O ponto fundamental é que, como no caso dos eventos corporais acima descritos, nossos *processos mentais* também estão, em larga medida, apenas parcialmente sob nosso controle.

O medo, a raiva, o pavor e o pânico, por exemplo, são ocorrências emocionais às quais estamos sujeitos em determinadas circunstâncias. São eventos que, por assim dizer, nos atravessam sem pedir licença ou fazer cerimônia; processos mentais que não podemos simplesmente escolher se desejamos ou não ter, assim como podemos escolher, digamos, a hora em que desejamos despertar ou a cor da roupa que vamos vestir. Se os nossos processos mentais estivessem inteiramente sob nosso comando consciente, poderíamos não só escolher à vontade a personalidade e o caráter que nos parecessem mais aprazíveis, mas poderíamos também viver em estado permanente de êxtase amoroso, furor criativo e embriaguez eufórica. Ninguém precisaria escolher, como propõe o poeta, entre morrer de vodca ou de tédio. A indústria do álcool e a mídia de massa iriam à falência.

A ética é um filtro. Ela existe para impedir, em alguma medida, que aquilo que nos acontece espontaneamente — o sentimento agudo de medo numa situação de perigo por exemplo — determine sem mediação aquilo que faremos ao agir no mundo. A ética opera como um filtro que modula e modera o apelo dos estados mentais em relação aos quais somos passivos, de modo a atenuar seu poder sobre nossas ações — por exemplo, impedindo que, numa situação de perigo coletivo, cada um se entregue cegamente ao impulso de sobrevivência.

O mesmo raciocínio se aplica para a variada gama de ocorrências emocionais que nos impelem não a evitar ou fugir de alguma coisa, mas a buscar e perseguir um objetivo. "A preservação da nossa vida", observou Sócrates, "depende de uma escolha correta do prazer [...] se ele é mais ou menos, se é amplo ou estreito, se é mais remoto ou mais próximo" (*Protágoras*, 357a). Como até mesmo um libertino consumado termina mais cedo ou mais tarde descobrindo, discriminar prazeres é condição de sobrevivência para o indivíduo (e não só por causa da AIDS...). "Os efeitos de uma seqüência de prazeres dissolutos", adverte o bispo e filósofo moral inglês Joseph Butler, "são com freqüência mortais."[1]

As coisas e imagens que espontaneamente, sem nos pedir licença, suscitam em nós o desejo e a ambição, nem sempre são aquelas que também merecem governar o nosso desejo e ambição. As aparências enganam. Entre o *desejado*, de um lado, e o *desejável*, de outro, está uma *opinião* — um juízo de valor que faz daquilo que se deseja algo merecedor do nosso desejo. A ética incide precisamente aí. Ela é o filtro que separa o desejado do desejável.

A diferença entre o desejado e o desejável ajuda a esclarecer a posição de Adam Smith quanto à ambição material e o valor moral da riqueza. Como foi visto acima (capítulo 3), o livre mercado e o desejo da maioria de melhorar de vida são as duas variáveis responsáveis pelo desempenho econômico das nações, com o auto-interesse e o empenho dos jogadores sendo ainda mais decisivos do que as regras do jogo para o resultado da partida. Na síntese formulada pelo próprio Smith:

> O esforço natural de cada indivíduo para melhorar sua própria condição, quando se lhe permite ser exercitado com liberdade e segurança, é um princípio tão poderoso que ele é capaz, por si só, e sem qualquer assistência, não apenas de conduzir a sociedade à riqueza e prosperidade, mas de sobrepujar uma centena de obstruções impertinentes com as quais a estupidez das leis humanas com tanta freqüência estorva sua operação.[2]

A hipótese comportamental adotada por Smith é a de que os indivíduos desejam ardentemente melhorar sua condição de vida material, que eles lutarão com afinco por isso, e que usarão a liberdade conquistada — ou os favores que porventura arrancarem da autoridade política — para fazer valer seu auto-interesse econômico. Isso é o *desejado*, ou seja, assim age na prática não um ou outro gato-pingado, mas o que ele costumava chamar de "a grande multidão humana".

Mas Smith jamais confundiu o desejado e o desejável. Na *Teoria dos sentimentos morais*, ele procurou mostrar por que "a grande multidão humana" deseja o que deseja e por que o desejado, embora moralmente tolerável, estava longe de ser o desejável:

> Nós desejamos ambas as coisas, ser respeitáveis e ser respeitados. Nós receamos ambas as coisas, ser desprezíveis e ser desprezados. Mas ao chegarmos ao mundo logo descobrimos que a sabedoria e a virtude não são de forma alguma os únicos objetos de respeito, nem o vício e a estupidez de des-

> prezo. Nós vemos com freqüência as atenções respeitosas do mundo mais fortemente dirigidas para os ricos e poderosos do que para os sábios e virtuosos. Nós vemos com freqüência os vícios e a estupidez dos imponentes muito menos desprezados do que a pobreza e a fraqueza dos inocentes. Merecer, conquistar e usufruir o respeito e a admiração da humanidade são os grandes objetivos da ambição e da emulação. Dois caminhos distintos se apresentam diante de nós, os dois igualmente levando à consecução deste objetivo tão desejado: um deles, pelo estudo da sabedoria e pela prática da virtude; o outro, pela aquisição da riqueza e poder. Dois tipos distintos de caráter se apresentam à nossa emulação: um deles, de ambição orgulhosa e avidez ostentatória; o outro, da modéstia humilde e da justiça equânime [...] São os sábios e virtuosos, um grupo seleto embora, eu tema, reduzido, os verdadeiros e resolutos admiradores da sabedoria e da virtude. A grande multidão humana são os admiradores e veneradores, e, o que pode parecer ainda mais extraordinário, com freqüência admiradores e veneradores desinteressados, da riqueza e do poder.[3]

As simpatias de Smith enquanto filósofo moral dispensam comentário. Ele observou com frieza analítica a conduta humana a seu redor e foi capaz de constatar, por exemplo, que "para a maior parte das pessoas ricas a principal fruição da riqueza consiste em poder exibi-la, algo que aos seus olhos nunca se dá de modo tão completo como quando elas parecem possuir aqueles sinais de opulência que ninguém mais pode ter a não ser elas mesmas". Quase sem nos darmos conta (e não é apenas no sentido literal) nós tendemos "a exibir nossas riquezas e a esconder nossa pobreza".[4]

Ao contrário dos moralistas clássicos, entretanto, Smith jamais condenou a aspiração espontânea da maioria e muito menos alimentou a ilusão de que a pregação moral, a doutrinação bem-intencionada ou um "golpe de marketing" pela ética pudessem algum dia alterar essa realidade. Em sua teoria econômica, ele reconheceu a força do desejo pela riqueza e procurou analisar seus efeitos sob diferentes arranjos institucionais.

Nada disso, contudo, o levou a confundir o desejado com o desejável. Embora tolerável do ponto de vista moral, e sob muitos aspectos surpreendentemente benéfico para o conjunto da sociedade, o auto-interesse econômico do indivíduo estava longe de ser alguma coisa admirável. Imaginar que a riqueza e o poder pudessem ter o dom de tornar os seus detentores pessoas mais ou menos merecedoras do nosso respeito e estima sempre foi visto, por Adam Smith, como uma "corrupção dos nossos sentimentos morais".

Uma posição teórica muito distinta da smithiana, e que acabou em larga medida dominando a ciência econômica no século XX, é a tese do *egoísmo ético*. Trata-se aqui da afirmação do auto-interesse governado pelo motivo monetário não tanto como uma regularidade empírica, mais ou menos próxima dos fatos observáveis, mas como uma prescrição — como um ideal normativo de conduta para o indivíduo — tendo em vista os objetivos de promover a eficiência produtiva e alocativa da economia e de maximizar o nível de bem-estar material da sociedade.

Dentro dessa perspectiva, o desejável é precisamente aquilo que a grande multidão humana retratada por Adam Smith deseja. Para os adeptos do egoísmo ético, "é apenas necessário que cada indivíduo aja de forma egoísta para que o bem de todos seja atingido", já que "os melhores resultados seriam obtidos se as pessoas não pensassem de todo em termos morais, mas agissem meramente de modo egoísta".[5] O principal objetivo deste capítulo será, em primeiro lugar, apresentar e discutir o argumento que levou à tese do egoísmo ético. Na parte final do capítulo (e no capítulo 5), procurarei examinar os limites dessa tese e analisar, à luz da pesquisa teórica e empírica mais recente, a importância da ética como fator de produção.

É praticamente certo que o egoísmo ético não tem precedente nas filosofias antiga e medieval. Na filosofia moderna, sua formulação original remonta ao que era, de início, um poema satírico publicado anonimamente em 1705 sob o título de *A colméia ruidosa; ou canalhas feitos honestos*.

O impacto inicial do poema foi quase nulo. Nove anos mais tarde, contudo, ele reapareceu como parte de uma obra mais ampla, também anônima, e que acabou se tornando um dos maiores, se não o maior, *succès de scandale* em um século notório pela ousadia e prodigioso vigor de sua vida intelectual. Em sua nova roupagem, o poema original era seguido de um ensaio sobre "a origem da virtude moral" e cerca de vinte comentários em prosa aprofundando temas específicos abordados na sátira. O novo conjunto foi batizado *A fábula das abelhas; ou vícios privados, benefícios públicos*, e seu autor, como logo transpareceu, era Bernard de Mandeville, um médico holandês radicado na Inglaterra.[6]

Entre as características de Mandeville como intelectual, uma das mais salientes foi sem dúvida o seu gosto irreverente pelo paradoxo. Suas causas prediletas pareciam calculadas para atiçar nos leitores mais ortodoxos o máximo de frisson e repulsa. Sob o verniz de uma retórica mordaz e esmerada, ele defendeu a prostituição feminina em nome da proteção da castidade sexual e atacou a educação popular em nome da preservação da felicidade do povo — a ignorância servindo, no caso, como uma espécie de ópio capaz de trazer contentamento e alegria aos menos favorecidos.[7] Mas o seu mais fecundo paradoxo — aquele que fez de sua *Fábula*, como ironizou Samuel Johnson, "um livro que todo jovem possui em suas estantes na crença errônea de que é um livro depravado"[8] — foi o argumento desenvolvido no poema satírico de 1705 e imortalizado na fórmula elíptica "vícios privados, benefícios públicos".

A colméia da *Fábula* é uma miniatura em alta definição da sociedade inglesa tal como a percebia Mandeville: "esses insetos viviam como os homens, e todas as nossas ações eles as faziam em pequena escala". A principal característica da colméia era a profunda dissociação entre, de um lado, suas brilhantes realizações práticas e econômicas, e, de outro, o descontentamento ético das abelhas consigo próprias. Na sua ingenuidade, elas não se davam conta de que ambas as coisas estavam intimamente ligadas entre si — que o vínculo entre uma e outra era o mesmo que une um efeito a sua causa. Tudo lá transcorria sem maiores abalos, até o dia em que suas preces são afinal atendidas por um deus impaciente que expulsa o vício, a má-fé e a hipocrisia de suas vidas. Em pouco tempo, as abelhas da colméia se descobrem condenadas a uma existência insípida e medíocre, porém virtuosa, no interior de uma árvore oca.

Antes da súbita conversão das abelhas, nenhuma outra colméia era tão pujante, próspera e bem governada quanto aquela. Sua indústria e seu poderio militar conferiam-lhe respeito e renome internacionais. Suas leis, arte, ciência e tecnologia eram admiradas e copiadas pelas colméias vizinhas. Embora houvesse grande desigualdade social entre as abelhas, não havia desemprego na colméia. E o avanço da técnica e da capacidade produtiva era de tal ordem que todos se beneficiavam de alguma forma. Graças a isso, até os pobres de agora podiam "viver melhor que os ricos de antes". Mas, não obstante todas estas conquistas e feitos notáveis, a insatisfação era geral. As abelhas não tinham paz e viviam se acusando e recriminando umas às outras. Nunca perdiam a chance de reclamar amargamente de sua triste condição. Um close-up da base motivacional da colméia ajuda a esclarecer a razão.

A economia da colméia girava alimentada pelos vícios que moviam as abelhas como consumidoras e produtoras. Sua pujança e afluência resultavam de um espetáculo pouco edificante: "milhões se esforçando arduamente com o intuito de suprir a vaidade e os apetites lascivos uns dos outros". Ao gastar seus rendimentos, as abelhas se entregavam a um hedonismo insaciável. Eram escravas da volúpia, do exibicionismo e do capricho da moda. Já na produção, elas pertenciam a uma das duas classes fundamentais em que se dividia a sociedade da colméia: os canalhas assumidos e os canalhas dissimulados.

O grupo dos assumidos era composto por parasitas, especuladores, charlatões, falsificadores, estelionatários, proxenetas, ladrões comuns e todos aqueles que, "sendo inimigos do trabalho correto, espertamente convertem para uso próprio o trabalho de seus vizinhos desatentos e bem-intencionados". O outro grupo, mais numeroso, era constituído de abelhas ostensivamente honestas mas que, sempre que podiam fazê-lo sem muito risco, aplicavam algum truque ou trapaça contra clientes e fornecedores: "todo tipo de comércio e ocupação sabia de algum logro, nenhuma profissão estava livre da malícia". A esse grupo pertenciam, entre outros, advogados, comerciantes, industriais, militares, médicos, enfermeiras, balconistas, professores, políticos, padres, ministros de Estado e oficiais de justiça.

O grande sonho de cada abelha individual, não importando a classe a que pertencesse, era encontrar o caminho mais fácil e curto para sobrepujar as demais em fama, poder e riqueza. Aberta ou secretamente, todas elas viviam segundo a máxima do verso horaciano: "Da maneira honesta se você conseguir, mas de qualquer maneira faça dinheiro".[9] A virtude era o crime bem-sucedido.

Mas o problema é que as abelhas não eram apenas aproveitadoras, corruptas e egoístas. Também eram míopes e incapazes de ver que o esplendor econômico da colméia, do qual tanto se orgulhavam, resultava precisamente de seus vícios e taras, "tal como na harmonia musical sons dissonantes produzem unidos um acorde". Elas não viam que, como de fato no seu próprio caso, "uma bela superestrutura pode ser construída sobre uma fundação podre e desprezível". E como cada abelha individual se considerava melhor que as demais, e acreditava sinceramente estar muito acima de toda a desonestidade e depravação que percebia a sua volta, o resultado era um clamor estrondoso pela implantação da ética e da justiça na colméia. A cada nova denúncia, a cada novo escândalo, ao menor incidente que se tornasse público, as abelhas embarcavam numa verdadeira orgia de insultos, acusações e recriminações mútuas, cada uma clamando por mais honestidade e rezando pela regeneração moral das demais.

É aí que Júpiter acaba perdendo a paciência com as abelhas e resolve atendê-las. Ele baixa um decreto eliminando qualquer traço de egoísmo, oportunismo e corrupção da "colméia lamuriante". De agora em diante, todos os hedonistas e canalhas (de ambas as classes) serão paradigmas da retidão e da virtude.

A primeira coisa que acontece é um sentimento profundo e geral de vergonha. Cada abelha olha para o seu passado e se depara com aquilo que antes não via — suas próprias fraquezas, vícios e imperfeições. Cai a máscara da hipocrisia e cai o preço da carne. Os tribunais se esvaziam. Os devedores vão atrás dos credores para pagar o que devem, mas estes preferem perdoar e esquecer. A advocacia desaparece do mapa como profissão (ainda não existiam economistas naquele tempo). A própria justiça e o sistema penal tornam-se ociosos, e com eles se vão todos os delegados, policiais, carcereiros e oficiais de justiça. Alguns poucos médicos continuam existindo, mas mais bem distribuídos pela colméia e voltados apenas para o bem-estar do paciente. O uso de remédios despenca. O clero desperta do seu torpor, mas é tarde demais — já não há pecados a perdoar.

Aos poucos, as repercussões da nova ordem se fazem sentir por toda parte. Os políticos e ministros de Estado tornam-se frugais e passam a viver apenas de seu salário. O setor público da economia experimenta uma brutal contração. Os parasitas largam a mamata "e todos os cargos ocupados antes por três abelhas, que assistiam à canalhice umas das outras, e com freqüência ajudavam-se por coleguismo no roubo, agora são ocupados por apenas uma, de modo que mais alguns milhares se vão".[10]

No setor privado, os efeitos do decreto de Júpiter são ainda mais amplos. Sem guerras não há indústria de armamentos; sem o desejo de ostentar não há produção e comércio de bens de luxo; sem vaidade e inconstância não há indústria da moda. Bares, hotéis e restaurantes se esvaziam e as abelhas passam a vestir a mesma roupa durante anos. O comércio externo declina. Lojas e fábricas fecham sem parar. Os preços desabam e o desemprego explode. As abelhas perdem o interesse que as movia: já não se interessam em ganhar mais, ao menor custo, para poder gastar mais. "O contentamento, ruína da indústria, faz com que as abelhas se satisfaçam com o armazém mais próximo, e nem procurem ou sonhem com mais."[11]

O resultado final de toda essa cadeia de efeitos interdependentes deflagrada pela súbita conversão das abelhas é uma dupla depressão — uma queda sem precedentes na economia e a pasmaceira existencial. Uma tentativa de invasão externa é rechaçada a duras penas, com o sacrifício de milhares de abelhas, até que por fim a colméia outrora grandiosa e radiante se resigna ao padrão de vida típico dos insetos sociais — uma existência estagnada, reta e sem brilho, "abençoada pelo contentamento e honestidade", dentro de uma árvore oca. E, como toda fábula tem uma moral, esta também termina anunciando a sua. Como esclarece o próprio Mandeville no prefácio da obra:

> O principal objetivo da *Fábula* (como é brevemente explicado na moral) é mostrar a impossibilidade de usufruir todos os mais elegantes confortos da vida, com os quais nos deparamos em qualquer nação industriosa, rica e poderosa, e ao mesmo tempo ser abençoado com toda a virtude e inocência que se poderia desejar numa idade de ouro; e a partir disso exibir a tolice e insensatez daqueles que, desejosos de pertencer a um povo florescente e próspero, e maravilhosamente sequiosos dos benefícios que podem receber enquanto tal, estão no entanto sempre murmurando e condenando aqueles vícios e saliências que desde o início do mundo até o dia presente sempre foram inseparáveis de todos os reinos e Estados que se renomaram pelo seu poderio, riqueza e refinamento ao mesmo tempo.[12]

O argumento da *Fábula*, vale notar, vira de ponta-cabeça a tese do neolítico moral (capítulo 1). O vício não é o filho bastardo e corrigível da prosperidade. Ele é o pai dela. O barro das motivações e taras humanas — egoísmo, ganância, inveja, vaidade, lascívia, cupidez, avareza — é *o* insumo indispensável para a fina porcelana da civilização. O vínculo entre vício e progresso não é de simples concomitância (mais ou menos indissociável), como supõem os adeptos do neolítico moral. Trata-se de uma relação causal direta na qual, graças a uma espécie de "alquimia divina" (Mandeville), os mais brilhantes efeitos têm como causa as mais condenáveis e inconfessáveis paixões.

O núcleo lógico do paradoxo mandevilliano consiste numa *reductio ad absurdum* da posição adotada pelos moralistas clássicos. Imagine que algum dia, por um verdadeiro milagre, a humanidade não só se disponha a ouvir com a devida atenção a pregação destes moralistas, mas passe também a agir de acordo com ela. Como seria viver numa comunidade inteiramente povoada por gente como são Francisco de Assis, madre Teresa de Calcutá e Mahatma Gandhi? O que aconteceria na prática se as pessoas se tornassem genuínas amantes do bem e da virtude, seguindo à risca a regra central da razão prática kantiana, segundo a qual cada um deve agir de tal modo que a máxima da sua vontade possa ao mesmo tempo ser um princípio universal de ação? Ou, ainda, se cada um de nós concluísse por si que "existem poucas coisas que desejaríamos com intensidade se nós realmente soubéssemos o que queremos"?[13] O resultado de tanta virtude, responde Mandeville, só poderia ser um — a ruína do comércio e da indústria, a estagnação científica e tecnológica e o embotamento geral da civilização.

O argumento central da *Fábula*, não se pode negar, contém muito de verdadeiro. O excesso de moralidade cívica leva à colméia ossificada. Sua imposição de cima e de fora (no caso pela autoridade divina) acaba produzindo não o paraíso sonhado, mas o limbo estagnado e insípido discutido no capítulo 3. O valor moral dos grandes santos, mártires e heróis da humanidade reside precisamente na escassez relativa dos seus méritos e virtudes. Se todos nós fôssemos tão bons quanto eles, ninguém mais no mundo se destacaria pela sua bondade. Imaginar que se possa basear todo um sistema econômico na hipótese de que os indivíduos agirão de acordo com o ideal da perfeição moral é não só uma fantasia tola, mas uma receita para o desastre.

(Talvez a própria reprodução sexual da espécie humana ficasse comprometida!) A mais valiosa contribuição da sátira de Mandeville foi mostrar o quanto há de verdade e bom senso nessas proposições.

Por outro lado, e como será sugerido abaixo, o mesmo não pode ser dito da noção de que a moral não tem nada a ver com o desempenho produtivo ou serve apenas para atrapalhá-lo. A evolução recente da teoria econômica e a pesquisa sobre os determinantes do grau de desenvolvimento das nações contrapõem-se frontalmente a essa idéia. Ambas sugerem que a tese do egoísmo ético padece de sérias falhas analíticas e precisa ser profundamente revista. Antes, contudo, de passar à análise crítica do egoísmo ético e ao exame do papel da moral como fator de produção, valeria a pena tentar esclarecer, ainda que rapidamente, três pontos relevantes para um entendimento adequado do paradoxo mandevilliano: *a*) o papel das leis e da justiça, *b*) o rigorismo ético e *c*) a questão da "alquimia divina".

Mandeville reconheceu, embora sem muita ênfase ou rigor, a importância de um arcabouço respeitado de *lei e ordem* para conter dentro de certos limites o frenesi aquisitivo das abelhas. Na moral da fábula, ele não apenas reforça a mensagem central de que "a virtude nua e crua não é capaz de levar nações ao esplendor", mas ele também introduz uma cláusula nova, que não fora até então mencionada, e que atenua em parte o caráter paradoxal do argumento: "Assim, o vício benéfico se mostra, *quando pela justiça podado e limitado*".[14] É curioso notar ainda que, embora Mandeville não tenha escrito um comentário específico para aprofundar este ponto, na digressão sobre o consumo suntuoso (Observação L da *Fábula*) ele voltaria ao assunto:

> O comércio é o principal mas não o único requisito para engrandecer uma nação: há outras coisas das quais é preciso cuidar além disso. O *meum* e *tuun* precisam ser garantidos, os crimes punidos, e todas as outras leis quanto à administração da justiça sabiamente elaboradas e estritamente executadas.[15]

O fato, contudo, é que a trama da sátira de Mandeville parece ser em larga medida inconsistente com a implementação desse preceito. Pois se a justiça fosse estritamente implementada, isso levaria à extinção de uma das duas classes fundamentais da colméia, os canalhas assumidos. Claramente, enfatizar a importância de um arcabouço respeitado de lei e ordem em nada contribuiria para reforçar o tom de provocação e afronta da fábula.

Outro ponto que merece atenção é o *rigorismo ético* sobre o qual se ergue o argumento central da *Fábula*. Para alcançar o efeito desejado, Mandeville trabalha com uma visão extraordinariamente restritiva do que é conduta moral: a noção de que toda a virtude é feita de renúncia, isto é, da "rendição das paixões mediante uma ambição racional de ser bom", ao passo que, por oposição, toda conduta auto-interessada, e que de alguma forma beneficie o próprio agente, constitui *ipso facto* uma ação egoísta e merece portanto ser chamada de vício.

Que a renúncia seja um dos elementos centrais da conduta moral é algo que dificilmente se poderia contestar. Mas defini-la como uma *total e absoluta* "rendição das paixões" e elevá-la à condição de *único* caminho da virtude — tudo o mais caindo na vala comum do vício — é um passo altamente questionável. Um passo que, se não coloca a ética definitivamente fora do alcance de meros bípedes mortais como nós humanos, no mínimo retira dela qualquer relevância prática.

Adam Smith, ao criticar o "sistema licencioso" de Mandeville na *Teoria dos sentimentos morais*, pôs o dedo no nervo da questão: "A grande falácia do livro do dr. Mandeville é representar toda paixão como inteiramente viciosa, na medida em que ela o seja em qualquer grau ou em qualquer direção".[16] Nem só de renúncia é feita a conduta moral. A afirmação de valores na vida prática, a busca da felicidade e uma atenção prudente a nossos assuntos particulares são princípios louváveis de ação, assim como a apatia e a preguiça — o descaso e o desleixo em relação à nossa própria pessoa — nada têm de meritório. Fazer do ascetismo monástico o padrão universal da conduta ética foi um dos estratagemas empregados com inegável arte por Mandeville para potencializar o caráter paradoxal da *Fábula*.

Finalmente, há o problema da interpretação da fórmula "vícios privados, benefícios públicos". Há uma elipse enigmática separando as duas metades dessa expressão. Qual seria, mais precisamente, a natureza do mecanismo — da "alquimia divina" — responsável pela transformação do vício das partes no esplendor do todo?

Entre as respostas possíveis, existem duas linhas básicas de interpretação. Num pólo está a posição, defendida por Jacob Viner, de que Mandeville é ainda basicamente um mercantilista, e de que é por meio da "administração engenhosa por políticos habilidosos", como diversas vezes ressalta o autor da *Fábula*, que os vícios privados se tornariam benefício público. No outro pólo está a posição adotada por Hayek, entre outros, de que Mandeville é um precursor da "mão invisível" smithiana, e de que é por meio da liberdade econômica e de "regras gerais de conduta justa", como insiste o economista austríaco, que os vícios privados desaguarão no benefício público.[17]

Ambas as posições, é preciso admitir, são razoavelmente plausíveis. Em diversas passagens, por exemplo, Mandeville expressa o seu temor de que "a sabedoria míope de pessoas talvez bem-intencionadas possa roubar-nos de uma felicidade que fluiria de modo espontâneo da própria natureza de qualquer grande sociedade, se ninguém desviasse ou interrompesse essa corrente". Uma das principais funções de "leis sábias" seria justamente a de proteger o bem comum dos "grandes prejuízos" causados "pela falta de conhecimento ou de probidade dos ministros, se algum deles se mostrar menos capaz e honesto do que desejaríamos que fosse".[18] Tudo isso, seria difícil negar, é água no moinho dos que preferem Mandeville no panteão dos pioneiros do liberalismo econômico.

Mas o fato, entretanto, é que existem fortes evidências apontando também na direção oposta. A importância que Mandeville atribui, por exemplo, à existência de uma população grande e mal instruída ("abençoada" pela sua ignorância), à preeminência internacional da colméia e, ainda, ao seu poderio militar é traço inequívoco de suas inclinações mercantilistas.

Ainda mais sintomática é a ausência, na sua obra, de qualquer *argumento econômico* articulado mostrando o mecanismo pelo qual vícios privados redundariam em benefício público. Todas as vezes em que se refere ao conteúdo subentendido na elipse de sua fórmula, Mandeville invariavelmente ressalta o papel da *autoridade política* no desenho e implementação de políticas e instituições que tornem o interesse privado subserviente ao bem comum. A mediação entre o barro tosco das partes e a fina porcelana do todo se dá através de um processo político que depende, por sua vez, da existência de *políticos habilidosos*. Mandeville pregou a liberdade econômica sem explicar por que ela poderia funcionar. Não deixa de ser um espetáculo curioso contemplarmos um médico descrente (assumido) e no entanto capaz de acreditar na "alquimia divina" com tamanha fé.

A força do paradoxo mandevilliano deriva de um exercício contrafactual. À colméia que aí está é contraposta uma outra colméia, hipotética, onde a virtude e a honestidade ocupam o lugar do vício e da corrupção. A questão proposta é: o que aconteceria se os membros da comunidade suprimissem suas inclinações egoístas e oportunistas para abraçar, digamos, o princípio da ética franciscana do "dar sem medir o custo, trabalhar sem pedir recompensa"? A moral da fábula sugere a futilidade do clamor pela virtude e induz à reconciliação da "colméia ruidosa" com a colméia que aí está. O desejado é o desejável. *Amor fati*.

O primeiro passo para tornar clara a fragilidade desse raciocínio e mostrar o que há de errado com a tese do egoísmo ético é recorrer a um argumento contrafactual na direção oposta. Suponha que os indivíduos adotem como princípio de conduta na vida prática o mais estrito, vigoroso e inexpugnável auto-interesse, isto é, que eles sejam absolutamente alheios a qualquer tipo de consideração pelo bem-estar dos demais (egoísmo) e que jamais percam uma chance sequer de tirar proveito em benefício próprio da violação de normas de convivência social (oportunismo). Pergunta-se: o que aconteceria? Quais seriam as conseqüências prováveis da generalização do auto-interesse crasso — egoísmo + oportunismo — por toda a sociedade? Até que ponto se poderia supor, como sustentam Milton Friedman, George Stigler e outros adeptos recentes do egoísmo ético, que uma população assim constituída conduz a sociedade ao máximo de eficiência e prosperidade, desde que o Estado não atrapalhe demais e os jogadores sejam livres para perseguir o seu auto-interesse dentro das regras do jogo da economia de mercado?

Há boas razões para acreditar que, sejam quais forem as regras do jogo econômico, o auto-interesse crasso é muito mais um obstáculo do que um insumo na busca da eficiência e do crescimento econômicos. O fato, como será visto em detalhe a seguir, é que a simples maximização do auto-interesse individual, sem inibições e preocupações morais, é um princípio de conduta inadequado — e com freqüência letal — tanto para o bom desempenho da economia como para a própria existência do mercado enquanto mecanismo de coordenação econômica.

Afirmar que a virtude pura não funciona na economia, o que é verdadeiro, de forma alguma significa dizer que o vício puro funcione, o que é falso. E para mostrar isso não é necessário invocar um planeta povoado por Hitlers, Stálins, Neros e Genghis Khans. Basta examinar alguns casos concretos onde a ética — pela sua presença ou ausência — parece de fato decidir o resultado da partida.

Sobre as conseqüências econômicas desastrosas do colapso da ordem social não é preciso insistir. A família de histórias e teses reconstruída no capítulo 2 — o mito de Protágoras, a degeneração da sociedade pré-política lucreciana, o estado de natureza em Hobbes e a fase anárquica dos trogloditas de Montesquieu — mostra o que acontece quando a falta de um acordo moral básico bloqueia o estabelecimento do *mínimo legal* que viabiliza a convivência comunitária. O imperativo da justiça, como foi visto, ocupa lugar de destaque no pensamento de Adam Smith, e nem mesmo Mandeville deixou de fazer uma clara reverência — ainda que encabulada — na sua direção. No limite, como assinala Joan Robinson em *Filosofia econômica*, "uma sociedade constituída de egoístas irrefreados se espatifaria em pedaços".[19] A existência de um arcabouço respeitado de lei e ordem, protegendo cada indivíduo contra atos de violência, roubo e fraude, é o que nos separa da guerra. E a guerra é a negação da economia.

O mínimo legal pode parecer pouca coisa. Mas a experiência vem mostrando — por exemplo, nas economias do Leste europeu em transição para o mercado ou nas sociedades atrasadas onde as instituições da troca não se firmam — que conquistar e consolidar este pouco é tarefa bem mais difícil do que parece.[20] Mesmo sendo pouco, o mínimo legal já é, de fato, muita coisa. Como qualquer regulamento, o arcabouço de lei e ordem apenas é respeitado quando a grande maioria dos indivíduos se dispõe a obedecê-lo voluntariamente. Para que isso ocorra, o poder coercitivo da autoridade estatal e o cálculo racional do auto-interesse crasso não bastam. A ordem social e a ordem do mercado estão ancoradas numa infra-estrutura ética. Para escapar do naufrágio, nenhuma das duas pode prescindir dela.

A adesão ao mínimo legal, como foi visto no capítulo 2, requer uma dose considerável de identificação e de internalização: mecanismos de formação de sentimentos e crenças morais que contenham a violação das leis dentro de certos limites. As estatísticas de crimes violentos não só em países pobres, mas também em algumas das nações mais ricas do planeta, revelam os limites e a fragilidade da adesão ao mínimo legal no mundo contemporâneo. Nos Estados Unidos, por exemplo, 25% das escolas de segundo grau em áreas urbanas já adquiriram e instalaram detectores de metais para tentar coibir o uso de armas pelos alunos no recinto da escola.[21] O futuro não está escrito. Mas é preciso lembrar que, ao contrário dos atributos físicos do corpo, crenças e sentimentos morais não são transmitidos geneticamente entre gerações.

Do ponto de vista econômico, o mínimo legal pressuposto pelos adeptos do egoísmo ético está longe de ser tudo. O que é enganoso, porém, é supor de antemão a sua existência como dada ou o respeito a ele pelos jogadores como universal. A conquista e a consolidação do mínimo legal são tarefas mais complicadas do que se poderia imaginar à primeira vista, e o sucesso em realizá-las, mesmo sem ser tudo, é já grande coisa.

O risco de pressupor o mínimo legal como dado na economia é perder de vista a variabilidade e a precariedade da adesão a ele. O fato relevante é que, longe de ser alguma coisa dada de antemão, poder usufruir de um mínimo legal bem definido e amplamente acatado é em si mesmo um extraordinário benefício para qualquer economia. A real dimensão desse benefício é dificilmente notada e apreciada enquanto se pode contar com ele. Como a saúde, o mínimo legal da interação econômica apenas costuma se fazer notar quando falta.

O mínimo legal da economia de mercado inclui, além da legislação criminal básica, regras que estabelecem a fronteira entre o que é lícito e o que é ilícito na atividade econômica. Sabotar as operações da empresa rival ou subornar o seu gerente de marketing são violações das regras mínimas da competição. Mas manter para si (ou patentear) um segredo industrial ou atrair o tal gerente oferecendo um salário mais alto fazem parte das regras do jogo, embora suas conseqüências para a empresa rival possam ser muito piores do que no primeiro caso. O mínimo legal da ordem do mercado — direitos de propriedade bem definidos, liberdade e garantia de execução de contratos e prevenção de práticas anticompetitivas — tem como objetivo básico barrar as tentativas dos agentes econômicos de viver às custas dos demais, colhendo o que não plantaram.

A importância da prevenção de práticas anticompetitivas nesse contexto é bem assinalada por Viner: "Praticamente todo apoio, em termos éticos e econômicos, que a teoria econômica dá ao sistema de livre iniciativa baseia-se no pressuposto de que o empreendimento é não apenas privado e livre mas que é competitivo".[22] A competição estimula a empresa livre e privada a buscar ganhos de produtividade mediante a inovação técnica e organizacional. Mas para que esses ganhos cheguem até onde se deseja, ou seja, até o bolso, o estômago e a sala de estar do consumidor, é imprescindível que ela opere num ambiente competitivo.

Outro elemento crucial para que o sistema funcione é a confiança, por parte de cada indivíduo e de cada empresa, de que o resultado final de suas atividades será avaliado e remunerado de forma independente, de acordo com a disposição dos consumidores em pagar por eles. O problema é que se este vínculo entre atividade, avaliação e remuneração se torna irregular e incerto, ou seja, se o mínimo legal do mercado não é garantido pelo Estado e passa a ser amplamente contestado e desrespeitado, os agentes não só perdem a confiança de que poderão de fato colher mais à frente o que decidirem plantar hoje, como passam a reorientar seus esforços e talento na tentativa de colher agora o que os outros plantaram antes. Os efeitos dessa quebra de confiança no mínimo legal do mercado são bem analisados por David Ricardo:

> A quantidade de emprego num país depende não apenas da quantidade de capital, mas da sua distribuição vantajosa e, sobretudo, da convicção de cada capitalista de que lhe será permitido usufruir, sem ser molestado, dos frutos do seu capital, sua habilidade e sua capacidade empreendedora. Retirar dele tal convicção é aniquilar de uma só vez metade da indústria produtiva da nação e seria mais fatal para o trabalhador pobre do que para o próprio capitalista rico.[23]

O problema é que tanto um Estado fraco e inoperante quanto um Estado excessivamente forte e voraz minam a confiança do setor privado no mínimo legal do mercado. O primeiro porque ele se mostra incapaz de garantir a justiça e proteger os agentes dos avanços predatórios dos demais; e o segundo porque ele próprio acaba se tornando a grande ameaça de invasão predatória, colhendo para si, por meio de impostos e confiscos, o resultado das atividades produtivas do setor privado.

Pior do que um *ou* outro, apenas uma combinação perversa de ambos: o Estado que combina a inoperância na administração da justiça com a voracidade irresponsável do lado fiscal. Infelizmente, esse híbrido monstruoso — uma espécie de leviatã anêmico — é uma praga teimosa e da qual diversas economias na América Latina e África parecem não conseguir se livrar. A manutenção do mínimo legal do mercado, como dizia Mill sobre a segurança, "consiste na proteção *pelo* governo, e na proteção *contra* o governo".[24] O que ele não poderia imaginar é que algum dia ambas as coisas pudessem ser urgentes ao mesmo tempo.*

Um fator crucial para a defesa do mínimo legal do mercado *pelo* governo e *contra* o governo é a própria moralidade dos governantes. Poucas coisas seriam (e são) mais corrosivas do respeito às regras do jogo da economia de mercado do que a extensão da tese do egoísmo ético para os ocupantes de cargos no setor público. Se os membros do governo e os oficiais de justiça passassem a pautar suas ações pela busca do auto-interesse crasso, o resultado seria não só a prática generalizada do "para os amigos tudo, para os inimigos a lei", mas a subordinação do próprio processo legislativo a interesses pessoais.

Que isso já ocorra, em alguma medida, na prática, como apontam os teóricos da "escolha pública", parece ser um fato inegável. Mas seria também difícil negar, por outro lado, que a experiência internacional de corrupção e abuso do poder político é marcada por uma espantosa diversidade, com situações que vão da Suíça à Nigéria. Entre as causas dessa diversidade está

---

* Entre as causas da erosão do mínimo legal do mercado, a inflação crônica merece lugar de destaque. A moeda é parte do sistema de pesos e medidas que dão precisão e transparência às transações econômicas. A falta de um padrão monetário com valor relativamente estável torna precário qualquer cálculo de retorno das atividades econômicas. Ela promove enormes transferências arbitrárias de renda entre o setor público e o privado, bem como no interior deste, estimulando padrões de conduta incompatíveis com a ética e a lógica do mercado. No artigo "Ética e inflação" (*Braudel Papers*, nº 1, 1993), procurei examinar os efeitos das oscilações no padrão monetário sobre a ética pessoal (valores) e a ética cívica (normas) na longa experiência brasileira de convívio forçado com a inflação e com planos de estabilização mal-sucedidos.

muito provavelmente a operação de sanções e condicionantes morais no exercício de funções públicas.

É importante deixar claro que a proposta favorita dos adeptos da "escolha pública" para lidar com o problema do abuso do poder em regimes democráticos — a criação de regras e salvaguardas constitucionais impondo limites para a margem de decisão e ação discricionária dos governantes — de forma alguma prescinde de um generoso insumo de moralidade política. Os requisitos morais da proposta são: *a*) a existência de constituintes dispostos a legislar pelo que acreditam ser o bem comum; e *b*) a atuação vigilante de um poder judiciário capaz de fazer cumprir a constituição apesar da resistência (ou coisa pior) de políticos recalcitrantes. Sem ética há uma regressão infinita: quem guarda os guardiões?[25]

O ponto central é que a qualidade dos jogadores afeta a natureza e a robustez das regras do jogo. Jogadores motivados pelo auto-interesse crasso não se contentam em perseguir seus objetivos dentro da ordem do mercado e jogar limpo todo o tempo: eles irão persistentemente tentar — e muitas vezes conseguirão — driblar as restrições que o mínimo legal do mercado define. E pior: quando a própria autoridade política — o juiz da partida — fraqueja ou adota o auto-interesse crasso como princípio de ação, o resultado é a total deturpação não só do andamento do jogo, mas do placar final medido em termos de eficiência produtiva e criação de riqueza.

A lei sem suporte moral é letra morta. A falta de compromisso com a ética torna precária e incerta a vigência do mínimo legal do mercado. Muitas vezes ela acarreta o seu completo desvirtuamento, com sérias conseqüências para o desempenho da economia. Mais do que isso, a tese do egoísmo ético revela-se um ponto de vista inadequado e deficiente mesmo na hipótese (generosa) de que as regras do jogo do sistema de mercado estejam dadas de antemão e não sejam violadas de forma sistemática pelos jogadores ou pelo juiz da partida.

5. A ÉTICA COMO FATOR DE PRODUÇÃO

As REGRAS DO JOGO e a qualidade dos jogadores são os dois elementos essenciais de qualquer sistema econômico. Suponha que as regras do jogo estão dadas: uma economia de mercado baseada na competição entre produtores independentes, dotada de uma moeda estável e onde a violação do mínimo legal é empiricamente desprezível. Pergunta-se: que espécie de jogadores conduziria uma economia assim constituída ao máximo de eficiência e prosperidade? Que atributos de caráter e traços comportamentais seriam capazes de fazer com que tais regras gerassem o melhor resultado em termos de desempenho econômico? Até que ponto os valores morais do indivíduo e a adesão a normas sociais de conduta ajudam (ou atrapalham) a atividade produtiva?

Para os adeptos do egoísmo ético a resposta é simples. Quando a ética conflita com o auto-interesse do indivíduo, tal como ele o percebe, ela é inócua. Embora as regras do jogo sejam passíveis de mudança mediante o debate público e a ação governamental, os jogadores são basicamente os mesmos em toda parte e ao longo do tempo: eles reagem às situações e oportunidades com que se deparam na vida prática "de modos previsíveis e provavelmente imutáveis". Enquanto economistas, afirma Stigler, "nós lidamos com agentes que maximizam sua utilidade, e seria ao mesmo tempo inconsistente e ocioso para nós conclamá-los a não agir assim".[1]

Friedman vai um passo além. Menos confiante que seu ex-colega da Universidade de Chicago quanto à imutabilidade e uniformidade empírica dos princípios que regem a nossa conduta econômica, ele conclama os homens de negócio a não fraquejar na defesa intransigente do motivo monetário:

Poucas tendências poderiam minar tão completamente os próprios fundamentos da nossa sociedade livre quanto a aceitação, por parte dos dirigentes de empresa, de uma responsabilidade social outra que não a de fazer tanto dinheiro quanto for possível para os seus acionistas.[2]

A coincidência entre a hipótese de trabalho de Stigler e a prescrição moral de Friedman não é casual. Tanto na teoria quanto na prática o egoísmo ético (restringido pelo mínimo legal do mercado) é o caminho da prosperidade. O sistema de preços utiliza como força propulsora desejos e motivações egoístas que a ética desaprova. Ele transforma o vício privado em benefício público. Qualquer influência de crenças e sentimentos morais que desviem o indivíduo daquilo que se espera dele, isto é, da maximização da utilidade a partir de um cálculo racional de retorno provável das alternativas, é vista como uma interferência perturbadora: uma concessão embaraçosa para a teoria (o que é verdadeiro) e contraproducente na prática (o que é muito provavelmente falso).

O egoísmo ético de Chicago é o herdeiro contemporâneo do argumento mandevilliano (capítulo 4). O seu principal avanço em relação à tese original da *Fábula das abelhas* é preencher a elipse na fórmula "vícios privados, benefícios públicos" com o *insight* central da teoria econômica smithiana. Sai a fé na "alquimia divina", entra o argumento econômico da "mão invisível".

Por outro lado, o egoísmo ético difere da posição adotada por Adam Smith em relação à ambição da "grande multidão humana". A diferença é que Smith nunca fez do *desejado* o *desejável*. Ele jamais conclamou os indivíduos a suspender suas inibições e preocupações morais na vida prática (como fazem o "licencioso" Mandeville e seus herdeiros), assim como ele não aceitou a idéia de que maximizar a utilidade e o ganho privado é o melhor que cada um pode fazer pelo bem comum. Para Smith, é certo, não há nada de errado em ganhar dinheiro ou esticar cada músculo na corrida por mais dinheiro. Isso é o desejado. Mas fazer o bem é outra coisa.

O denominador comum unindo Smith, Mandeville e Chicago é uma proposição acerca das causas da riqueza. Basicamente, eles sustentam a tese de que o entrechoque do auto-interesse de um grande número de indivíduos, desde que devidamente disciplinado e coordenado pelo sistema de mercado, é um princípio por si mesmo poderoso o bastante e capaz de conduzir uma sociedade "do mais baixo barbarismo até o mais elevado grau de opulência". É essa proposição sobre a qualidade dos jogadores — sobre a base comportamental adequada para que a economia de mercado prospere — que merece um exame mais cuidadoso.

Pensar é tornar as coisas mais simples do que são. Disso ninguém escapa. Mas isso não significa obviamente que todas as simplificações tenham o mesmo valor cognitivo. Algumas simplificações atraentes negligenciam fatores cruciais daquilo que tentam explicar. Elas são submetidas a um escrutínio mais rigoroso e ao confronto com os dados da experiência e não sobrevivem ao teste. A simplificação de que *o auto-interesse basta* é provavelmente uma delas. O ponto básico é que se existe de fato alguma relação causal entre vícios privados e benefícios públicos — entre auto-interesse e desempenho econômico — então ela é substancialmente distinta, se não o oposto exato, daquela postulada por Smith, Mandeville e o egoísmo ético de Chicago.

O auto-interesse dentro da lei não basta. O mercado regido pelo sistema de preços é dotado de propriedades notáveis e surpreendentes de funcionamento, mas ele não é tudo e ele não existe num vácuo. Uma constituição política perfeita promulgada para cidadãos despreparados e apáticos vale tanto quanto uma obra de Machado de Assis nas mãos de um analfabeto. O mesmo se aplica para a constituição econômica. As regras do jogo econômico — sejam elas quais forem e por mais brilhantes que sejam — não são capazes de produzir resultados satisfatórios caso os jogadores não possuam os atributos cognitivos e morais necessários para tirar delas bom proveito.

Seria enganoso, é certo, imaginar que a ética pode de alguma forma substituir o interesse de cada indivíduo em melhorar de vida. O que se pretende não é negar a força e a importância do auto-interesse. O desafio é entender melhor as diversas formas que ele assume e as conseqüências disso para o funcionamento do mercado e a riqueza das nações.

O objetivo básico deste capítulo é reconstruir a evolução das idéias sobre o papel da ética como um fator de produção e analisar os argumentos que vêm levando, mais recentemente, a uma reaproximação entre ética e teoria econômica. A proposição central a ser discutida é a noção de que a presença de valores morais e a adesão a normas de conduta são requisitos indispensáveis para que o mercado se firme como regra de convivência civilizada e se torne, alimentado pelo desejo de cada indivíduo de viver melhor, uma interação construtiva na criação de riqueza.

A perspectiva ética da economia traz as variações na qualidade dos jogadores — a diversidade da conduta humana na vida prática — para o centro do palco. O problema moral não desaparece com a entrada em cena da disciplina imposta pelo mecanismo de mercado; a ética não é apenas um "ornamento" — opcional ou subversivo — da sua operação. Tanto nas relações horizontais de mercado como na vida interna das organizações hierárquicas da sociedade (famílias, escolas, empresas, associações profissionais, sindicatos, universidades, partidos, igrejas e governos), a presença de valores e normas que de algum modo filtrem o auto-interesse, separando o *desejado pelos indivíduos* do *desejável para o grupo*, é fundamental. A ética conta.

Na história da economia política, um dos pioneiros dessa abordagem foi o polímata inglês do século XVII, William Petty, autor de *Aritmética política*. Petty questionou a crença mercantilista de que a riqueza e o poder de uma nação dependem de um território e população grandes. Ele comparou a situação da França e da Holanda na época e observou que "um país pequeno com uma população reduzida pode ser, pela sua situação, comércio e política, equivalente em riqueza e poderio a uma população e território muito maiores". Tendo vivido na juventude na Holanda (estudando medicina), Petty viu de perto o notável dinamismo da sua economia e atribuiu esse desempenho a fatores de ordem moral e religiosa:

> Cem anos atrás os holandeses eram um povo pobre e atrasado, vivendo num país naturalmente frio e desagradável, e além disso perseguidos por sua heterodoxia religiosa. Disso segue-se necessariamente que esse povo precisa trabalhar duro, e dirigir todas as mãos para o trabalho: ricos e pobres, jovens e velhos, precisam estudar a arte dos números, pesos e medidas; precisam ser frugais, prover para os incapacitados e para os órfãos, na esperança de obter resultados pelos seus esforços; precisam punir os indolentes, e não por meio da sua desabilitação.

Entre as causas da prosperidade holandesa, Petty destacou a presença de um grande contingente de refugiados religiosos naquele país: "homens que são na sua maioria previdentes e sóbrios, e tais que acreditam que o trabalho e a diligência são os seus deveres em relação a Deus".[3]

A sobriedade, a previdência e o sentimento religioso, é verdade, de nada valeriam para fins econômicos se os indivíduos não desejassem melhorar de vida e ganhar mais do que estavam ganhando. O ponto é que a forma pela qual esse desejo era perseguido dependia não de uma intensificação do egoísmo e do oportunismo, mas de uma sujeição do auto-interesse crasso a valores morais. Na motivação individual, o vetor do auto-interesse é parte do argumento, mas não é tudo. E, quando excede certos limites, ele se torna um obstáculo à eficiência e à criação de riqueza. A generalização feita por Weber, na trilha da observação de Petty e outros economistas clássicos, vai direto ao ponto:

> O predomínio universal da absoluta inescrupulosidade na busca de interesses egoístas pela via da obtenção de dinheiro tem sido uma característica específica precisamen-

te daqueles países cujo desenvolvimento burguês-capitalista, medido de acordo com os padrões ocidentais, permanece atrasado.[4]

Uma ilustração empírica cuidadosa e contundente dessa observação é o trabalho de campo feito pelo economista norte-americano Edward Banfield numa pequena comunidade no Sul da Itália, na província de Potenza, em meados dos anos 50. Antes de teorizar sobre a pobreza e o atraso, Banfield foi viver e observar de perto sua realidade. Em *A base moral de uma sociedade atrasada*, ele mostra como a precariedade da vida naquela comunidade e a privação material a que ela estava submetida (em flagrante contraste com o que ocorria no Norte da Itália) resultavam do que ele chamou de "familismo amoral" — um princípio de comportamento que bloqueava qualquer iniciativa de ação conjunta e esforço cooperativo dos moradores para lidar com os problemas comunitários prementes de educação básica, saúde pública e erosão do solo.

O traço definidor do familismo amoral é sintetizado pela seguinte regra de conduta: "maximize a vantagem material de curto prazo da família nuclear e assuma que todos os outros farão o mesmo".[5] (Os que não têm família são individualistas amorais.) Assim, com exceção da relação entre pais e filhos, as demais relações entre os indivíduos — inclusive, é claro, políticos e detentores de cargos públicos — eram marcadas por uma total falta de compromisso com padrões de certo e errado em sentido moral: o "bem" era apenas o melhor, isto é, o mais vantajoso para a família; o "mal" tudo aquilo que a prejudicava. As próprias relações de amizade, até com parentes relativamente próximos, notou Banfield, eram um luxo com o qual eles mal podiam arcar. Primos e compadres, por exemplo, tinham que ser mantidos longe da convivência íntima da família, para evitar o risco de seus avanços sexuais sobre as mulheres da casa.

O efeito mais imediato do predomínio do etos do familismo amoral na comunidade era uma atmosfera generalizada de "ansiedade, suspeita e ódio". Uma situação em que os indivíduos exploram em benefício próprio cada brecha aberta pela sorte ou descuido alheio; em que cada um sabe que os outros estão prontos para lograr e passar a perna em quem quer que seja; em que os (poucos) ricos são vistos como "aproveitadores e hipócritas" e os (muitos) pobres como "maliciosos e turrões"; em que os profissionais liberais se servem de seus conhecimentos e habilidades não para atender, mas para explorar a ignorância de seus clientes; em que as relações de trabalho são esporádicas e conflituosas; em que "dá-se como certo que todos aqueles que podem trapacear no pagamento de impostos farão isso"; e em que, por fim, quem porventura deixa escapar uma chance de "levar vantagem" passa por otário.[6]

Além de corromper por completo o processo democrático e a gestão do governo local (o funcionário público, aceitando ou não suborno, é visto como corrupto), a pior conseqüência do familismo amoral era tornar os membros da comunidade incapazes de tomar iniciativas para atacar seus problemas comuns, ou seja, "agir em conjunto para seu próprio bem ou para qualquer fim que transcenda o interesse imediato e material da família nuclear".[7]

Nessas condições, nem mesmo o conflito de classes se materializava: nenhum líder era confiável aos olhos da massa e a solidariedade classista inexistia. Essa falta de capacidade organizativa na política e na economia, concluiu Banfield, fruto do primado do familismo amoral como princípio de ação, operava como o "fator estratégico limitativo" que condenava aquela comunidade a uma existência precária, com indicadores de analfabetismo, desnutrição e mortalidade muito acima dos verificados em outras regiões da Itália.

Reflexões como as de Petty sobre as causas da riqueza na Holanda (ética religiosa) e de Banfield sobre as causas da pobreza no Sul da Itália (familismo amoral) não são episódios isolados na história das idéias. Elas pertencem a uma rica linhagem de observações e relatos, baseados via de regra em experiências de viagem, e que destacam o papel de atributos morais entre os determinantes da riqueza e da pobreza das nações. O problema da visão afunilada e míope do auto-interesse individual, por exemplo, foi destacado por Tocqueville ao contrastar o padrão de conduta típico de seus conterrâneos franceses com o que pudera observar durante sua visita de pesquisa aos Estados Unidos em 1832:

> Eu não acredito, de forma geral, que exista mais egoísmo entre nós [franceses] do que nos Estados Unidos. A única diferença é que lá ele é esclarecido e aqui não. Cada norte-americano sabe quando sacrificar uma parte dos seus interesses privados para salvar o resto; nós queremos salvar tudo, e freqüentemente perdemos tudo.[8]

Assim, em contraste com o que Tocqueville descreve como o egoísmo muitas vezes suicida de seus conterrâneos, os norte-americanos eram capazes de filtrar seu auto-interesse. Apesar do apego aos "bens deste mundo" (cf. p. 47), eles conseguiam de alguma maneira identificar seus interesses comuns e impedir que estes fossem atropelados por seus interesses privados.

O filtro do auto-interesse funciona aqui como o sistema de freios num automóvel de corrida. Embora a função específica do freio seja reduzir a velocidade do carro, o seu uso permite que ele ande mais rápido na pista do que um carro que não o possui. Na corrida da grande multidão smithiana por riquezas, honrarias e promoções, o egoísmo sem freios não vai longe.

Outro viajante célebre que destacou a importância da psicologia moral na atividade econômica foi o naturalista alemão Alexander von Humboldt. Depois de onze meses e meio enfronhado na América do Sul e Central no início do século XIX, Humboldt escreveu um extenso relato sobre sua experiência nos trópicos. Seu *Ensaio político sobre o Reino da Nova Espanha*, publicado originalmente em francês em 1808, foi traduzido para diversas línguas européias e logo tornou-se uma fonte primária de grande utilização. Citações, ecos e ressonâncias da crônica humboldtiana estão espalhados pelas obras de pensadores tão distintos quanto Malthus e De Quincey na Inglaterra, e Hegel e Marx na Alemanha. O próprio Darwin iria reconhecer, anos mais tarde, que sua viagem à América do Sul havia sido inspirada pelo exemplo de Humboldt: "Apenas ele dá uma idéia dos sentimentos despertados em alguém que penetra pela primeira vez nos trópicos".[9]

Humboldt procurou observar e descrever a conduta dos habitantes nativos da América Latina com a frieza e o distanciamento próprios de um naturalista. Duas coisas lhe chamaram particularmente a atenção, e isso tanto nas cordilheiras andinas e na cidade do México (que era a capital do vice-reinado espanhol) quanto nas matas e vales quentes e úmidos da região tropical (*tierra caliente*). *Primeiro*, a espantosa fertilidade do solo e a facilidade com que era possível obter o mínimo necessário para garantir a sobrevivência. E, *segundo*, a absoluta falta de ambição material dos nativos e a condição de "apatia letárgica" na qual eles se deixavam levar pela vida. Sobre a cidade do México, por exemplo, ele comentou:

> As ruas do México estão apinhadas com cerca de 20 a 30 mil miseráveis (*saragates*, *guachinangos*), a maior parte dos quais passa a noite *sub dio*, e que se espicham sob o sol durante o dia, cobertos apenas com um pedaço de pano [...] Preguiçosos, desleixados e mansos [...] os *guachinangos* não possuem qualquer traço de ferocidade no seu caráter e nunca pedem esmolas; pois, se eles trabalham um ou dois dias por semana, conseguem ganhar o suficiente para adquirir sua pulque ou algum dos patos que cobrem os lagos mexicanos, os quais são assados na própria banha.[10]

Ao contemplar a presença da bananeira (*musa paradisiaca*) nas matas e vales das regiões tropicais — seu papel na dieta básica dos habitantes e sua extraordinária fertilidade durante todo o ano — Humboldt foi levado a fazer algumas considerações pitorescas:

A banana é para os habitantes da zona tórrida [da América espanhola] o que o cereal gramíneo, o trigo, a cevada, o centeio são para o Leste asiático e para a Europa, e o que as diversas variedades de arroz são para o Bengal e a China [...] Eu duvido que exista em todo o globo terrestre alguma outra planta que, num espaço tão pequeno de chão, possa produzir uma massa tão considerável de substância nutritiva... No pé da cordilheira, nos vales úmidos das intendências de Vera Cruz, Valladolid e Guadalajara, um homem que meramente emprega dois dias da semana num trabalho nada laborioso pode obter a subsistência para toda uma família [...] Ouvimos repetir com freqüência nas colônias espanholas que os habitantes das regiões quentes jamais despertarão do estado de apatia em que por séculos estão mergulhados até que um decreto real ordene a destruição das plantações de banana. O remédio é violento, e aqueles que o propõem de forma tão calorosa não revelam, em geral, maior atividade do que os de condição inferior, a quem eles forçariam a trabalhar pelo aumento das suas carências [...] Na zona tórrida, onde uma mão beneficente parece ter espalhado por toda parte as sementes da abundância, o homem, displicente e inerte, experimenta periodicamente uma carência nutritiva que a diligência de nações mais civilizadas baniu até mesmo das regiões mais estéreis do Norte.[11]

Claramente, o traço distintivo do padrão de conduta descrito por Humboldt não é o egoísmo sem freios discutido por Weber, Banfield e Tocqueville. Para Humboldt, o atraso e a precariedade da vida na América espanhola, com a ocorrência periódica de fomes e epidemias, eram antes o resultado da completa falta de motivação dos habitantes para fins econômicos. A própria prodigalidade da natureza a seu redor seria uma espécie de maldição disfarçada que conspirava para torná-los assim apáticos e largados. A falta de apetite — e não a gula ou a ausência de modos à mesa — era a raiz do problema.

Em contraste com as abelhas lamuriantes da fábula mandevilliana e com a grande multidão smithiana, sempre disposta e sequiosa por "melhorar sua condição", os nativos sul-americanos visitados e retratados por Humboldt eram abúlicos, displicentes e resignados. Na história da filosofia alemã, vale notar, essa imagem da indolência e lassidão características dos trópicos — a visão de uma humanidade meio entorpecida ou, como dizia Hegel, "afundada ainda no torpor da natureza" — tornou-se um tema predileto de especulação e seguiu uma trajetória clara e ininterrupta.

Para o jovem Kant, por exemplo, havia uma relação inversa entre a perfeição intelectual e moral dos seres, de um lado, e a incidência da luz e calor solar, de outro. Júpiter seria, nesse sentido, melhor situado do que Mercúrio para a existência de vida ética e inteligente. Da mesma forma, a Escandinávia era melhor que o Caribe, assim como Königsberg era sem dúvida mais adequada para um Kant do que Salvador, na Bahia: "a excelência das criaturas pensantes, sua rapidez de apreensão, a clareza e vivacidade dos seus conceitos [...] e, em suma, toda a extensão da sua perfeição, torna-se mais alta e mais completa na proporção direta da distância do seu lugar de moradia em relação ao sol".[12]

Nas colônias jesuítas em território paraguaio, notou Hegel, os índios eram a tal ponto preguiçosos que à meia-noite era preciso tocar um sino para lembrá-los "até mesmo dos seus deveres matrimoniais".[13] Marx, por sua vez, não precisou cruzar o Atlântico para "descobrir" por que, afinal de contas, o capitalismo não surgiu nos trópicos. O modo de produção capitalista, afirmou ele no primeiro volume do *Capital*, "baseia-se no domínio do homem sobre a natureza":

> Onde a natureza é excessivamente pródiga em suas dádivas, "ela o segura pela mão, como a uma criança suspensa por cordões de andar". O desenvolvimento do próprio homem não é, neste caso, uma necessidade imposta pela natureza. A pátria materna do capital não são os trópicos, com a sua vegetação exuberante, mas a zona temperada.[14]

Diante dessa torrente amazônica de preconceitos e mal disfarçada arrogância, não é difícil compreender a reação impaciente de Nietzsche:

> Parece, não é mesmo, que existe nos moralistas uma repulsa pela selva e pelos trópicos? E que o "homem tropical" precisa ser depreciado a qualquer custo, seja como moléstia e degeneração do homem, seja como o seu próprio inferno e tormento? Mas por quê? Em benefício das "zonas temperadas"? Em benefício dos homens temperados? Daquilo que é "moral"? Do medíocre?[15]

O ponto, contudo, não é jogar um tipo de moralidade (ou de "homem") contra o outro. Felizmente, não é preciso aceitar a fantasia de Kant, travestida em lei científica, ou a arrogância grotesca de Hegel e Marx diante não só dos trópicos, mas de todo o mundo natural, para reconhecer o que há de pertinente na crônica de Humboldt sobre o relativo descaso na vida prática e a falta de motivação aquisitiva dos nativos sul-americanos em comparação com os padrões de conduta típicos do Norte europeu.

O fato é que mesmo no Norte da Europa, à época em que os efeitos da Primeira Revolução Industrial apenas começavam a se difundir pelo continente, alguns observadores atentos registraram a existência de diferenças significativas de atitude em relação ao trabalho e à vida profissional. Samuel Laing, por exemplo, um pesquisador e administrador escocês que percorreu boa parte do continente europeu em meados do século XIX, não só observou algumas dessas diferenças como enfatizou sua importância para o desempenho da economia:

> Os trabalhadores ingleses que são levados para o continente [europeu] sempre reclamam que não podem executar seu trabalho como em casa [Inglaterra], por causa dos hábitos de trabalho vagarosos, impontuais e relapsos daqueles com quem trabalham e dos quais a sua própria atividade e pro-

dutividade dependem. Os estrangeiros são em geral pouco cientes de que dessas qualidades na indústria inglesa dependem na realidade a riqueza e o poder que eles buscam emular, e não dos "navios, colônias e comércio" que essas qualidades fizeram surgir e que, mesmo se fossem eliminados, ainda deixariam a Inglaterra como a nação mais rica no mundo. Um inglês, de quase qualquer classe, é o mais eficiente de todos os trabalhadores, porque, para usar uma frase comum, seu coração está no seu trabalho.[16]

Os tempos mudam. É inconcebível que um encômio como esse pudesse ser escrito, hoje em dia, sobre a atitude dos ingleses em relação ao trabalho. O que surpreende, no entanto, é a semelhança entre o relato de Laing e o que Weber diria, cerca de meio século mais tarde, sobre a valorização do trabalho pela ética protestante. Nesse contexto, afirmou Weber, o trabalhador é chamado a desenvolver uma atitude mais responsável na qual, "pelo menos durante as horas de trabalho, [ele] está liberado de cálculos contínuos sobre como o salário habitual pode ser ganho com o máximo de conforto e o mínimo de esforço". Qualquer tipo de trabalho, por mais trivial que seja, tem que ser "executado como se fosse um fim absoluto em si mesmo, uma vocação".[17]

Observações como essas levam a crer que os indivíduos não reagem às oportunidades e desafios com que se deparam na economia "de modos previsíveis e provavelmente imutáveis" (Stigler). A vontade de ganhar mais e a disposição de fazer algum sacrifício para subir na vida são condições necessárias para que uma economia prospere. Mas daí a supor que elas sejam também suficientes, desde que mediadas pelo mercado, há uma enorme e incômoda distância.

Tanto o conteúdo das motivações humanas como as diferentes formas de persegui-las parecem ser variáveis de primeira ordem para explicar o sucesso e o fracasso econômico de empresas e nações. O depoimento recente de Akio Morita, baseado em sua larga experiência internacional como presidente da Sony, uma das empresas japonesas de maior sucesso no pós-guerra, coloca essa questão em relevo:

> Não existe um ingrediente secreto ou fórmula oculta responsável pelo sucesso das melhores empresas japonesas. Nenhuma teoria ou plano ou política de governo fará de um negócio um sucesso. Isso só pode ser feito pelas pessoas. A mais importante missão para um administrador japonês é criar um relacionamento saudável com seus funcionários, um sentimento de família dentro da corporação, um sentimento de que funcionários e administradores compartilham do mesmo destino [...] Se você deseja uma eficiência e produtividade elevadas, uma relação próxima e cordial com os seus funcionários [...] é necessária. Algumas vezes é mais importante gerar um senso de afinidade do que qualquer outra coisa, e algumas vezes você precisa tomar decisões que são tecnicamente irracionais. Você pode ser totalmente racional com uma máquina. Mas, se você trabalha com gente, algumas vezes a lógica tem que dar lugar à compreensão [...] Na Sony nós aprendemos que o problema com um funcionário que está acostumado a trabalhar só pelo dinheiro é que ele com freqüência se esquece de que se espera que ele trabalhe para o grupo; essa atitude autocentrada de trabalhar só para si próprio e sua família, excluindo seus co-trabalhadores e a empresa, não é saudável.[18]

O contraste entre essa atitude e a recomendação friedmaniana (cf. p. 161) não poderia ser mais forte. Nem por isso — e muito pelo contrário — os acionistas da Sony e outras grandes empresas japonesas parecem ter sido prejudicados.

Por estranho que pareça, há um sentido em que gerir empresas se assemelha a experiências como a amizade, o amor sexual e a crença religiosa. Ter amigos costuma trazer vantagens práticas na vida; o amor correspondido abre as portas para as delícias do sexo; a fé religiosa é (digamos) o caminho da salvação eterna. Mas se você inverte as coisas e coloca o carro na frente dos bois, o resultado será o contrário do que se poderia esperar. Se você passa a cultivar suas amizades *para* obter vantagens; a calcular o afeto *para* desfrutar do sexo; e a freqüentar a igreja *para* ser salvo, então o resultado provável é que você acabe não só sem amigos, sem amor e sem fé, mas termine perdendo até mesmo aquilo que pretendia ganhar — vantagens, orgasmos e o paraíso.

Da mesma forma, se a empresa é boa, é provável que ela seja também lucrativa e remunere adequadamente seus acionistas. Mas se ela existe apenas, como quer Friedman, *para* dar lucros e remunerar os acionistas, tudo o mais estando subordinado a este imperativo maior, é provável que a empresa se torne, com o tempo, pouco mais que um contrato fortuito e mercenário entre adultos calculistas — uma situação capaz de disparar os alarmes do mais tolerante acionista.

Relatos não são fatos. O testemunho de viajantes e o depoimento de homens práticos têm o mérito de basearem-se em experiências diretas e informações de primeira mão. Seria enganoso, no entanto, atribuir-lhes, por conta disso, uma autoridade inatacável.

Qualquer testemunho ou depoimento, por mais trivial que seja, envolve pelo menos dois atos de interpretação. *Primeiro*, porque entre os fatos e o seu relato estão o interesse e o discernimento de quem observa. E, *segundo*, porque entre o relato e a sua compreensão estão o interesse e o discernimento de quem ouve ou lê. Quando à falta de fidedignidade de quem relata se alia o excesso de credulidade de quem ouve ou lê, o resultado final pode ser um verdadeiro milagre — por exemplo, a crença sincera e inabalável em milagres. Se os homens sempre acreditassem no que lhes é dito, a ciência jamais teria existido. Duvidar é um dever científico.

A amostra de relatos de viagem e depoimentos apresentada é obviamente seletiva e não tem qualquer pretensão de imparcialidade. O viés que presidiu sua escolha não foi a tentativa de dar respostas satisfatórias para questões bem definidas, e sim recolher pistas e fornecer evidências que ressaltem a variabilidade da conduta humana na vida prática e, em especial, o papel de valores morais e normas comunitárias na economia. Mais importante do que acreditar ou não no conteúdo de cada relato específico é indagar, à luz daquilo que eles sugerem, até que ponto se pode aceitar a tese de que o auto-interesse dos jogadores, desde que restringido pelo mínimo legal, é tudo o que as regras do jogo do mercado precisam para conduzir uma economia ao máximo de eficiência e prosperidade.

Qual a natureza da relação entre o ético e o útil? De Petty a Morita, os relatos coletados sugerem que a relação entre moralidade e desempenho econômico difere significativamente daquilo que teorias como as de Mandeville, Smith e Chicago nos levariam a crer. A ética conta. A psicologia moral da sociedade — os valores que os indivíduos buscam realizar na vida prática e a maneira como fazem isso — pode agir como um fator de primeira ordem na determinação dos resultados do jogo econômico. Exemplos como a Holanda seiscentista, a Inglaterra da Primeira Revolução Industrial ou o Japão e os Tigres Asiáticos hoje em dia sugerem um quadro bastante distinto daquele pintado pelos adeptos do egoísmo ético, na medida em que ilustram a funcionalidade de valores e normas enquanto fatores de produção.

Uma coisa, no entanto, é dar exemplos contrários à tese do egoísmo ético. Outra é desenvolver argumentos que permitam construir uma visão teórica alternativa sobre a função da ética no funcionamento de mercados, organizações e sistemas econômicos. Por mais convincentes e empiricamente robustos que sejam, contra-exemplos referem-se a situações históricas *particulares*. Eles convidam, por assim dizer, a uma reflexão e revisão crítica dos limites da teoria contrária, mas não oferecem argumentos teóricos positivos que se contraponham a ela no mesmo nível de abstração e generalidade.

Identificar com clareza e articular esses argumentos são desafios que, como foi sugerido anteriormente (pp. 62-3), vêm atraindo um esforço considerável de pesquisa na teoria econômica contemporânea. O que é menos conhecido, contudo, é o fato de que essa tendência recente — aquilo a que Sen se refere como "o desenvolvimento de uma gama de teorias alternativas sobre o comportamento econômico que conduz ao sucesso industrial" — pertence a uma rica tradição de pensamento na história das idéias econômicas.

Não é exagero dizer que a descoberta da ética pela economia nos últimos anos é, na verdade, uma *redescoberta*: um movimento que reflete, retoma e elabora argumentos e idéias originalmente desenvolvidos, a partir do início do século XIX, por economistas que, reagindo aos excessos de Mandeville e Adam Smith, afirmaram na teoria a relevância prática da ética.

O primeiro economista político a insistir na importância *teórica* das variações na psicologia moral dos jogadores foi Malthus. Ao introduzir seu tratado de teoria econômica — os *Princípios* de 1820 — ele atribuiu à contribuição dos fisiocratas franceses e de Adam Smith o mérito pela elevação da economia política à condição de ciência. Ao mesmo tempo, entretanto, ele alertou para os riscos, erros e controvérsias associados à "tentativa precipitada de simplificar e generalizar":

> Diz-se, e talvez com razão, que as conclusões da economia política têm mais da certeza das ciências mais exatas do que aquelas da maioria dos outros ramos do conhecimento humano. Não obstante, nós cairíamos em sério erro se supuséssemos que quaisquer proposições cujos resultados práticos dependem da ação de um ser tão variável quanto o homem, e das qualidades de um composto tão variável quanto o solo, poderão algum dia admitir o mesmo tipo de prova, ou levar a conclusões tão seguras quanto aquelas que se relacionam a figuras geométricas e números [...] Seja quando nos voltamos para as qualidades do homem, ou da terra que ele está destinado a cultivar, somos compelidos a reconhecer que a ciência da economia política reveste-se de uma semelhança mais próxima da ciência moral e política do que da matemática.[19]

O risco de simplificar drasticamente a ação humana, ironizou Malthus, reduzindo-a a trajetórias tão simples, constantes e homogêneas quanto a queda de uma maçã, era fazer como "os alfaiates de Lilipute" e, por causa de um pequeno engano no início, "chegar a conclusões as mais distantes da verdade".[20] Variações nas "qualidades do homem" e do meio ambiente natural não deveriam ser sumariamente abstraídas pelos estudiosos do crescimento da riqueza. Em alguns casos, essas variações representavam literalmente um fator de sobrevivência para a comunidade: a diferença entre a vida e a morte.

Em sua análise dos fatores que limitam o crescimento populacional, por exemplo, Malthus considerou de início a atuação das chamadas "restrições positivas" (fome, epidemias, pragas, infanticídio, guerras etc.). Sua discussão sobre esse ponto, é interessante notar, coincide basicamente com a conjetura feita pelo naturalista e médico sueco Lineu em *Politia naturae* (uma obra publicada quase meio século antes do *Ensaio* de Malthus):

> Eu não sei por meio de que intervenção da natureza ou por que lei o número de homens é mantido dentro de certos limites. Entretanto, é verdade que as doenças mais contagiosas normalmente se alastram em maior grau em regiões densamente povoadas, e inclino-me a pensar que a guerra ocorre onde existe a maior superfluidade de gente. Parece, ao menos, que, onde a população cresce demais, a concórdia e as coisas necessárias para a vida decrescem, e a inveja e a malignidade em relação ao próximo proliferam. Assim se instaura uma guerra de todos contra todos![21]

Com tudo isso Malthus concordava. Mas ele não parou aí. Ele destacou, também, a possibilidade de que "restrições preventivas", baseadas em considerações de ordem moral, pudessem vir a refrear o crescimento demográfico antes que fatores externos e alheios à vontade humana — as "restrições positivas" — se encarregassem de fazê-lo.

As leis da população, é verdade, valiam indistintamente para todas as espécies de animais e plantas da natureza. Mas a capacidade de visualizar o mal que se aproxima e agir a tempo de impedir que ele se materialize eram, para Malthus, privilégios exclusivos do *Homo sapiens* entre os seres vivos:

> A restrição preventiva, na medida em que é voluntária, é peculiar ao homem, e se origina daquela superioridade característica das suas faculdades de raciocínio que lhe permitem avaliar antecipadamente conseqüências remotas [...] o sacrifício da gratificação temporária pela permanente [é] a atividade que cabe ao agente moral continuamente fazer.²²

Mais especificamente, tratava-se para ele de comparar um mal ao outro e escolher a trajetória com maior probabilidade de garantir a sobrevivência e reduzir a dor e o sofrimento humanos: "é melhor que a população seja restringida pela precaução, em vista da dificuldade de assistir à família e do medo da pobreza dependente, do que incentivá-la apenas para que seja, mais tarde, reprimida pela privação e doença".²³

Quanto à teoria econômica propriamente dita — e aos obstáculos ao crescimento da riqueza em particular —, Malthus apontou para duas situações básicas em que a psicologia moral dos agentes se torna o fator limitativo impedindo a plena mobilização dos recursos existentes (terra, capital e trabalho) para fins produtivos. Mais de um século antes da Revolução Keynesiana — e como o próprio Keynes enfatiza em seu belo estudo biográfico sobre "o primeiro dos economistas de Cambridge" —, Malthus analisou a possibilidade de que a demanda efetiva agregada não sustentasse de forma adequada o nível de atividade e o processo de acumulação de capital:

> O princípio da poupança, levado ao excesso, destruiria a motivação de produzir [...] uma nação rica e populosa como a nossa [Inglaterra] tornar-se-ia, com hábitos por demais parcimoniosos, infalivelmente pobre e comparativamente desabitada [...] uma paixão destemperada pela acumulação

irá inevitavelmente produzir uma oferta de mercadorias que ultrapassa aquilo que a estrutura e os hábitos de consumo de tal sociedade irão permitir ser lucrativamente consumido.[24]

A outra situação analisada por Malthus é aquela em que a "paixão pela acumulação" peca não pelo excesso, mas pela falta. E se uma alta proporção dos indivíduos de uma nação considera o *dolce far niente* (por exemplo à sombra da família ou de um cargo público) um bem mais desejável do que tudo aquilo que se poderia obter mediante mais trabalho e esforço econômico? O reverendo Malthus tinha idéias próprias sobre a queda de Adão — a condição de torpor, lassidão e languidez do homem expulso do paraíso. A Nova Espanha de Humboldt e o atraso secular da Irlanda levaram-no a examinar, de um ponto de vista ético-teológico, a situação de economias que nem sequer haviam embarcado no processo de acumulação e crescimento acelerado analisados pela teoria econômica clássica:

> É um grave erro assumir como certo que a humanidade irá produzir e consumir tudo aquilo que ela tem o poder de produzir e consumir, e nunca preferirá a indolência às recompensas da industriosidade [...] É preciso admitir como um fato, confirmado por todos os relatos que possuímos de nações em diferentes etapas do seu progresso, que esta escolha parece ser bastante geral nos períodos iniciais da sociedade, e de forma alguma incomum nos estados mais aperfeiçoados [...] É a carência dos bens de primeira necessidade que [...] estimula as classes trabalhadoras a produzir bens de luxo; se este estímulo fosse removido ou muito enfraquecido, de modo que os bens necessários pudessem ser obtidos com pouco trabalho, há fortes razões para pensar que, em vez de mais tempo ser dedicado à produção dos bens que trazem conforto, menos tempo seria assim despendido [...] A maior de todas as dificuldades em converter nações incivilizadas e despovoadas em civilizadas e bem povoadas é inspirar nos seus habitantes os desejos de con-

sumo mais bem calculados para incitar seus esforços na produção de riqueza.[25]

Assim, em contraste com a grande multidão smithiana, o universo malthusiano é povoado por um outro tipo de jogadores. O que prevalece aqui é a forte motivação da maioria pelas frutas e delícias que tiraram Adão e Eva do paraíso — o *carpe diem* ("gozar agora, pois amanhã morreremos!") da ode horaciana. O outro lado dessa moeda é a fraca motivação dos indivíduos para os sacrifícios e virtudes que levam à riqueza das nações.

Aos olhos de Malthus, em suma, "o homem como ele realmente é" não passa de um ser "inerte, indolente e avesso ao trabalho, a menos que compelido pela necessidade".[26] Se lhe for dada a chance, ele se deixa escorregar para a *dolce vita* de sombra e água fresca, ou melhor, bananas, sexo imprevidente e pinga da crônica humboldtiana — um quadro para muitos, talvez, paradisíaco, não fossem é claro as ondas de "restrições positivas" que periodicamente assolam comunidades na franja da sobrevivência.

Na visão malthusiana, o desejo de melhorar de vida que coloca uma sociedade na rota da prosperidade não é, como supôs Adam Smith, um princípio de conduta que se possa assumir de antemão como dado ou parte da ordem natural das coisas. Ele é uma "planta de crescimento lento" e que requer um ambiente propício de educação, adversidade e escassez (natural ou induzida) para florescer. Logo, a experiência norte-européia de progresso e rápido crescimento da riqueza deveria ser vista como uma ocorrência relativamente incomum — e não como a regra — na economia mundial.

Ao enfatizar a importância teórica das variações na qualidade dos jogadores e ao criticar as tentativas precipitadas de "simplificar e generalizar", Malthus defendeu uma abordagem claramente distinta daquela adotada não só por Adam Smith, mas também por Ricardo e seus seguidores. Os economistas ricardianos, como Marshall iria mais tarde observar, "consideravam o homem, por assim dizer, como uma quantidade constante, e quase não se deram ao trabalho de estudar suas variações":

> As pessoas que conheciam eram predominantemente gente da City [de Londres], e eles assumiram de forma tácita, e sem prestar muita atenção no que faziam, que os demais ingleses eram todos bastante parecidos com aqueles que haviam encontrado na City [...] A mesma propensão mental que levou nossos juristas a impor o código civil inglês sobre os hindus levou nossos economistas a construir suas teorias na suposição tácita de que o mundo era constituído de homens da City.[27]

A grande exceção a essa tendência na economia clássica ricardiana foi John Stuart Mill. A contribuição de Mill, como foi visto no capítulo 1 (pp. 27-59), representou um grande esforço de síntese, revitalização e revisão crítica da teoria econômica ricardiana e da filosofia moral utilitarista. Um dos elementos centrais nesse processo — e que de certa forma retoma e aprofunda a perspectiva inaugurada por Malthus — foi sem dúvida a análise feita por Mill do papel da ética como fator de produção.

A pergunta básica a ser respondida é a mesma que havia ocupado os fundadores iluministas da ciência econômica: o que torna as diferentes comunidades humanas mais ou menos capazes de produzir riqueza? Do que depende o grau de produtividade dos agentes econômicos?

A resposta dada por Mill, é verdade, tem muito em comum com a de seus predecessores na economia clássica. Embora ressaltando os limites do "princípio da não-interferência" em relação a algumas áreas específicas (por exemplo, a educação infantil), em nenhum momento Mill contesta a tese clássica da superioridade das regras do jogo do livre mercado como mecanismo de coordenação e alocação de recursos.

O ponto relevante, contudo, onde Mill diverge significativamente da tradição clássica associada a Smith e Ricardo, é a importância que ele atribui às variações na qualidade dos jogadores enquanto variável explicativa das causas da riqueza das nações:

> O sucesso na atividade produtiva, como a maioria dos outros tipos de sucesso, depende mais da qualidade dos agentes humanos do que das circunstâncias nas quais eles trabalham [...] Os indivíduos, ou as nações, não diferem tanto nos esforços que são capazes de fazer sob o efeito de incentivos imediatos, quanto na sua capacidade de empenho presente para a realização de objetivos distantes, e no ânimo e esmero com que se dedicam ao trabalho em ocasiões comuns [...] As qualidades morais dos trabalhadores são tão plenamente importantes para a eficiência e o valor do seu trabalho quanto as intelectuais.

Entre os componentes da infra-estrutura ética do sistema produtivo, Mill destacou a importância do grau de confiabilidade existente numa dada comunidade — a *confiança* (*trust*) que os indivíduos depositam uns nos outros ao realizar contratos e transações econômicas:

> A vantagem para a humanidade de se poder confiar um no outro penetra em cada fresta e interstício da vida humana: a econômica é talvez a menor parte dela, mas mesmo ela é incalculável. Para considerar apenas a parte mais óbvia do desperdício de riqueza para a sociedade provocado pela improbidade humana [...] [a] profissão exorbitantemente remunerada dos advogados [...] é requerida e mantida principalmente pela desonestidade humana. À proporção que os padrões de integridade numa comunidade sobem, todas essas despesas diminuem. Mas essa redução positiva de gastos seria de longe superada pelo imenso aumento na produção de todos os tipos [...] e pelo aumento de ânimo, a sensação de poder e confiança, com o qual todos os tipos de trabalho seriam planejados e executados por indivíduos que sentis-

sem que todos aqueles cuja colaboração é requerida fariam sua parte de boa-fé e de acordo com seus contratos. A ação conjunta é possível apenas na medida em que os seres humanos podem contar uns com os outros. Existem países na Europa, com um potencial industrial de primeira ordem, onde o mais sério obstáculo para a condução de negócios em larga escala é a escassez de pessoas que se supõem aptas a serem merecedoras de confiança no recebimento e gasto de somas consideráveis de dinheiro.[28]

Um diagnóstico semelhante, vale notar, está presente nas reflexões de Kenneth Arrow (o maior economista matemático norte-americano do século XX) sobre a importância da confiança para o funcionamento normal do sistema de preços:

Praticamente toda transação comercial encerra um elemento de confiança; seguramente qualquer transação que se prolonga ao longo do tempo [...] Durante a sua evolução, as sociedades desenvolveram acordos implícitos de certos tipos de consideração pelos outros, acordos que são essenciais para a sobrevivência da sociedade ou ao menos contribuem enormemente para a eficiência do seu funcionamento. Tem-se observado, por exemplo, que entre as características de diversas sociedades economicamente atrasadas está uma falta de confiança mútua. Empreendimentos coletivos de qualquer tipo, não apenas governamental, tornam-se difíceis ou impossíveis não apenas porque A pode trair B, mas porque mesmo se A deseja confiar em B ele sabe que é improvável que B confie nele. É claro que esta falta de consciência social representa de fato uma perda econômica definida em sentido muito concreto, além de ser uma perda do ponto de vista do bom andamento do sistema político.[29]

Sobre a realidade a seu redor, Mill arriscou alguns comentários interessantes ligando ética e economia. Muito antes de Weber, e na trilha sugerida originalmente por Petty, ele procurou explicar a conduta das camadas média e alta inglesas — sua forte propensão a poupar e acumular em detrimento do gasto e consumo imediatos — referindo-se a determinantes de ordem moral e religiosa, como a "extrema incapacidade dos indivíduos para usufruir prazeres pessoais que é típica das nações pelas quais passou o puritanismo". (Numa passagem cortada da versão final dos *Princípios* ele havia escrito: "A maioria dos ingleses e norte-americanos não possui qualquer vida fora do seu trabalho; apenas isso os separa da sensação de *ennui*".)[30]

A essa visão mais crítica da psicologia moral puritana correspondia uma avaliação menos sombria e condenatória da vida sob o abrigo das bananeiras ao sul do equador. Assim como Malthus, Mill registra o fato de que "nem agora, nem em épocas anteriores, as nações detentoras do melhor clima e do melhor solo têm sido as mais ricas ou poderosas". As vantagens naturais nunca fizeram a riqueza das nações. Não obstante, ele complementa, embora a maior parte da população nessas nações seja bastante pobre, ela é ainda "no seu conjunto, e em meio a sua pobreza, provavelmente a mais capaz de gozar a vida":

> A vida humana nessas nações pode ser mantida com tão pouco que os pobres raramente sofrem de ansiedade, e nos climas onde o mero existir é um prazer, o luxo que eles preferem é o do repouso. Energia, sob o apelo da paixão, eles a possuem em abundância, mas não aquela que se manifesta no trabalho contínuo e perseverante. E, como eles raramente se preocupam o bastante acerca de objetivos remotos para estabelecer boas instituições políticas, os incentivos à industriosidade são ainda mais enfraquecidos pela proteção imperfeita de seus frutos.[31]

Assim como Malthus e Marx antes dele, Mill nunca cruzou a linha do equador. Nem por isso, no entanto, sua visão dos trópicos foi apenas um espelho refletindo seus preconceitos ou seu narcisismo. Livre da culpa agostiniana do reverendo e da *hubris* metafísica do profeta teutônico, o arado normativo de Mill tinha outra colheita em vista. Ao criticar o puritanismo anglo-saxão e reconhecer a possibilidade de um mundo onde "o mero existir é um prazer", Mill preparava o terreno para sua defesa do "estado estacionário" como ideal de sociedade — o resgate de valores morais, estéticos e espirituais como caminho para a afirmação da perfectibilidade humana e a diminuição do hiato entre *o que é* e o que *deve ser* (cf. pp. 44-9).

Afirmar a ética como fator de produção é negar a tese de que o auto-interesse dentro da lei basta. Qual a natureza da relação entre o ético e o útil? Para os adeptos do egoísmo ético, o entrechoque dos vícios privados conduz ao benefício público, desde que devidamente coordenado e neutralizado pelo mecanismo do mercado. A "alquimia divina" de Mandeville e a "mão invisível" smithiana na economia de Chicago existem para mostrar que o elo entre o ético e o útil foge aos padrões de uma relação causal direta. O *desejado* é o combustível do *desejável*. O sistema de preços se alimenta de motivações que a ética condena (ou apenas tolera), mas o egoísmo + oportunismo das partes produz um resultado não intencional altamente positivo para todos os envolvidos: a maximização da riqueza agregada. O ético, em suma, não tem nada a ver com o útil (ou apenas atrapalha).

O argumento mandevilliano deriva sua força de um exercício contrafactual. À sociedade que aí está — próspera e dinâmica porém corrupta — é contraposta uma outra, hipotética, repleta de virtude porém estagnada e medíocre. Podemos imaginar agora um exercício contrafactual na direção oposta. O que aconteceria se um sistema econômico se visse às voltas com a progressiva erosão da sua base ética, ou seja, dos recursos morais que sustentam e lubrificam a atividade produtiva? Quais seriam as conseqüências para a economia de um eventual "choque adverso" de oportunismo, egoísmo e corrupção?

Uma resposta bastante plausível para essa mesma questão foi dada por uma personagem hoje totalmente esquecida na história das idéias — o jornalista escocês e especialista em direito comercial John Macdonell, autor de uma coletânea de ensaios econômicos publicada em 1871, dois anos antes da morte de Mill. O primeiro passo da resposta de Macdonell é enfatizar o papel da educação em sentido amplo — e particularmente do seu componente moral — no processo de criação de riqueza:

> Onde quer que haja uma grande provisão de riqueza existe um povo vivendo em larga medida sob a influência da moral e possuindo um código de dever mais ou menos acurado. Um território pontilhado de celeiros transbordando de cereais, dotado de plantações bem cuidadas e delimitadas, e ressonando do zumbir de teares e do som metálico dos martelos evidencia a existência de uma dose não desprezível da fibra da qual mártires e heróis são feitos. Embora não se possa dar nomes requintados para as qualificações de um povo industrioso, apto em muitas artes e ramos do comércio e capaz de produzir artigos bons e baratos, foi a paciência e a sobriedade, a boa-fé e a honestidade, que lhe trouxeram eminência. Essas não são, de fato, as virtudes que se inscrevem em lápides [...] não obstante, essas virtudes de cor simples são o próprio sal da terra.

Até esse ponto um leitor atento de Mill, dotado de certo *penchant* literário, teria facilmente chegado. Mas o passo seguinte reserva para Macdonell um lugar obrigatório em qualquer reconstrução da história da ética como fator de produção. Pois ele não apenas vira do avesso o contrafactual sobre o qual se ergue o paradoxo mandevilliano, como antecipa inúmeros tópicos que seriam redescobertos e elaborados pela teoria econômica no pós-guerra:

> Para começar com a educação moral, e para apreciar sua influência sobre a riqueza pela magnitude das conseqüências da sua ausência, considere o que ocorreria se os homens fossem bem menos confiáveis do que são — se os trabalhadores cumprissem suas tarefas apenas sob estrita vigilância, se

os patrões fossem escorregadios em suas promessas e os clientes estivessem sempre prontos a trapacear e atrasar suas dívidas —, se aquilo que um moralista chamou de "fé na vida comum" fosse menos prevalecente. Ou, para tornar a importância da educação moral ainda mais patente, suponha que este estado de coisas fosse geral, qual a conseqüência? O comércio abandonaria o nosso litoral [britânico] com mais certeza do que se ele fosse devastado pela guerra. Se isso fosse levado ao limite extremo, como supomos, esse carnaval de vício dissolveria a própria sociedade; se fosse levado a um patamar inferior de consistência infame, ele nos deixaria com pouco para viver dali para a frente — seguramente sem produção excedente para exportar, pois mesmo que a possuíssemos nossos clientes, já desconfiados dos nossos bens e das nossas promessas, não comprariam de nós. Essa fé na vida comum, que pode ser vista em cada ação, é o ligamento da sociedade [...] Nações nas quais existe pouco dessa fé na vida comum estão conseqüentemente fadadas a um desenvolvimento lento da riqueza.[32]

A última observação acima aponta claramente para a conclusão de Banfield sobre o Sul da Itália. A ênfase no papel da confiança ou "fé na vida comum", por sua vez, retoma o ponto sugerido por Mill acima e, de forma mais abrangente, antecipa aquilo que Arrow assinalou mais recentemente ao argumentar que:

A presença daquilo que numa terminologia um pouco antiquada eram chamadas *virtudes* desempenha um papel significativo no sistema econômico [...] Muitos de nós consideramos ser possível que o processo de troca requeira a presença de inúmeras dessas virtudes, ou seja pelo menos grandemente facilitado por elas (não apenas a veracidade, mas também confiança, lealdade e justiça em transações futuras).[33]

Outros paralelos podem ser lembrados. Em seu discurso perante a American Economic Association quase um século após as conjeturas de Macdonell, o economista Kenneth Boulding recordou a seus colegas de profissão que nem só de resposta a estímulos de preço e cálculo de retorno é feita a ação econômica ("nem mesmo o estudo de economia consegue fazer com que as pessoas se tornem homens econômicos puros"). Ao contrastar o que chamou de "ética heróica" presente na vida religiosa, militar e esportiva, de um lado, com o "heroísmo surdo" da vida prática de outro, Boulding recuperou precisamente a distinção de Macdonell entre as "virtudes lapidares" e os valores prosaicos, de cores simples, que mantêm a economia de pé:

> O poder da religião na história humana tem se originado, mais do que por qualquer outra coisa, por sua capacidade de dar identidade aos seus praticantes e induzi-los a um comportamento que se baseia nessa percepção de identidade. Em sua forma extrema, isso dá origem aos santos e mártires de todas as fés, religiosas ou seculares; mas isso dá origem também a uma grande quantidade de heroísmo surdo, como, por exemplo, em empregos, no casamento, na criação dos filhos e nas tarefas corriqueiras da vida cotidiana, sem o que uma boa parcela da economia bem poderia se esfacelar.[34]

No mercado de trabalho em particular, a importância crucial do fator intangível "confiança mútua" para o processo de negociação e para a conquista de ganhos de produtividade nas empresas vem sendo crescentemente incorporada à teoria econômica. A experiência internacional recente é ilustrativa a respeito. Como observa Oliver Williamson (um dos expoentes da escola neo-institucionalista norte-americana):

> Um problema crônico com a organização do mercado de trabalho é que os trabalhadores e suas famílias são otimistas irreprimíveis. Eles se deixam levar por vagas asseverações de

boa-fé, por promessas que não podem ser legalmente executadas e pelas suas próprias esperanças de uma vida boa. Um processo de barganha inteiramente firme e severo nunca ocorre ou, se ocorre, chega tarde demais.[35]

A esse padrão de mercado de trabalho mercenário, baseado em pouco mais que "promessas escorregadias" de um lado e credulidade + acessos de zelo legalístico de outro, podemos contrapor o modelo analisado pelo economista japonês radicado na Inglaterra, Michio Morishima, em seu notável estudo sobre o papel da ética confuciana da lealdade — distinta da ética confuciana chinesa da benevolência — no sucesso econômico do Japão.

No modelo confuciano japonês, aponta Morishima, a relação de emprego, pelo menos nas grandes corporações, é "um compromisso para a vida, como no casamento". A empresa não é uma organização que visa apenas maximizar o lucro, mas uma microcomunidade da qual cada funcionário é membro e sente-se como tal:

> Por isso, quando se avalia a adequação de um candidato para um cargo, o caráter do indivíduo, seu senso de lealdade e sua habilidade potencial para contribuir para a empresa no longo prazo são vistos como mais importantes do que sua qualificação imediata [...] Na sociedade confuciana, cada indivíduo precisa esforçar-se para demonstrar sua lealdade à sociedade a que pertence. A extensão da sua lealdade é medida em termos do grau em que ele está disposto a se sacrificar [...] O serviço devotado é a mais importante virtude, tanto em termos éticos como materialistas.[36]

Não se trata, obviamente, de fazer aqui uma imagem idealizada ou pintar um quadro etéreo das empresas japonesas. Se levarmos em conta o fato, para dar um exemplo apenas, de que os jovens no Japão são constrangidos a estudar de treze a quinze horas diárias durante a maior parte da adolescência, na esperança de ingressar nas universidades de elite onde as grandes corporações recrutam seus membros, fica difícil imaginar que a maioria dos japoneses tenha recordações agradáveis de sua juventude.

O ponto relevante é atentar para a diferença que faz a presença da ética no mundo da produção. A alienação denunciada pelo jovem Marx — aquela situação em que o trabalhador assalariado "apenas se sente ele próprio quando ele não está trabalhando, quando ele está trabalhando ele não se sente ele próprio"[37] — é antes de mais nada um péssimo negócio para qualquer empresa que deseja competir e lucrar.

A redescoberta da ética pela teoria econômica nos últimos anos mostra também que Macdonell não estava, afinal, tão completamente enganado como se poderia supor quando previu que, embora "as escolas de economia política do passado tenham sido demasiadamente silenciosas sobre o homem, na economia política do futuro ele será quase tudo".[38] Mesmo no final do século XIX, a perspectiva ética da economia — na tradição inaugurada por Malthus e continuada por Mill e Macdonell — encontrou aliados influentes e teve um desenvolvimento apreciável. Os principais representantes desse movimento foram dois economistas ingleses da Universidade de Cambridge, Henry Sidgwick e Alfred Marshall.

Sidgwick e Marshall desenvolveram a abordagem e os conceitos básicos do que é hoje em dia a teoria do capital humano. Sua principal contribuição foi mostrar como os recursos humanos constituem meios de produção pelo menos tão importantes quanto qualquer outro tipo de capital. Embora dotadas de certas propriedades peculiares (como, por exemplo, a não-transferibilidade), as faculdades e aptidões dos agentes econômicos são, em larga medida, o resultado de um esforço prévio de investimento na formação dessas capacidades, assim como o estoque de capital físico resulta de um fluxo anterior dos investimentos. A criação de capital humano nas famílias, escolas, universidades e empresas é peça fundamental do processo de crescimento e acumulação de capital do qual haviam se ocupado os economistas clássicos.

O aumento da capacidade produtiva da comunidade, como notou, Sidgwick, pode se dar

> tanto pela melhoria do conhecimento mecânico e da habilidade dos seus habitantes quanto por acréscimos ao seu estoque de instrumentos inanimados, e depende das circunstâncias saber qual desses dois caminhos é, num dado momento, o emprego mais lucrativo do trabalho e da riqueza nacionais.[39]

Para Marshall, a mesma opção estava colocada e a escolha era clara. "Uma nova idéia", ele afirmou, "como, por exemplo, a invenção principal de Bessemer [processo de purificação do minério de ferro na siderurgia], acrescentou tanto ao poder produtivo da Inglaterra quanto o trabalho de 100 mil homens." A distribuição de renda promove o crescimento da riqueza, *na medida em que* eleva a competência e a capacidade de geração de renda dos que ganham menos. Daí sua conclusão de que, mesmo de um ponto de vista estritamente econômico, "o mais valioso entre todos os capitais é aquele investido em seres humanos".[40]

O que é menos conhecido, contudo, é o fato de que para Sidgwick e Marshall a formação de capital humano não se restringia à aquisição de faculdades e aptidões de natureza puramente *cognitiva*, ou seja, ligadas à obtenção, processamento e uso eficiente de informações para fins produtivos. O capital humano, é verdade, representa o grau de capacitação da comunidade para o trabalho qualificado, a inovação científica e tecnológica, e a criatividade e iniciativa empresariais. O alto nível de organização exigido pela economia moderna requer a presença de competências e conhecimentos adquiridos mediante um longo e custoso aprendizado. Mas esse é apenas um lado da moeda. O outro lado do capital humano — um componente que para Sidgwick e Marshall era tão relevante quanto o cognitivo, mas que a teoria do capital humano desenvolvida no pós-guerra abandonou por completo —[41] é a *ética*: a formação de faculdades e atributos morais favoráveis à criação de riqueza.

Sidgwick, por exemplo, sugeriu repetidamente em seu tratado econômico que, ao se examinar as causas das variações no nível de produtividade da economia, "a importância de uma condição saudável da moralidade social não pode ser omitida":

> A análise precedente nos levou a considerar mais de uma vez as diferenças nas qualidades morais dos trabalhadores como causas da variação na produção. A importância econômica dessas diferenças pode ser brevemente resumida assim: na medida em que é do interesse do trabalhador dar o máximo de si no seu trabalho, quanto mais prudência e autocontrole ele possuir, mais ele irá aumentar a riqueza da comunidade; ao passo que, de novo, quanto mais ele atua com base no senso do dever e num espírito público amplo, mais produtivo será o seu trabalho em circunstâncias nas quais a coincidência entre o seu próprio interesse e o da sociedade não existe ou é pouco clara. O trabalhador desonesto que trapaceia no trabalho por peça e relaxa se for pago por dia, o empresário desonesto que emprega trabalho e capital na produção da aparência ilusória de utilidade e o comerciante que estraga os seus artigos adulterando-os diminuem a produção [...] Mesmo no desempenho das funções industriais comuns com as quais se ocupa a ciência econômica, os homens não são influenciados apenas pelo motivo do auto-interesse, como os economistas têm algumas vezes assumido, mas também, e de forma extensiva, por considerações morais.[42]

Também no setor público, alertou Sidgwick, a importância da ética não deveria ser subestimada. Qualquer que seja o partido no poder, a atividade governamental depende da existência de pessoas privadas que busquem a realização de objetivos públicos. Tais pessoas existem. Mas a escassez de "moralidade política" impõe sérios limites. Na sua conta debitam-se três disfunções básicas no rol das patologias do setor público: 1) o uso corrupto do poder (por exemplo, na prática do empreguismo); 2) a captura de políticas públicas por grupos de interesse particular (empresarial, estatal, setorial, regional etc.); e 3) a vulnerabilidade do governo vis-à-vis o apelo do momento e a pressão do sentimento popular.

O próprio escopo da ação estatal, concluiu Sidgwick, deveria variar em função da moralidade política existente. Na falta de uma base moral adequada, o crescimento do Estado e a politização das decisões econômicas poderiam trazer conseqüências desastrosas para a nação. Quanto maior a interferência do governo na economia, maior o estrago.[43]

A mesma ênfase na centralidade da ética permeia a contribuição marshalliana. Já em seu primeiro livro publicado, Marshall observou a importância crescente do "trabalho mental" em relação ao manual e incluiu o "caráter moral" da população entre os "agentes de produção". Em seu último livro, *Moeda, crédito e comércio*, publicado 44 anos mais tarde (1923), ele não havia mudado de opinião: "no longo prazo, a riqueza nacional é governada mais pelo caráter da população do que pela abundância de recursos naturais".[44] É questionável que Marshall tenha sido (como disse Keynes) "o primeiro economista *pur sang*". Mas seria difícil negar que, para ele (como disse Pigou), "objetos, organização, técnica eram acessórios: o que importava era a qualidade do homem".[45]

Infelizmente, no entanto, a preocupação de Marshall com a ética é responsável não só por algumas de suas mais valiosas contribuições à teoria econômica como, também, pelo que é talvez sua maior deficiência. Ao contrário de Sidgwick, Marshall praticamente ignorou em seus escritos a necessidade de se demarcar e separar com clareza a análise da realidade *como ela é*, de um lado, e a discussão sobre o caminho a seguir, isto é, a realidade como ela *deve ser*, de outro. Não é exagero dizer que a praticamente cada página de seu grande tratado, os *Princípios de economia*, deparamo-nos com elementos de economia positiva entrelaçados a outros de caráter normativo. Em Marshall, o fotógrafo *do que é* nunca se distancia do escultor do que *deve ser*.

Com isso, muitas vezes fica difícil saber até que ponto Marshall está buscando analisar e descrever alguma tendência do mundo real ou simplesmente manifestando sua preferência por um estado de coisas distinto do existente. Com freqüência, a representação *do que é* deixa transparecer o desejo de Marshall pelo que *deve ser*. Ao considerar, por exemplo, a atitude da "nova geração de economistas" perante a questão da responsabilidade social na empresa, ele afirma:

> Agora pela primeira vez estamos conseguindo entender a extensão em que o empregador capitalista, destreinado para os seus novos deveres, foi tentado a subordinar o bem-estar de seus trabalhadores ao seu próprio desejo de ganho; agora, pela primeira vez, estamos aprendendo a importância de ressaltar que os ricos possuem deveres, assim como direitos, na sua capacidade individual e coletiva [...] As oportunidades para práticas desonestas são [atualmente] mais numerosas do que eram no passado; mas não existe qualquer razão para pensar que os homens se sirvam de uma maior proporção dessas oportunidades do que costumavam fazer. Ao contrário, os métodos modernos de comércio requerem hábitos de confiabilidade, de um lado, e um poder de resistir à tentação de ser desonesto, de outro, que não se encontram no seio de um povo atrasado.[46]

Claramente, o sentimento moral transmitido por afirmações como essa está muito mais próximo da ética confuciana descrita por Morishima e praticada por Morita do que do egoísmo ético de Chicago. Mas Marshall não pára por aí. Ele dá a entender, ainda, que a realidade econômica de sua época caminha a passos largos rumo a seu próprio ideal. O *desejado* pelos homens práticos estaria, assim, cada vez mais próximo do que é visto como *desejável* pela ética ou pela economia normativa.

Ao dar esse passo, contudo, Marshall sucumbe aos apelos do

wishful thinking e permite que suas idéias sobre a realidade *como ela é* sejam governadas pelos seus desejos e esperanças sobre a realidade como ela *deve ser*. Em suma, boa parte dos pronunciamentos de Marshall sobre ética e economia pertencem à mesma família de previsões como as de Marx sobre a iminência da "revolução proletária" ou de Herbert Spencer sobre o "desaparecimento do Estado".

Dito isso, há muito ainda que se pode aprender com Marshall sobre a função econômica da ética. No plano teórico, uma de suas principais ambições como economista foi a tentativa de incorporar à análise econômica padrões de comportamento que não se limitassem ao motivo monetário enquanto fim e ao cálculo de retorno das ações enquanto meio. Isso significava, de um lado, a rejeição do postulado do "homem econômico" e, de outro, uma maior atenção à presença de motivações extra-econômicas como determinantes da conduta humana na vida prática:

> As faculdades religiosas, morais, intelectuais e artísticas das quais depende o progresso da indústria não são adquiridas apenas por conta das coisas que se podem obter por intermédio delas, mas são desenvolvidas pelo exercício visando ao prazer e à felicidade que elas mesmas trazem; e, da mesma maneira, a organização de um Estado bem-ordenado, este grande fator da prosperidade econômica, é o produto de uma infinita variedade de motivos, muitos dos quais não têm qualquer relação direta com a busca da riqueza nacional.[47]

Outro exemplo é a empresa de capital aberto. A separação entre propriedade e gestão empresarial requer algum tipo de compromisso moral, por parte dos executivos assalariados, de que eles não irão explorar em benefício próprio, ou seja, em detrimento da empresa, sua posição de autoridade e acesso privilegiado à informação. O nepotismo, como nota Robin Matthews, contorna em parte o problema da falta de gente de confiança, mas sacrifica a eficiência da empresa na medida em que os familiares dos proprietários dificilmente serão as pessoas mais preparadas para os cargos em questão.[48]

Na perspectiva marshalliana, o desafio do desenvolvimento é visto como sendo essencialmente o da formação de capital humano, ou seja, a criação de competência cognitiva e de uma infra-estrutura moral compatíveis com a assimilação das técnicas produtivas e dos requisitos organizacionais da economia moderna. Com financiamento adequado e algum sacrifício, muito pode ser feito. Máquinas, usinas, refinarias e fibras ópticas podem ser facilmente transplantadas de um território para outro. Auto-estradas, prédios, barragens e aeroportos podem ser plantados, em qualquer solo, sem maiores dificuldades. Mas a arte de fazer com que esse capital crie raízes e frutifique — como a própria experiência do pós-guerra vem mostrando — já não é tão fácil.

O capital humano não é visível a olho nu como fábricas e viadutos. O retorno que ele propicia — e isso tanto em termos financeiros como eleitorais — está longe de ser tão direto e imediato quanto o oferecido pelo investimento em ativos físicos. Não obstante, apenas ele é capaz de dar realidade econômica a esses ativos: de fazer com que criem raízes e se tornem genuinamente rentáveis, isto é, aptos a integrar os fluxos de comércio da economia mundial. O desejo da grande multidão smithiana de melhorar de vida não a torna automaticamente capaz de persegui-lo de modo eficaz:

> É provável que nem um décimo das populações atuais do mundo possua as faculdades intelectuais e morais, a inteligência e o autocontrole necessários [para lidar com maquinaria sofisticada]: talvez nem a metade pudesse se tornar capaz de fazer bem o trabalho depois de um treinamento contínuo por duas gerações.[49]

A conclusão lógica desse ponto de vista não é o fatalismo: a noção de que o desenvolvimento é inexeqüível. O que se questiona é a crença em atalhos, saltos, loterias ou vias expressas rumo à prosperidade geral. "A esperteza", ironizou Samuel Johnson, "é sempre mais fácil do que a virtude, pois ela toma o caminho mais curto para tudo."⁵⁰ Na economia como na vida, diria Marshall, a esperteza sai na frente, mas ela não vai longe.

A essência do desenvolvimento é a formação de capital humano. É por isso que, para Marshall, ele é um processo por natureza lento. É por isso, também, que meras alterações nas regras do jogo econômico, por mais desejáveis e benéficas que sejam, podem ajudar mas não dão conta por si mesmas do desafio do desenvolvimento. Imaginar que elas possam resolver sozinhas o problema é confundir as regras do jogo com o próprio jogo. "Embora as instituições possam ser transformadas de forma rápida", sugeriu Marshall, "para que perdurem, elas precisam ser apropriadas ao homem." As regras do jogo, ele alertou, "não podem manter-se estáveis se mudam muito mais depressa do que ele [o homem] o faz". Na era da transição para o mercado, o alerta marshalliano sobre os perigos inerentes a qualquer salto institucional abrupto parece adquirir um novo e surpreendente significado. *Natura non jacit saltum*.⁵¹

Qual a natureza da relação entre o ético e o útil? O egoísmo ético, baseado na "mão invisível" smithiana, privilegia as regras do jogo econômico, ou seja, o livre mercado propelido pelo auto-interesse dos jogadores como fator responsável pela riqueza das nações. Dado o mercado e um arcabouço respeitado de lei e ordem, a prosperidade econômica é atingida *apesar* da falta de ética dos jogadores (Adam Smith) ou *por causa* dela (Mandeville e Chicago). O útil independe do ético (capítulo 3) ou é função negativa dele (capítulo 4).

Mas se adotarmos a perspectiva da ética como fator de produção, o quadro se altera radicalmente. Quanto às regras do jogo, não há muito o que discordar. A economia de mercado regida pelo sistema de preços é a melhor solução para o problema da coordenação econômica e da alocação eficiente de recursos (capítulo 3). A grande diferença está no peso atribuído à variável qualidade dos jogadores — e à ética em particular — enquanto fator determinante do desempenho econômico.

O que está em jogo, portanto, não são as propriedades notáveis e surpreendentes da "mão invisível" smithiana ou a universalidade e a força do desejo de cada pessoa de melhorar de vida. Até aí tudo bem. O que se questiona é o que se faz a partir daí: a tese de que as regras do jogo do mercado representam uma espécie de sinal verde para o vale-tudo no campo da ética e de que o auto-interesse dentro da lei basta. Como procurei argumentar acima, existem duas razões básicas e de caráter rigorosamente prático — para não invocarmos motivos mais elevados — pelas quais se deve rever a noção que se tornou dominante na teoria econômica do pós-guerra e segundo a qual o mercado significa "férias morais" para os jogadores.

Primeiro, porque as regras do jogo econômico — inclusive, é claro, a adesão e o respeito ao mínimo legal do mercado — dependem da qualidade dos jogadores. Como foi sugerido no capítulo 4, a existência de um Estado enxuto e capaz de administrar a justiça, de um lado, e a disposição da maioria dos indivíduos de acatar as regras do jogo, de outro, pressupõem um generoso insumo de moralidade cívica. Na ausência deste insumo — como parece ser o caso em boa parte das nações em desenvolvimento — as instituições do mercado competitivo não se firmam e o jogo econômico da sociedade tende a prosseguir de modo precário, instável e desordenado.

Segundo, porque o bom funcionamento das regras do jogo do mercado e das organizações hierárquicas da sociedade depende da qualidade dos jogadores. Como procurei mostrar no presente capítulo, tanto a experiência de homens práticos como a evolução da teoria econômica fornecem boas razões para sustentar a tese de que *a ética conta*. Dado o sistema de mercado e um arcabouço respeitado de lei e ordem, a riqueza das nações é, em larga medida, *explicada* pela presença de valores éticos e normas sociais na vida prática dos jogadores. Entre o *desejado* pelos indivíduos, de um lado, e o *desejável* para o grupo a que eles pertencem, de outro, existem valores e normas de interesse comum a serem preservados. O útil, em suma, é função positiva do ético.

O propósito central deste capítulo foi mostrar que, ao contrário do que assumem Adam Smith, Mandeville e o egoísmo ético de Chicago, a psicologia moral dos agentes econômicos parece ser marcada por diferenças significativas. Essas variações determinam basicamente duas coisas: *a*) os valores da moralidade pessoal e o conteúdo que os indivíduos atribuem aos seus próprios interesses (por exemplo: o significado do sucesso profissional para um puritano ou a escala de preferências retratada por Humboldt — "pinga & banana hoje, água & banana talvez amanhã"); e *b*) as formas e estratégias pelas quais os indivíduos agirão na defesa daquilo que percebem como sendo seus próprios valores e interesses (por exemplo: o egoísmo míope e suicida dos conterrâneos de Tocqueville ou o familismo amoral analisado por Banfield — "para a família tudo, danem-se os outros").

No "grande tabuleiro de xadrez da sociedade humana", as regras do jogo são importantes, mas estão longe de ser tudo. É ilusão supor que o auto-interesse dentro da lei é tudo o que o mercado precisa para mostrar do que ele é capaz na criação de riqueza. A qualidade dos jogadores — as variações de motivação e conduta na ação individual — afeta a natureza das regras do jogo e exerce, juntamente com elas, um papel decisivo no desempenho da economia.

Tanto a constituição econômica vigente quanto o exercício da cidadania na vida prática dependem de um processo de formação de crenças e sentimentos morais sobre o qual muito pouco se sabe de um ponto de vista científico. Uma coisa, no entanto, parece certa: negligenciar esse processo e as variações a que ele está sujeito é perder de vista um dos fatores decisivos na explicação das causas da riqueza e da pobreza das nações.

CONCLUSÃO

Chegamos ao fim, paciente leitor, desta incursão pelos caminhos da ética no pensamento antigo e moderno. Meu principal objetivo no livro foi mostrar em detalhe, e sempre à luz da história das idéias, a natureza e a importância da infra-estrutura ética sobre a qual se erguem a vida comunitária organizada e a economia de mercado.

Cabe ressaltar que o registro e a análise das variações comportamentais na sociedade humana de forma alguma implicam a crença de que tais variações possam ser deliberadamente produzidas ou planejadas. O século XX foi pródigo não apenas em alertas amargos sobre a fragilidade da civilização, mas também em lições contundentes sobre a precariedade de todas as tentativas de "corrigir" a natureza humana por meio de algum tipo de engenharia do caráter. Como já previra Hume no século XVIII: "Todos os planos de governo que pressupõem uma grande reforma na conduta da humanidade são claramente fantasiosos".

O argumento deste livro pode ser brevemente sintetizado em oito proposições básicas — quatro *nãos* e quatro *sins*. Começando pelos quatro *nãos* temos:

1) A rejeição do cientificismo e da opção correlata pelo automatismo infalível no experimento sugerido por Huxley (Introdução);
2) A crítica da tese do neolítico moral como explicação do hiato entre o mundo *como ele é* e o mundo como ele *deveria ser* (capítulo 1);
3) A oposição aos excessos da moralidade cívica e da autoridade política como formas de preservação da ordem social e mecanismos de coordenação econômica (capítulo 3); e

4) A crítica do egoísmo ético (Adam Smith, Mandeville e Chicago) e da noção de que o mercado prescinde da ética (capítulo 4) ou representa "férias morais" para os que dele participam (capítulo 5).

O conteúdo afirmativo do livro — os quatro *sins* — pode ser decomposto nas seguintes teses:

1) A afirmação da capacidade de escolha moral e da liberdade falível do homem como valores irredutíveis da nossa existência (Introdução e capítulo 3);
2) A defesa da ética — adesão a normas de conduta via submissão, identificação e internalização — como fator de sobrevivência e coesão social (capítulo 2);
3) O respeito à tensão perene entre os imperativos da moralidade cívica e os valores da moralidade pessoal: o ideal de um equilíbrio onde cada uma delas esteja a salvo dos avanços nocivos da outra (capítulo 3); e
4) A afirmação do papel da ética: a) na definição das regras do jogo econômico e no respeito a elas (capítulo 4); e b) na determinação do desempenho produtivo dos indivíduos, empresas e nações (capítulo 5).

Ler um livro até o fim é um ato de escolha e uma aposta. Podemos escolher, a cada página, se vamos ou não em frente, mas é impossível saber de antemão se o tempo e a atenção dispensados valerão a pena. Mas uma vez feita a leitura, não há como voltar atrás. O investimento foi feito e, seja qual for nossa opinião sobre o valor do texto, não há mais nada que possamos fazer a respeito. Escolher é eleger um futuro imaginado no presente vivido. A escolha, quando ela existe, é sempre entre pensamentos, nunca entre os fatos. O passado ninguém escolhe — só em pensamento.

NOTAS

INTRODUÇÃO: A PERSPECTIVA ÉTICA [pp. 19-26]

1. A tese de que asserções factuais (positivas) não permitem derivar logicamente asserções morais (normativas) é devida a Hume. Para ilustrar, de forma provocativa, seu argumento, ele observa: "Não é contrário à razão preferir a destruição do mundo inteiro do que o arranhar de meu dedo. Não é contrário à razão, para mim, escolher a minha total ruína para prevenir o menor desconforto em um índio ou pessoa inteiramente desconhecida por mim" (*Treatise*, p. 416). O entendimento positivo — o que Hume chama aqui de "razão" — é neutro quanto a fins; a opção entre a destruição do mundo e o arranhar do dedo depende de um juízo de valor que nenhuma quantidade de conhecimento sobre o mundo *como ele é* pode fornecer. Para uma revisão das diversas interpretações e discussão da "guilhotina humiana" ver MacIntyre, "Hume on 'is' and 'ought'". A relevância e os limites da separação entre o positivo e o normativo na economia são discutidos por Roy em *Philosophy of economics*.

2. Knight, *Inteligência & ação democrática*, p. 24.

3. Wittgenstein, *Tractatus logico-philosophicus*, p. 187.

4. Huxley, "On Descartes, 'Discourse'", pp. 192-3. Em suas aulas sobre o pragmatismo, o filósofo norte-americano William James faz referência à proposta de Huxley, sem no entanto adotar uma posição definida em relação a ela: "Se o passado e o presente fossem puramente bons, quem poderia desejar que o futuro pudesse não se parecer com eles? Quem poderia desejar o livre-arbítrio? Quem é que não diria, com Huxley, deixe-me receber corda todos os dias, como um relógio, para fazer necessariamente o que é certo, e não peço nenhuma liberdade melhor. Liberdade, num mundo que já fosse perfeito, poderia apenas significar liberdade de ser pior, e quem poderia ser tão insano para desejar tal coisa?" (*Pragmatism*, p. 61). Obviamente, o mundo não é perfeito e James não esclarece se estaria disposto ou não a fechar um contrato com o "grande Poder" nos termos sugeridos por Huxley. O problema é identificado corretamente por Malthus: "Parece muito provável que o mal moral é absolutamente necessário para a produção de excelência moral. De um ser com apenas o bem colocado à sua vista pode-se dizer, com justiça, que ele é impelido por uma necessidade cega. A busca do bem nesse caso não é indicação de propensões virtuosas" (*First essay*, p. 210). Uma posição antagônica à de Huxley é defendida pelo narrador de *Notes from the underground*, de Dostoiévski (cap. 7). Ver ainda Nietzsche, *Gay*

science, § 373: "[Um] mundo essencialmente mecânico seria um mundo desprovido de sentido [...] O quê? Será que realmente desejamos permitir que a existência seja degradada para nós dessa forma — reduzida a mero exercício para calculadora e diversão caseira para matemáticos? Acima de tudo, não se deveria privar a existência de sua *rica ambigüidade*" (p. 335).

5. Lessing, citado por Passmore, *Perfectibility of man*, p. 48. É curioso notar que Álvaro de Campos, o poeta heterônimo de Fernando Pessoa, preferia também não saber toda a verdade, embora justifique isso de modo bastante distinto: "Não, não, isso não! Tudo menos saber o que é o Mistério! Superfície do Universo, ó Pálpebras Descidas, não vos ergais nunca! O olhar da Verdade Final não deve poder suportar-se! Deixai-me viver sem saber nada, e morrer sem ir saber nada! A razão de haver ser, a razão de haver seres, de haver tudo, deve trazer uma loucura maior que os espaços entre as almas e entre as estrelas. Não, não, a verdade não!" (*Obra poética*, p. 368).

6. Nietzsche, *Humano, demasiado humano*, § 333 (*Obras incompletas*, p. 158).

7. A posição fisiocrata é exposta por Quesnay em "Droit naturel": "A ignorância é a causa mais comum dos males que se abatem sobre a raça humana e da sua falta de valor perante o Autor da Natureza" (p. 55). Em *Capitalismo e natureza* (pp. 103-13), Kuntz descreve e analisa o projeto pedagógico dos fisiocratas. Para um contraste entre a fisiocracia e a filosofia moral dos iluministas escoceses ver Deleule, *Hume et la naissance du liberalisme économique*. Sobre a posição dos neoliberais austríacos, ver, por exemplo, a afirmação de Hayek em *Law, legislation and liberty*: "As diferenças entre socialistas e não-socialistas baseiam-se, em última análise, em questões puramente intelectuais capazes de solução científica, e não em juízos de valor distintos" (vol. 1, p. 6). Em *Beliefs in action* (pp. 18-20 e pp. 89-90), procurei fazer uma revisão e análise crítica da crença dos neoliberais austríacos na importância da "guerra ideológica" e no poder transformador das idéias.

8. A estratégia de argumentação do marxismo clássico, baseada no diagnóstico de uma falha sistêmica irremediável nos marcos do capitalismo, é bem apontada por Joan Robinson: "Marx não acusa o capitalismo da mesma forma que os idealistas ingênuos que tratam a exploração como roubo. Ao contrário, com uma espécie de sarcasmo lógico, ele defende o capitalismo. Não existe trapaça — tudo se troca pelo seu valor, como é certo e justo. O que é devido ao trabalhador não é o valor que ele produz, mas o valor que ele custa [...] Do ponto de vista ideológico, essa posição é um veneno muito mais forte do que um ataque direto à injustiça. O sistema não é injusto dentro das suas próprias regras. Por essa mesma razão, a reforma é impossível. Não resta nada a fazer exceto derrubar o próprio sistema" (*Economic philosophy*, pp. 38-9). Em *The ethical foundations of marxism*, o filósofo australiano Kamenka mostra como Marx tenta negar a ética atribuindo aos seus próprios juízos morais o caráter de proposições científicas objetivas. Para uma reconstrução da evolução do pensamento de Marx sobre ética, ver Kain, *Marx and ethics*. Para Kain, o jovem Marx adotou

uma combinação eclética da ética aristotélica e da kantiana; na fase seguinte ele teria rejeitado por completo a ética; e, por fim, ele teria resgatado uma visão ética, distinta da primeira, mas acreditando ainda que no capitalismo ela é impotente. Os marxistas analíticos, por sua vez, reconhecendo *a*) a insustentabilidade da teoria do valor-trabalho e *b*) a necessidade de respeitar a distinção lógica entre economia positiva e normativa, abordam a questão da exploração de forma bem mais rigorosa que Marx, desenvolvendo um argumento sofisticado sobre a questão da definição e da moralidade da exploração (ver Roemer, *Free to lose*).

9. Sobre a evolução da teoria de Keynes e sua relação com os problemas práticos da condução da política econômica inglesa no período entre-guerras, ver Clarke, *The Keynesian revolution in the making*. Keynes acreditava viver "em uma daquelas junturas incomuns dos assuntos humanos em que podemos ser salvos pela solução de um problema intelectual, e de nenhum outro modo" (*Collected writings*, vol. 13, p. 492). Embora Keynes sustentasse o caráter da economia como "ciência moral" (ver nota 20 do capítulo 5), e apesar de algumas referências enfáticas à relevância econômica da ética, na *Teoria geral* ela não aparece. Isso provavelmente resulta do enfoque de curto prazo adotado nessa obra. Sobre a originalidade de sua contribuição teórica Keynes afirmou: "A novidade no meu tratamento da poupança e investimento consiste não em que mantenho a necessidade da sua igualdade no agregado, mas na proposição de que é, não a taxa de juros, mas o nível de renda que (juntamente com outros fatores) garante a sua igualdade" (*Collected writings*, vol. 14, p. 211).

10. A aplicação da análise econômica para o estudo do processo decisório nas democracias modernas tem origem no trabalho de Downs, *An economic theory of democracy*. A teoria da "escolha pública" baseia-se na premissa de que os ocupantes de cargos públicos são — em grau não menor do que os que atuam na esfera privada — agentes auto-interessados e maximizadores racionais da utilidade individual. O fracasso teórico e prático do keynesianismo deve-se, em parte, à sua visão idealizada dos tomadores de decisões no governo, como se eles perseguissem de forma desinteressada o bem comum (ver a crítica de Buchanan e Burton em *The consequences of Mr Keynes*). Para mitigar as "imperfeições do governo", Buchanan defende a adoção de regras e restrições constitucionais limitando o escopo decisório dos ocupantes de cargos públicos: "Tentativas devem ser feitas no sentido de modificar as instituições (legais, políticas, sociais, econômicas) com o objetivo de torná-las mais compatíveis com as limitações morais do homem" ("Markets, states and the extent of morals", p. 220). Os limites dessa proposta são discutidos no capítulo 4.

11. Ver, por exemplo, Etzioni, *The moral dimension*, e as coletâneas editadas por Paul, Miller e Paul, *Ethics & economics*, e por Gay Meeks, *Thoughtful economic man*. Ver também Braybrooke, *Ethics in the world of business*. Entre os economistas contemporâneos, Amartya Sen é talvez o principal defensor da abordagem ética do comportamento. Em *On ethics & economics*, ele admite que "mesmo

a caracterização peculiarmente estreita da motivação humana, com as considerações éticas obliteradas, pode não obstante servir a um propósito útil no entendimento de diversas relações sociais de importância na economia". Sua ênfase, no entanto, recai na tese de que "a teoria econômica poderia se tornar mais produtiva se prestasse uma atenção maior e mais explícita às considerações éticas que moldam o juízo e o comportamento humanos" (p. 9). A evolução das idéias sobre a relevância econômica da ética é o tema central do capítulo 5.

12. Stigler, "Ethics or economics?", p. 331.

1. O NEOLÍTICO MORAL [pp. 27-59]

1. Jacks, "Moral progress", p. 135. Ver também Butterfield, *History and human relations*: "O século XX havia apenas começado quando teve início a guerra para terminar com todas as guerras, presumivelmente pela remoção do último bolsão do mal, que era a Alemanha [...] O que se verifica, contudo, é que a nossa geração é não apenas marcada por grandes guerras, mas que agora, mais do que em qualquer outra época da história, precisamos viver com a possibilidade de guerra em mente [...] O problema que ainda está por ser resolvido é a complexa questão das relações humanas" (p. 38). Perto do que viria depois, a Primeira Guerra Mundial foi ainda uma espécie de "guerra de cavalheiros". Para uma análise das práticas de cooperação entre soldados inimigos no combate de trincheiras durante a Primeira Guerra, ver Axerold, *Evolution of cooperation*, cap. 4.

2. Cornford, "Plato's commonwealth", pp. 59 e 67: "Se o Estado ideal das *Leis* viesse a se tornar uma realidade viva, poderíamos imaginar uma cena paralela: Sócrates sendo levado a um segundo julgamento diante do Conselho Noturno e enfrentando Platão na presidência do tribunal. Sócrates havia defendido a dádiva da liberdade ilimitada e do autogoverno; e Platão havia previsto que a humanidade não suportaria isso. Assim, ele concebeu sua comunidade de forma que os poucos que são sábios pudessem manter a consciência da maioria que nunca será sábia". Ao conceber o Estado ideal, Platão dividia a humanidade em três grupos, de acordo com o temperamento natural e a motivação predominante: 1) os amantes da riqueza e dos prazeres que ela proporciona; 2) os amantes do prestígio e do poder, aspirantes à preeminência na vida prática; e 3) os amantes da sabedoria e da virtude. Embora não o desejassem, aos últimos caberia, por uma questão de obrigação moral, o exercício do poder.

3. Ver Dodds, "The ancient concept of progress", pp. 15-6. A passagem relevante, em que Platão contrasta as virtudes do homem antes e depois da civilização, afirmando a existência de um elo causal entre progresso técnico e regressão moral, é *Laws*, 679d-e: "Uma sociedade na qual nem a riqueza nem a pobreza existem produz homens de excelente caráter, já que nela não há lugar para violência ou maldade, nem para rivalidade ou inveja [...] [Se os homens de antigamente] não foram tão bem supridos como somos nas diversas artes, tam-

bém não eram tão bem equipados para a guerra. Quero dizer, guerra como a que agora se faz por terra e mar, e também dentro da cidade, onde, sob o nome de litígios e facções partidárias, os homens tentam, por meio de artimanhas engenhosas e por atos e palavras, infringir danos e prejudicar uns aos outros. [Os homens de antigamente] eram mais simples e honrados e, por conseguinte, em geral mais autocontrolados e probos" (pp. 58-9).

4. Lucrécio, *De rerum natura*, Livro 5, linhas 1010-2 (p. 219). As edições mais completas e cuidadosas da obra de Lucrécio e dos fragmentos de Epicuro são de autoria de Bailey. Para um comentário sistemático e elegante do poema filosófico de Lucrécio, ver Nichols, *Epicurean political philosophy*. Sobre o conceito de progresso em Lucrécio, ver Dodds, "The ancient concept of progress", p. 20. Para uma análise das semelhanças e contrastes entre Lucrécio e Rousseau, ver, além do cap. 5 do livro de Nichols, o trabalho de Lovejoy e Boas, *Primitivism and related ideas in Antiquity*, esp. pp. 240-2.

5. Lucrécio, *De rerum natura*, Livro 5, linhas 1130-5 (p. 223).

6. Para Epicuro, a competição entre os homens era uma conseqüência desnecessária da incontinência dos desejos. Dois fragmentos relevantes podem ser lembrados: 1) "A riqueza demandada pela natureza é limitada e facilmente obtida; aquela demandada por fantasias ociosas estende-se ao infinito"; 2) "Aquele que aprendeu os limites da vida sabe que aquilo que remove a dor da carência e torna a vida no seu conjunto completa é fácil de obter; portanto, não existe qualquer necessidade de ações que envolvam competição" (*Extant remains*, p. 99). No ideal de vida epicurista, o cultivo das relações de amizade ocupa lugar privilegiado. "A posse da amizade", afirma Epicuro, "é de longe a maior de todas as coisas que a sabedoria prepara para a felicidade de uma vida." A amizade é preferível ao amor ("[...] os prazeres do amor nunca trazem benefícios ao homem e ele tem sorte se não lhe causam dano") e supera até mesmo a busca da sabedoria: "alma nobre se ocupa da sabedoria e da amizade: destas, a primeira é um bem mortal, a outra imortal" (idem, pp. 115 e 119).

7. Hobbes, *Leviathan*, p. 63. As semelhanças e contrastes entre as filosofias políticas epicurista e hobbesiana são analisadas por Nichols, *Epicurean political philosophy*, pp. 183-90. Em *The political theory of possessive individualism*, o estudioso canadense Macpherson procurou sustentar a tese de que Hobbes e Locke seriam porta-vozes dos "valores burgueses" em ascensão. Seu trabalho, entretanto, é seriamente comprometido por uma leitura parcial e anacrônica da filosofia política inglesa do século XVII. Para uma crítica minuciosa e contundente do livro de Macpherson, ver a resenha de Jacob Viner, "'Possessive individualism' as original sin". Para um balanço de três séculos de interpretações do pensamento de Hobbes, ver Tuck, *Hobbes*, pp. 92-116.

8. Maquiavel, *Prince*, pp. 22 e 56. Assim como Platão (ver nota 2), Maquiavel divide a humanidade em três grupos distintos. O critério que adota, contudo, baseia-se não na motivação mas na capacidade intelectual: "Existem três tipos de inteligência: a primeira entende por si mesma, a segunda é capaz de

discernir o que outros entendem e a terceira nem entende por si mesma nem pela inteligência de outros; o primeiro tipo é o mais excelente, o segundo excelente, o terceiro inútil" (*Prince*, p. 77). É curioso notar como a classificação de Maquiavel está próxima daquela sugerida no século VIII a.C. por Hesíodo: "O melhor homem é aquele que raciocina por si mesmo, considerando o futuro. Bom também é aquele que aceita o bom conselho de outrem. Mas aquele que nem pensa por si mesmo nem aprende dos demais é um fracasso enquanto homem" (*Works and days*, linhas 293-7, p. 68). Sobre Maquiavel e as principais correntes de interpretação, ver Quentin Skinner, *Machiavelli*.

9. O contraste entre a "felicidade do tumulto" e a "felicidade da quietude" é desenvolvido por Pascal em *Pensées*, § 136, pp. 67-71. No *Leviathan* (p. 63), Hobbes descarta sumariamente o bem supremo da filosofia antiga — o estado de *ataraxia* ou tranqüilidade absoluta em que repousa a mente apaziguada e contemplativa do sábio.

10. Hobbes, *Leviathan*, p. 32. Sobre o relativismo moral hobbesiano, ver Tuck, *Hobbes*, esp. pp. 52-3. As implicações dessa posição para sua filosofia política serão examinadas no cap. 2. Para uma crítica sistemática do relativismo na filosofia moderna e uma defesa da possibilidade de conhecimento moral, ver Bambrough, *Moral scepticism and moral knowledge*.

11. Rousseau, *A discourse on inequality*, p. 116. Já no seu *Discurso sobre as ciências e as artes* de 1749, Rousseau havia enfatizado o efeito corruptor da ciência, tecnologia e indústria sobre a moral. A origem deste ensaio foi o concurso promovido pela Academia de Letras de Dijon em torno do tema "Até que ponto o renascimento das ciências e das artes contribuiu para o aperfeiçoamento da moral". Rousseau, cujo trabalho foi premiado, viu o anúncio do concurso numa viagem que fez a Vincennes para visitar Diderot, preso por conta de um livro considerado ateu. Sobre as relações entre os dois filósofos e as circunstâncias que levaram Rousseau ao ensaio de 1749, ver o magnífico *Diderot* de Furbank (esp. cap. 2). Como observa Cranston: "Paradoxalmente, este discurso foi um sucesso junto às próprias pessoas que Rousseau atacou: os *salons* da moda e os círculos científicos de Paris [...] O que Rousseau disse no seu primeiro discurso não era particularmente original [...] [seu] argumento chocou o público porque veio de um autor supostamente progressista, um dos colaboradores da grande *Encyclopédie* de Diderot, um empreendimento dedicado ao ideal do progresso científico [...] Alguns leitores ficaram em dúvida sobre a sinceridade do autor, mas o tempo mostrou que ele de fato tinha a intenção de dizer aquilo. O progresso, Rousseau insistiu, era uma ilusão" (*Philosophers and pamphleteers*, p. 64).

12. Rousseau, *A discourse on inequality*, p. 136. É impossível deixar de perceber a forte semelhança entre esta passagem e os versos de Lucrécio citados acima, conforme apontam Lovejoy (p. 233) e Nichols (pp. 198-200) nos trabalhos referidos na nota 4. Em *Philosophy of the Enlightenment*, Cassirer situa o pensamento de Rousseau na filosofia iluminista e oferece uma análise (generosa) do segundo discurso (pp. 258-74).

13. Sobre a história da idéia de "perfectibilidade humana" e a sua importância no Iluminismo europeu, ver o trabalho do filósofo australiano Passmore, *Perfectibility of man*, e o cap. 13 da monumental obra de Glacken, *Traces on the Rhodian shore*. Para Rousseau, a capacidade de aperfeiçoamento (*perfectibilité*) era, juntamente com a liberdade, o que distinguia o "homem natural" dos outros animais.

14. Sobre a contradição desconcertante entre a pregação moral e o comportamento de Rousseau, ver o brilhante capítulo biográfico que lhe dedica Paul Johnson em *Intellectuals*. A apreciação dos seus contemporâneos é sugestiva. Como observa Johnson: "Suas acusações eram sérias e o efeito coletivo da condenação é devastador. Hume, que de início o considerou 'gentil, modesto, amigável, desinteressado e estranhamente sensível', depois concluiu, a partir de uma experiência mais extensa, que ele era 'um monstro que enxergava a si próprio como o único ser importante no universo'. Diderot, após prolongado contato, retratou-o como 'enganador, vão como satã, ingrato, cruel, hipócrita e cheio de malícia' [...] Para Voltaire, 'um monstro de vaidade e vileza' [...] Burke declarou: 'A vaidade era o vício que ele possuía num grau pouco aquém da loucura' [...] As apreciações mais tristes de todas são as que sobre ele fizeram as mulheres de bom coração que o ajudaram, como madame d'Épinay, e o seu marido inofensivo, cujas últimas palavras dirigidas a Rousseau foram 'a única coisa que me resta em relação a você é pena'" (pp. 10 e 26). Para o anarquista francês Proudhon, Rousseau era a negação viva de tudo o que defendia: "Nunca um homem uniu a tal ponto orgulho intelectual, aridez de espírito, baixeza de gostos, depravação de hábitos, ingratidão de coração [...] Quanto a suas idéias sobre a sociedade, elas mal escondem sua profunda hipocrisia" (citado por Passmore, *Perfectibility of man*, p. 178). O poeta francês Baudelaire, que entendia do assunto, parece tocar o dedo no nervo da questão quando afirma: "Jean-Jacques [Rousseau] conseguiu se intoxicar a si próprio sem precisar de haxixe" (*My heart laid bare*, p. 117). Voltaire e Rousseau seriam, de acordo com Nietzsche, os dois pólos extremos do Iluminismo francês: Voltaire representando tudo o que de melhor ele produziu e, Rousseau, tudo o que de pior (*Will to power*, § 100).

15. Russell, *History of Western philosophy*, p. 674. Na segunda parte de *15 action*, procurei examinar de modo sistemático a questão da "entropia da informação" e das imperfeições na transmissão de idéias filosóficas, sobretudo quando estas são apropriadas por pessoas competindo por posições de liderança e poder na sociedade.

16. Kant, citado por Cassirer, "Kant and Rousseau", p. 18.

17. Cassirer, "Kant and Rousseau", p. 20.

18. Kant, "Idea for a universal history", sétima proposição (p. 49). Na sua introdução à coletânea *Kant's political writings*, Reiss oferece uma visão de conjunto do pensamento político de Kant e do contexto dos seus diversos escritos nessa área. Ver também o trabalho biográfico de Cassirer, *Kant's life and thought*.

O projeto de filosofia da história kantiana e o seu lugar na historiografia moderna são discutidos por Collingwood em *Idea of history*, pp. 93-104.

19. Carlyle, "Signs of the times", pp. 76-7. As tensões e possibilidades de reconciliação entre romantismo e liberalismo são discutidas por Neff em *Carlyle and Mill* e, mais recentemente, por Rosenblum em *Another liberalism*. Entre os admiradores entusiásticos de Carlyle estavam os jovens Marx e Engels; ver, por exemplo, a resenha de *Past and present* escrita por Engels em 1844 (*Collected works*, vol. 3, pp. 444-68). Num discurso proferido por Marx em 1856, no aniversário do *People's Paper* (um jornal de agitação londrino publicado entre 1852 e 1858), encontramos o que parece ser um claro eco da perspectiva romântica sobre o neolítico moral: "As vitórias da técnica parecem ser adquiridas por meio da perda do caráter. No mesmo ritmo em que a humanidade domina a natureza, o homem parece se tornar escravo de outros homens ou de sua própria infâmia. Até mesmo a pura luz da ciência parece incapaz de brilhar a não ser sobre o pano de fundo sombrio da ignorância. Toda a nossa inventividade e progresso parecem resultar na dotação de vida intelectual às forças materiais e no embrutecimento da vida humana, tornando-a mera força material. Este antagonismo entre a indústria moderna e a ciência, de um lado, e a miséria e decomposição modernas, de outro; este antagonismo entre os poderes produtivos e as relações sociais da nossa época é um fato palpável, irresistível e que não pode ser controvertido" (*Selected works*, vol. 2, p. 428). Duas diferenças importantes, contudo, separam o diagnóstico romântico do marxista: 1) ao contrário dos românticos, Marx sempre foi um grande entusiasta da ciência (inclusive da economia clássica) e da tecnologia modernas; e 2) para Marx, como sugerido anteriormente (Introdução, nota 8), o problema é *sistêmico* e não moral; o que ele condena não é a ciência, a tecnologia ou a grande indústria em si, mas sua má e perversa utilização no capitalismo; corrigida a falha sistêmica, desaparece também o antagonismo (aparente) entre as conquistas materiais da civilização e a degeneração dos homens.

20. Ruskin, *Ruskin today*, p. 307. Ruskin foi o principal crítico romântico da economia política clássica. Seu principal trabalho nessa área foi *Unto this last* (1860).

21. Emerson, *Works*, pp. 410 e 846. Emerson é considerado a primeira expressão do pensamento filosófico norte-americano. Visitou a Europa diversas vezes, descobriu e deslumbrou-se com o idealismo alemão, e hospedou-se na casa de Carlyle em 1833. Seu principal ensaio de crítica socioeconômica é "Works and days".

22. Thoreau, *Walden*, p. 95. Além de amigo e discípulo de Emerson, Thoreau trabalhou como empregado doméstico na casa deste durante dois anos. Para uma discussão do "individualismo heróico" de Thoreau, ver Rosenblum, *Another liberalism* (cap. 5).

23. Baudelaire, *My heart laid bare*, p. 195. No ensaio "The painter of modern life", Baudelaire discute o conceito de "pecado original" (a corrupção ou perversidade congênita da natureza humana) e sua obliteração no século XVIII:

"A negação do pecado original tem não pouco a ver com a cegueira geral do período [...] Examine e analise cuidadosamente tudo o que é natural, todas as ações e desejos do homem puramente natural, e você não encontrará nada que não seja horrível. Tudo o que é belo e nobre é o resultado da razão e do pensamento" (Idem, p. 61).

24. Nietzsche, *Daybreak*, § 179, p. 108. O tema é uma nota constante no pensamento de Nietzsche. Uma de suas mais importantes ocorrências está em *Gay science*, § 329, pp. 258-60. Em "Nietzsche on technology", R. McGinn tentou organizar a contribuição do filósofo ao tema.

25. Numa nota de rodapé do vol. 1 do *Capital*, Marx deixa entrever o ciúme que sentia diante do sucesso do tratado de Mill: "Quando comparamos o texto dos *Princípios* [de Mill] com o prefácio da primeira edição, no qual ele se apresenta como o Adam Smith de sua época, nós não sabemos com o que ficar mais espantados, se com a ingenuidade do autor ou com a do público que o aceitou de bom grado como o novo Adam Smith, pois ele se parece tanto com Adam Smith quanto o general Williams [um comandante britânico que havia sido recentemente derrotado de forma humilhante pelos russos na Turquia] se parece com o duque de Wellington" (p. 221*n*). Ver também a referência sintomática a Mill na entrevista de Marx ao jornal norte-americano *The World* em julho de 1871. "Parece-me", observou o jornalista, "que os líderes da nova Internacional precisaram criar uma filosofia bem como uma associação para si próprios." Ao que Marx respondeu: "Precisamente. É pouco provável, por exemplo, que possamos esperar avançar na nossa guerra contra o capital se nós derivarmos nossas táticas, digamos, da economia política de Mill. Ele estabeleceu um tipo de relacionamento entre o trabalho e o capital. Nós esperamos mostrar que é possível estabelecer um outro" (*Marx: interviews and recollections*, p. 112). Sobre o impacto do tratado de Mill, ver Marchi, "The success of Mill's *Principles*".

26. Mill, "Bentham" (*Collected works*, vol. 10, p. 96). A literatura especializada sobre a formação intelectual de Mill e sobre a sua crítica aos excessos de Bentham e Ricardo é extraordinariamente volumosa. Entre as contribuições mais recentes pode-se destacar: Robson, *Improvement of mankind*; Ryan, *Mill*; Collini, "The tendency of things"; e Riley, *Liberal utilitarianism* (parte 2).

27. Mill, "Remarks on Bentham's philosophy" (*Works*, vol. 10, p. 15). Bentham, argumentou Mill, "assume que a humanidade é igual em todos os tempos e lugares, que ela possui os mesmos desejos e está sujeita aos mesmos males [...] [Ele] supõe que a humanidade é dominada por apenas uma parte das motivações que de fato a dominam, e em relação a esta parte ele a imagina uma calculadora mais fria e atenta do que na realidade ela é" (Idem, pp. 16-7).

28. Idem, "Bentham" (*Works*, vol. 10, p. 95).

29. Idem, "Remarks" (*Works*, vol. 10, p. 16) e *Autobiography* (idem, vol. 1, p. 169). Ver também sua observação em *Spirit of the age* (um trabalho juvenil que não foi incluído na edição Toronto das obras de Mill): "A partir destes comentários pode-se perceber o quanto me distancio tanto daqueles que, vendo que as

instituições dos nossos ancestrais nos servem mal, imaginam que elas também os serviam mal, quanto dos que ridiculamente invocam a sabedoria dos nossos ancestrais como autoridade para instituições cuja substância é agora totalmente distinta, não importa quão parecida na forma" (p. 50). Mill procurava uma passagem entre, de um lado, a falta de sentido histórico dos utilitaristas à la Bentham e, de outro, o conservadorismo romântico à la Coleridge.

30. Idem, *Principles* (*Works*, vol. 3, p. 754).

31. Idem, "Remarks" (*Works*, vol. 10, p. 15).

32. Idem, *Principles* (*Works*, vol. 3, pp. 754-5). Numa carta de 1852, quatro anos após a publicação dos *Princípios*, Mill deixou claro o que via ser a missão da economia política: "Eu confesso que encaro as especulações puramente abstratas da economia política (para além daquelas triviais que são necessárias para a correção de preconceitos danosos) como de importância muito secundária comparadas com as grandes questões práticas que o progresso da democracia e a difusão de opiniões socialistas estão pressionando, e para as quais as classes governante e governada encontram-se num estado de preparação mental muito inadequado [...] Existe, portanto, ocupação abundante para professores de moral e política tal como aspiramos ser" (*Works*, vol. 14, p. 87). Quanto à atitude de Mill em relação ao socialismo, o melhor estudo disponível continua sendo o de Robbins em *Theory of economic policy* (cap. 5).

33. Mill, *Principles* (*Works*, vol. 3, p. 754n). Esta passagem sobre os Estados Unidos foi suprimida por Mill em edições subseqüentes do livro. A razão, segundo Ryan, foi a posição moralmente firme e corajosa dos estados do Norte durante a guerra civil norte-americana (*Mill*, p. 181).

34. Tocqueville, *Democracy in America*, vol. 2, pp. 161-2. Ao resenhar o trabalho de Tocqueville, em 1840, Mill o descreveu, em termos altamente elogiosos, como "o início de uma nova era no estudo científico da política" (*Works*, vol. 18, p. 156).

35. Mill, "Utility of religion", p. 57. Em *Beliefs in action* (cap. 7) procurei reconstruir as análises de Malebranche, Hume e Adam Smith acerca da psicologia do agente econômico e da ambição material.

36. Malthus, *First essay*, pp. 271-2. Embora peque pelo exagero, há uma dose de verdade na afirmação de Keynes: "Antes do século XVIII, a humanidade não entretinha falsas esperanças. Para dissipar as ilusões que se tornaram populares no final daquela era, Malthus desvendou um Demônio" (*Economic consequences of peace*, p. 8). Sobre este tema, ver também o artigo de Levin, "Malthus and the idea of progress". É interessante notar como, nas mãos de Mill, a teoria malthusiana passa da condição de "demônio" para a de "redentora": "O princípio da população de Malthus era para nós [jovens utilitaristas militantes] uma bandeira e ponto de união tão importante quanto qualquer opinião de Bentham. Esta grande doutrina, originalmente apresentada como um argumento contra o avanço indefinido nos assuntos humanos, nós a retomamos com um zelo ardente em sentido contrário, como indicando o único meio de efetuar aquele avanço" (*Works*, vol. 1, p. 107).

37. Mill, "Utility of religion", p. 53.
38. Idem, citado por Riley, *Liberal utilitarianism*, pp. 225-6.
39. Mill, *On liberty* (*Works*, vol. 18, p. 274). O conteúdo e a relevância deste importante ensaio de Mill são discutidos no capítulo 3.
40. Lovejoy, *Reflections on human nature*, pp. 7-8. Existem, é claro, exceções. Weber, por exemplo, na conclusão de seu conhecido ensaio de 1904-5 sobre as origens do capitalismo, citou versos de Goethe para caracterizar a fase mais recente do desenvolvimento cultural: "Especialistas sem espírito, sensualistas sem coração; esta nulidade imagina que atingiu um nível de civilização jamais alcançado" (*The Protestant ethic*, p. 182). Ver também os comentários de Simmel em *Philosophy of money* (1907), esp. a seção "O aumento na cultura material e o atraso na cultura individual" (pp. 448-52).
41. Lovejoy, *Reflections*, p. 8.
42. Ver Russell, *Authority and the individual*, esp. p. 125: "Nossos problemas atuais se devem, mais do que a qualquer outra coisa, ao fato de que aprendemos a entender e controlar de forma aterrorizante as forças da natureza fora de nós, mas não aquelas que estão corporificadas em nós mesmos"; Whitehead, *Science and the modern world*; e Samuel, *Belief and action*. Ver também o simpósio *Science and ethics*, com comentários de membros da elite científica, religiosa e política inglesa sobre o artigo do zoólogo C. H. Waddington publicado em 1942 no periódico *Nature*.
43. Keynes, "Economic possibilities for our grandchildren" (*Collected writings*, vol. 9, p. 329).
44. Leopold, citado por Passmore, *Man's responsibility for nature*, p. 4. Sobre a contribuição de Leopold ver também Attfield, *Ethics of environmental concern*. A história das idéias e atitudes humanas em face do mundo natural é contada por Glacken, *Traces* (pré-socráticos ao século XVIII); e Thomas, *Man and the natural world* (Inglaterra de 1500 a 1800). Ver também Coleman, "Providence, capitalism and environmental degradation". Para uma história do movimento ecológico ver Bramwell, *Ecology in the 20th century*.
45. Ver Passmore, *Man's responsibility for nature*, partes 1 e 3.
46. Sperry, *Science and moral priority*, pp. 9-10. O principal trabalho científico de Sperry, pelo qual recebeu o Nobel, foi o estudo de cérebros cirurgicamente secionados. Embora reconheça a quase total carência de conhecimento científico confiável sobre o funcionamento da "caixa-preta" cerebral (p. 30), Sperry não hesita em adotar, com grande convicção, uma postura monista e mentalista no tocante à questão da relação cérebro-mente. É esse pressuposto que sustenta sua conclusão de que "valores são o problema número um de nossa época" (pp. 123-6).
47. Ver Huxley, "On the hypothesis that animals are automata". Sobre a história do materialismo (não dialético!), ver Lange, *History of materialism* (pré-socráticos ao início do século XIX); e Yolton, *Thinking matter* (Inglaterra no século XVIII). Para uma introdução ao debate contemporâneo sobre a relação cé-

rebro-mente, ver Popper e Eccles, *The self and its brain* (dualismo interacionista); e Churchland, *Matter and consciousness* (monismo materialista).

48. Hume, "Of refinement in the arts" (*Essays*, p. 278).

2. ÉTICA, SOBREVIVÊNCIA E COESÃO SOCIAL [pp. 60-98]

1. Sen, *On ethics & economics*, p. 7; e Klamer, "A conversation with Amartya Sen", p. 146.

2. Smith, *Essays on philosophical subjects*, p. 77. A filosofia da ciência smithiana está contida no ensaio póstumo "The principles which lead and direct philosophical enquiries; illustrated by the history of astronomy". Sobre essa pequena (e pouco conhecida) obra-prima ver a nota 17 do capítulo 3.

3. Sen, *On ethics & economics*, p. 19. A relação entre ética e economia é o tema do capítulo 5.

4. Sobre o pensamento de Protágoras e sua relação com Sócrates ver Guthrie, *Sophists*, esp. pp. 262-9. Protágoras era o mais famoso e admirado entre os sofistas gregos, sendo tratado por Sócrates (e Platão) com grande respeito intelectual. O objetivo de seus ensinamentos era eminentemente prático: "Assim como o médico, com o consentimento do paciente, ministra um tratamento que melhorará sua condição, também um sofista sábio ou orador pode, com a boa vontade da *polis*, convertê-la por meio do argumento, e não pela violência, a uma crença genuína nas virtudes de uma nova política que conduzirá (promovendo, por exemplo, melhoras na economia ou nas relações com povos vizinhos) a uma vida mais feliz para os seus cidadãos. Na raiz desse curioso argumento está o respeito invencível de Protágoras pelas virtudes democráticas da justiça, seu respeito pelas opiniões de outros homens e pelo processo de persuasão pacífica como sendo a base da vida comunitária" (*Sophists*, p. 268). Protágoras é um dos pais da retórica no mundo antigo. A ele é atribuída a autoria da conhecida máxima segundo a qual "toda questão tem dois lados".

5. Platão, *Protagoras* 322c-d, p. 15. Antes de contar o mito, Protágoras pergunta aos demais participantes do diálogo se deveria responder às objeções de Sócrates por meio de uma fábula ou de um argumento. Como a escolha é deixada a seu próprio critério, ele opta pela primeira, "por ser mais agradável" (320c).

6. As definições de *aidós* e *diké* em Protágoras baseiam-se em Guthrie, *Sophists*, p. 66; Dodds, "The ancient concept of progress", pp. 9-10; e nos comentários detalhados de Taylor em sua esplêndida edição do *Protagoras*, esp. pp. 85-6. Quanto ao agnosticismo de Protágoras, há um fragmento em que ele declara: "Com relação aos deuses, eu não posso saber com segurança se existem ou não, nem que forma teriam. Muitas coisas impedem a certeza — a obscuridade do assunto e a pouca duração da vida humana" (citado por Cornford, *Before and after Socrates*, p. 31).

7. Guthrie, *Sophists*, p. 66. Ver também Taylor, *Protagoras*, pp. 86-7.

8. La Rochefoucauld, *Maxims*, § 218, p. 65. Ver também § 119: "Estamos tão acostumados a nos disfarçar dos outros que terminamos nos disfarçando de nós mesmos" (p. 52). Sobre a filosofia e psicologia moral de La Rochefoucauld, ver Lewis, *LA Rochefoucauld*. Em "On the nature of moral values" (pp. 61-2), Quine oferece uma interessante analogia, na trilha indicada por Protágoras, entre o aprendizado da linguagem natural e das normas morais.

9. Butler, citado por Bambrough, *Moral scepticism*, pp. 27 e 82. Para uma análise da contribuição de Butler à ética, ver Willey, *Eighteenth century background*, cap. 5; e Duncan-Jones, *Butler's moral philosophy*.

10. Na longa introdução de sua edição da *Política*, Baker oferece uma visão de conjunto e os contextos intelectual e prático da filosofia política aristotélica. Uma excelente introdução à filosofia e à ética de Aristóteles são os trabalhos de Ackrill, *Aristotle* e *Aristotle's ethics*.

11. Russell, *History of Western philosophy*, p. 194. Ver também o comentário de Bernard Williams em *Ethics and the limits of philosophy*: "No universo teleológico de Aristóteles, todo ser humano (ou pelo menos todo indivíduo não defeituoso do sexo masculino, que não é um escravo natural) possui uma espécie de comando interno direcionando-o para uma vida de, ao menos, virtude cívica" (p. 44). Para uma visão abrangente da teleologia aristotélica, ver o belo estudo de Woodbridge, *Aristotle's vision of nature*. Nos Livros 5 e 6 da *Política*, é verdade, Aristóteles trata do problema da "desordem política" (*stasis*), classificando as causas de mudança constitucional e identificando os métodos para sua prevenção. Em nenhum momento, contudo, ele chega a aventar a possibilidade de que a própria ordem social esteja sob ameaça de colapso. Toda a discussão está voltada para a questão da mudança na *forma* de associação política, assumindo portanto algum tipo de organização política como dada. A principal causa geral de mudança constitucional para Aristóteles é a existência de diferentes concepções sobre justiça e igualdade. Na visão aristotélica, comenta Mulgan, os movimentos políticos que obtêm sucesso na luta pelo poder "são raramente baseados em motivos puramente egoístas, desprovidos de preocupação com princípios morais. Aristóteles não concordaria com aqueles analistas políticos que argumentam que o apelo a princípios morais é meramente hipocrisia, uma fachada para conquistar apoio. Ao fazer do sentido de injustiça a principal causa [de mudança constitucional] ele supõe que o revolucionário é motivado por um sentimento genuíno de injustiça" (*Aristotle's political theory*, p. 121).

12. Lucrécio, *De rerum natura*, Livro 5, linhas 960-3 (p. 218). Em *Epicurean political philosophy*, Nichols oferece um comentário detalhado do relato feito por Lucrécio sobre a evolução da sociabilidade humana (pp. 122-78); como ele observa, "ao contrário de filósofos modernos como Hobbes, Locke e Rousseau, Lucrécio nunca chama o estado original do homem de 'estado de natureza', em contraste com o 'estado civil' posterior" (p. 128). Ver também Lovejoy e Boas, *Primitivism*, cap. 7.

13. Lucrécio, *De rerum natura*, Livro 5, linhas 1018-27 (p. 220). É interessante observar que a sociedade pré-política descrita por Lucrécio assemelha-se, em diversos aspectos, à fase que precede o surgimento da *polis* na *República* de Platão (367e-374e).

14. Epicuro, *Principal opinions*, § 33. Os fragmentos de Epicuro são reproduzidos e discutidos em *Extant remains*, pp. 106-39. Sobre os conceitos de amizade e justiça em Epicuro e Lucrécio, ver Farrington, *A doutrina de Epicuro*, cap. 4, e Nichols, *Epicurean political philosophy*, pp. 129-30.

15. Lucrécio, *De rerum natura*, Livro 5, linhas 1144-52 (p. 224).

16. Colotes, citado por Plutarco, *Contra Colotes*, 30. A passagem citada e a relação entre Colotes e a escola epicurista aparecem em Farrington, *A doutrina de Epicuro*, p. 41.

17. Sobre os pressupostos e implicações filosóficas da Revolução Científica do século XVII ver: Burtt, *Metaphysical foundations of modern science*; Cohen, *The birth of a new physics*; e Dijksterhuis, *Mechanization of the world picture*. As relações entre Descartes e Hobbes são discutidas por Burtt (pp. 125-34). Em *O que é poder*, Lebrun sugere que "a natureza de Hobbes é a do mecanicismo: não é mais a *physis* teleológica de Aristóteles [...] este ponto é relevante para sua concepção do político" (p. 43). Sobre as relações entre a filosofia da ciência e o pensamento político de Hobbes ver o cuidadoso trabalho de Tuck, *Hobbes*, esp. pp. 40-50. A aversão de Hobbes ao aristotelismo teve início já na sua vida de estudante de graduação na Universidade de Oxford: "Por Aristóteles, a fonte suprema de sabedoria em Oxford naqueles dias, Hobbes adquiriu uma antipatia quase obsessiva, insistindo [...] que Aristóteles 'era o pior professor que já houve, o pior político e filósofo moral' " (Rogow, *Thomas Hobbes*, p. 44).

18. Hobbes, *De cive*, citado por Tuck, *Hobbes*, p. 56. A obra latina de Hobbes tinha como interlocutores os filósofos do continente europeu e principalmente os adeptos da filosofia cartesiana. O projeto original dos *Elements of philosophy* (versão latina) foi concebido por Hobbes em 1640. A terceira parte da obra, *De cive*, foi a primeira a ser publicada, em 1641. Diversas passagens desse trabalho seriam depois reaproveitadas no *Leviathan* (1651). Uma série de contingências adversas, contudo, acabaram impedindo por longo tempo a composição da primeira e segunda partes dos *Elements*. *De corpore* foi finalmente publicada em 1655 e *De homine* em 1658. Mas o conjunto do tratado, como afirma Tuck, acabou se revelando bastante desigual: "Tanto *De corpore* quanto *De homine* estavam longe de ser satisfatórios em muitos aspectos, e nunca suscitaram a adesão entusiástica de seus trabalhos anteriores. A história da construção de um sistema filosófico por Hobbes é [...] uma história de concessões e cansaço: o frescor de suas ambições iniciais transformou-se no dogmatismo impaciente dos volumes impressos que eventualmente apareceram" (pp. 26-7).

19. Tuck, *Hobbes*, p. 57. Esse é também o ponto de vista desenvolvido por Oakeshott no longo ensaio introdutório que abre sua edição do *Leviathan*.

20. Hobbes, *Elements of law*, citado por Tuck, *Hobbes*, pp. 57-8. *Elements of*

law contém uma versão, em língua inglesa, do material que Hobbes vinha trabalhando para utilização no tratado *Elements of philosophy*.

21. Hobbes, *Leviathan*, p. 83.
22. Idem, ibidem, p. 82.
23. Idem, ibidem, p. 112. A origem do termo *leviatã* são os capítulos 40 e 41 do Livro de Jó no Antigo Testamento. Jó havia cometido o pecado da soberba ao ousar questionar a sabedoria e o poder do Criador. Para puni-lo e humilhá-lo pelo seu orgulho, o Senhor demonstra sua onipotência infinita invocando a figura de dois monstros aterradores: Beemot e Leviatã. Após descrever os traços terríveis do monstro marinho ("o terror habita ao redor dos seus dentes"), o Senhor pergunta a Jó: "Porventura poderás tirar com anzol o Leviatã, e ligarás tua língua com uma corda? [...] Porventura fará ele concertos contigo, e recebê-lo-ás tu por escravo para sempre? [...] Põe a tua mão sobre ele: lembra-te da guerra, e não continues mais a falar [...] Não há poder sobre a Terra que se lhe compare, pois foi feito para que não temesse a nenhum. Todo o alto vê, ele é o rei de todos os filhos da soberba" (*Bíblia Sagrada*, p. 411). O nome Beemot foi utilizado por Hobbes como título de seu livro sobre a guerra civil inglesa (1642-6). As alusões à Bíblia não são gratuitas. A necessidade de pôr fim às disputas religiosas foi talvez a principal motivação de Hobbes como filósofo político. Estima-se que 371 das 714 páginas do *Leviathan* lidam diretamente com temas religiosos (ver Rogow, *Thomas Hobbes*, pp. 64 e 163; e Tuck, *Hobbes*, pp. 28 e 56). Um eco bizarro da noção de Estado como "deus mortal" é o conceito hegeliano de Estado como "divindade secular". Após retratar o funcionalismo público como a "classe universal", ou seja, a única que zela pelo interesse do todo, Hegel afirma: "Tão acima quanto a mente está em relação à natureza, também o Estado está em relação à vida física. O homem deve, portanto, venerar o Estado como uma divindade secular, e saber que, se é difícil compreender a natureza, é infinitamente mais difícil entender o Estado" (Hegel, *Philosophy of right*, p. 285; o paralelo entre Hobbes e Hegel baseia-se em Carrit, *Morals and politics*).
24. Hobbes, *Leviathan*, pp. 112-3. A noção de medo da morte violenta como o *summum malum* hobbesiano é desenvolvida por Oakeshott em seu ensaio introdutório (p. xxxi). Para uma comparação sobre o papel do medo nas filosofias de Lucrécio e Hobbes, ver Nichols, *Epicurean political philosophy*, pp. 185-6.
25. Hobbes, *Leviathan*, pp. 82-3. Esta passagem repete, com pequenas variações, a colocação originalmente feita em *De cive* (ver Rogow, *Hobbes*, p. 138). Os dois exemplos oferecidos por Hobbes para ilustrar o "estado de natureza" são: "os povos selvagens em muitos lugares da América" e as relações externas entre soberanos (*Leviathan*, p. 83).
26. Para um balanço de três séculos de interpretações e revisões historiográficas do pensamento de Hobbes, ver Tuck, *Hobbes*, pp. 92-116. Sobre a avaliação de Hume de sua filosofia, ver *History of England*, vol. 6, p. 153: "A políti-

ca de Hobbes serve apenas para promover a tirania e a sua ética para incentivar a permissividade. Embora um inimigo da religião, ele em nada partilha do espírito do ceticismo, mas é tão dogmático e taxativo como se a razão humana, e a sua razão em particular, pudesse obter plena convicção em tais assuntos [...] Na sua própria pessoa ele é visto como um homem dotado de virtude, o que não surpreende, apesar de seu sistema ético libertino". Kant ataca o pensamento político de Hobbes no ensaio "Theory and practice". No seu *Dictionnaire historique et critique* de 1696, Bayle incluiu um extenso e audacioso verbete expondo e defendendo as idéias de Hobbes (ver Labrousse, *Bayle*, pp. 40 e 76). Em *History of British India*, James Mill oferece uma análise claramente hobbesiana da origem do Estado: "A miséria e a desordem que se espalham pela vida humana, onde quer que a autodefesa repouse inteiramente sobre o indivíduo, são as causas às quais o governo deve sua origem. Para fugir destes males, os homens concordam em transferir para o magistrado poderes suficientes para defender a todos, e em esperar dele somente aquela proteção do mal que obtinham de modo tão imperfeito, e com tantas desvantagens, a partir de seus próprios esforços" (citado por Burrow, *Evolution and society*, p. 27).

27. As *Cartas persas* de 1721 foram a obra de estréia de Montesquieu. Para uma análise e comentário das *Cartas*, ver Richter, *The political theory of Montesquieu*, pp. 31-50. Nos manuscritos deixados por Montesquieu ao morrer foi descoberto um pequeno fragmento inédito contendo o que seria "Uma continuação do mito dos trogloditas" (reproduzido em Richter, pp. 120-2). A expressão "trogloditas" foi originalmente usada pelos gregos antigos para designar os povos primitivos no interior da Etiópia. Posteriormente, seu uso generalizou-se para outros povos. A palavra é composta dos termos gregos *troglê* (caverna, buraco) e *dynô* (entrar, meter-se debaixo). Os relatos antigos dão conta de que os trogloditas viviam pelados, comiam carne crua e bebiam uma mistura de sangue e leite; sua linguagem era rudimentar e se limitava a gritos e sons informes; apedrejavam os mortos, mantinham as mulheres em comum e eram governados por tiranos (ver *Oxford classical dictionary*, p. 1096).

28. Montesquieu, *Cartas persas*, pp. 36-7. Segundo Cassirer, Montesquieu teria sido o pai da aplicação do método dos "tipos ideais" na teoria sociológica (ver *Philosophy of the Enlightenment*, p. 212). As diferentes fases na história dos trogloditas podem ser vistas como "tipos ideais" ou "fatos estilizados" representando obviamente não qualquer realidade empírica, mas formas alternativas e polares da sociabilidade humana. O despotismo inicial e a democracia final seriam soluções de equilíbrio para a interação autodestrutiva da fase anárquica e o perfeito mas insustentável altruísmo da fase harmoniosa. Entre os admiradores de Montesquieu podemos destacar Keynes; no prefácio da edição francesa da *Teoria geral*, ele aparece como "o verdadeiro equivalente francês de Adam Smith, o maior dos economistas [franceses], muito acima dos fisiocratas em penetração, clareza e bom senso (as qualidades que um economista deveria possuir)".

29. Russell, *History of Western philosophy*, p. 193. Em "On the notion of cause", Russell discute a relação entre "familiaridade" e "inteligibilidade"; aquilo que é familiar não é necessariamente conhecido ou inteligível: "Nada é menos inteligível, em qualquer outro sentido [que não o de familiar à imaginação], do que a conexão entre um ato de vontade e a sua execução prática" (p. 182).

30. Wittgenstein, *Culture and value*, p. 36e.

31. Robinson, *Economic philosophy*, p. 10.

32. Elster, *Solomonic judgements*, p. 179. Esse argumento é desenvolvido por Elster em *Cement of society*. Vale notar que, como ele afirma, "a distinção entre racionalidade e normas sociais não coincide, como freqüentemente se supõe, com a distinção entre individualismo metodológico e uma abordagem mais holística [...] Uma norma, dentro desta ótica, é a propensão a sentir vergonha e antecipar sanções dos demais ao se pensar em agir de uma forma específica proibida. Esta propensão se torna social, enquanto norma, quando e na medida em que é compartilhada com outras pessoas [...] Esta concepção de uma rede de crenças compartilhadas e reações emocionais comuns não nos compromete a pensar em normas como entidades supra-individuais que de algum modo existem de forma independente dos que as sustentam" (pp. 105-6).

33. Os conceitos de submissão, identificação e internalização utilizados têm como fonte o trabalho de Aronson, *The social animal*, e a discussão feita por Elster em *Cement of society*, esp. pp. 131-2; o exemplo original de Aronson para ilustrar o papel dos diferentes motivos da adesão a normas foi a obediência às leis sobre velocidade máxima de veículos em rodovias. Ver também os comentários de Arrow sobre a aceitação da autoridade de normas impessoais e ordens pessoais: "A existência de sanções não é uma condição suficiente para a obediência à autoridade [...] O fracasso da proibição de bebidas alcoólicas é um exemplo conhecido, o mesmo ocorrendo atualmente no caso das drogas, jogo e prostituição [...] As sanções que normalmente pensamos garantir a autoridade não podem ser a única, ou sequer a mais importante, condição para a aceitação da autoridade. Os empregados obedecem às instruções e os cidadãos acatam as leis de uma forma muito mais abrangente do que se poderia explicar com base em mecanismos de controle". "Em última instância", conclui Arrow, "a autoridade é viável na medida em que ela é o foco de *expectativas convergentes*", ou seja, na medida em que cada um espera que os demais também obedeçam e na medida em que exista uma percepção clara da sua funcionalidade (*Limits of organization*, pp. 71-2).

34. Elster, *Cement of society*, p. 131.

35. Catão, o Censor, citado por Francis Bacon, *Advancement of learning*, p. 170.

36. A distinção entre "interesses constitucionais" e "interesses operacionais" baseia-se em Buchanan e Vanberg, "Rational choice and moral order".

3. MORALIDADE CÍVICA E MORALIDADE PESSOAL [pp. 99-137]

1. Russell, *Authority and the individual*, p. 111. Essa mesma passagem reaparece num livro publicado por Russell cinco anos mais tarde (*Human society in ethics and politics*, p. 28). Ver também o seu artigo "Philosophy and politics": "O problema fundamental da ética e da política é aquele de encontrar alguma maneira de reconciliar as necessidades da vida social com a urgência dos desejos individuais" (*Unpopular essays*, p. 13).

2. Platão, *Republic* 500. Sobre a relação entre o Sócrates dos primeiros diálogos e o Platão do Conselho Noturno, ver a nota 2 do capítulo 1.

3. Nietzsche, *Gay science*, § 116, pp. 174-5, e *Daybreak*, § 496, p. 202. É importante ressaltar que Nietzsche jamais sugeriu que a moralidade cívica pudesse ou devesse ser totalmente descartada. Em *Gay science*, por exemplo, ele defende o "senso comum saudável" da humanidade e o "caráter não arbitrário dos juízos" como condição de sobrevivência da espécie. A exceção tem valor desde que não se torne a regra geral: "O maior trabalho do homem até aqui tem sido conseguir um acordo sobre muitas coisas e se submeter a uma *lei de acordo* — independentemente do fato de tais coisas serem verdadeiras ou falsas [...] Bem, existem coisas para se dizer a favor da exceção, mas desde que ela nunca queira se tornar regra" (§ 76, pp. 130-1).

4. Nietzsche, *Human all too human*, § 473, p. 173, e § 89, p. 232.

5. Mill, *Principles* (*Works*, vol. 2, p. 209). Ver também Robbins, *Theory of economic policy* (p. 155), em que esta passagem é citada no contexto de uma discussão sobre a evolução do pensamento de Mill acerca dos méritos e defeitos do socialismo e do comunismo.

6. Fernando Pessoa, *Mensagem* (*Obra poética*, p. 76). Os versos de Pessoa evocam a reflexão de Hamlet: "What is a man if his chief good and market of his time be but to sleep and feed? A beast no more" (*Hamlet*, IV, iv, 33-5). Ver também o comentário de Dodds em *The Greeks and the irrational* (pp. 64-101) sobre o dito platônico (*Phaedrus* 244a) segundo o qual "nossas maiores bênçãos nos vieram através da loucura". Para Platão, é certo, a loucura redime; mas isso apenas se ela preencher uma condição — ela precisa nos ser dada pelo "dom divino".

7. Mill, "Essay on liberty" (*Three essays*, p. 86). Para um comentário engajado e altamente favorável do ensaio de Mill, ver o artigo de Berlin (celebrando o centenário da publicação do ensaio), "John Stuart Mill and the ends of life". Segundo Berlin, o ensaio de Mill é, apesar de seus defeitos, "ainda a mais clara, a mais franca e a mais comovente exposição do ponto de vista daqueles que desejam uma sociedade aberta e tolerante [...] Sentimo-nos seguros de que podemos dizer de que lado [Mill] estaria nas questões de nossa própria época" (*Four essays on liberty*, pp. 201-2).

8. Tocqueville, *On democracy, revolution and society*, p. 376. O epíteto "Montesquieu de nossa época" foi dado por Mill em "Bentham", logo após uma digres-

são sobre os perigos associados à regra da prevalência da maioria numérica: "Sempre que todas as forças da sociedade agem numa única direção, as pretensões justas do ser humano individual estão sob extremo perigo" (*Works*, vol. 10, p. 109). Sobre as relações Mill-Tocqueville, ver também a nota 34 do capítulo 1.

9. Russell, *O poder*, p. 188.

10. Mill, *Principles* (*Works*, vol. 2, p. 221). O exemplo de crença primitiva — aparentemente adotada por tribos indonésias — sobre as causas de morte no parto tem como fonte a rica colagem de evidência etnográfica reunida por Kelsen em *Society and nature*, p. 102.

11. Russell, *O poder*, p. 187.

12. Sêneca, citado por Cassirer, *Kant's life and thought*, p. 32. Esta passagem foi usada por Kant como epígrafe de seu primeiro trabalho publicado; segundo Cassirer, ela poderia servir também como divisa adequada para a própria vida de Kant. Outra ocorrência da metáfora do rebanho no pensamento antigo é a observação de Catão sobre o mecanismo da identificação referida na nota 35 do capítulo 2.

13. Platão, *Phaedo* 98e1—99a4. Sobre o papel de Sócrates na origem da filosofia moral ver Sidgwick: "É no ensinamento de Sócrates e por meio dele que a filosofia moral veio a ocupar no pensamento grego a posição central que depois nunca mais perdeu: Sócrates é o ponto de partida após o qual todas as linhas subseqüentes de pensamento ético grego divergem" (*History of ethics*, p. xviii). O caráter e o sentido trágico do drama socrático são discutidos por Hegel em suas aulas sobre a história da filosofia: "O destino de Sócrates é, portanto, realmente trágico, não no sentido superficial da palavra e como qualquer infortúnio é chamado trágico [...] Naquilo que é verdadeiramente trágico é preciso que haja uma força moral válida em ambos os lados que entram em choque; assim ocorreu com Sócrates [...] dois direitos opostos colidiram e um destruiu o outro [...] A ética é em parte objetiva, e, em parte, ela é moralidade subjetiva e reflexiva; o ensinamento de Sócrates é propriamente moralidade subjetiva, porque nele o momento que prevalece é o da minha percepção e sentido, o elemento subjetivo [...] Os atenienses diante de Sócrates eram objetivamente, e não subjetivamente, morais, pois eles agiram de modo racional em suas relações sem terem consciência de que eram particularmente excelentes. A moralidade reflexiva acrescenta à moralidade natural a reflexão de que isto é o bom, aquilo não [...] Sócrates, dessa maneira, fez surgir a filosofia moral" (*History of philosophy*, vol. 1, pp. 388 e 446). Sobre a primazia da moralidade pessoal em Sócrates, ver também Nietzsche, *Gay science*, § 328. A valorização do pensar autônomo tem raízes, ainda mais remotas, no período arcaico da cultura grega; ver, por exemplo, os versos de Hesíodo citados na nota 8 do capítulo 1.

14. Sobre este ponto ver, por exemplo, a afirmação de Mill: "A perfeição tanto dos arranjos sociais quanto da moralidade prática seria garantir, para todas as pessoas, completa independência e liberdade de ação, sem qualquer restrição exceto a de não causar danos aos demais; e a educação que as ensinassem,

ou as instituições sociais que delas demandassem, a troca do controle sobre suas ações por qualquer montante de conforto ou afluência, ou a renúncia da liberdade em prol da igualdade, estariam privando-as de uma das mais elevadas características da natureza humana" (*Works*, vol. 2, pp. 208-9). Ver também o protesto apaixonado de Nietzsche contra a idéia de que a diminuição da autonomia individual pudesse ser compensada por qualquer tipo de remuneração, conforto ou segurança (*Daybreak*, § 206 e *Gay science*, § 42).

15. Coase, "The institutional structure of production", p. 714. Sobre a relação entre Adam Smith e a teoria econômica contemporânea, ver as coletâneas: *The market and the State* (eds. T. Wilson e A. S. Skinner), publicada por ocasião do bicentenário da *Riqueza das nações*; e *Adam Smith's legacy* (ed. M. Fry), reunindo artigos de dez ganhadores do Prêmio Nobel de Economia sobre o papel de Smith no desenvolvimento de suas teorias. É curioso notar que, em seu curso sobre teoria econômica no Owens College de Manchester, em 1876, Jevons, um dos pais da teoria neoclássica, ressuscitou a *Riqueza das nações* como livro-texto básico do curso, descartando o uso do consagrado tratado de Mill (ver Jevons, *Papers and correspondence*, vol. 6, p. 3).

16. Referências a essa estratégia de argumentação, que se contrapõe ao que seria o método geométrico ou cartesiano, encontram-se espalhadas pela obra de Smith. As principais passagens estão em suas *Lectures on rhetoric*, pp. 145-6 e 173 (onde ele sugere que, no ordenamento adequado das partes, pode estar a diferença entre o sucesso e o fracasso de uma argumentação em persuadir a audiência). Ver também o belo ensaio póstumo "Of the imitative arts", em que Smith compara o prazer estético de um concerto musical com o de um sistema científico: "Quando contemplamos aquela imensa variedade de sons agradáveis e melodiosos, organizados e assimilados de acordo com a sua harmonia e seqüência, formando um sistema regular e completo, a mente experimenta não apenas um prazer sensorial muito grande, mas também um prazer intelectual intenso, semelhante àquele que ela deriva ao contemplar um grande sistema em qualquer ciência" (*Essays*, pp. 204-5).

17. A filosofia da ciência de Adam Smith está contida no ensaio "The principles which lead and direct philosophical inquiries; illustrated by the history of astronomy" (*Essays*, esp. pp. 33-53). Para uma análise do conteúdo e da importância desse ensaio, ver Skinner, "Adam Smith: science and the role of imagination"; e Raphael, "'The true old Humean philosopy' and its influence on Adam Smith". A introdução ao ensaio escrita por Wightman para a edição Glasgow das obras de Smith contém informações relevantes, mas está errada no tocante à interpretação e origem intelectual do trabalho. Ver também o comentário de Schumpeter: "Ninguém pode ter uma idéia adequada da estatura intelectual de Smith sem conhecer este ensaio. Aventuro-me ainda a dizer que, não fosse pelo fato inegável, ninguém suporia que o autor da *Riqueza das nações* tivesse poder [intelectual] para escrevê-lo" (*History of economic analysis*, p. 182). O filósofo da ciência húngaro Lakatos afirma que Smith foi um dos três

únicos autores até o final so século XIX (os outros dois sendo Whewell e LeRoy) a realmente entender o procedimento científico newtoniano em oposição às declarações metodológicas de Newton (*Methodology*, p. 222).

18. Adam Smith, assim como Hume, combina de forma engenhosa elementos de naturalismo e de ceticismo em sua filosofia. Ver, por exemplo, a nota de cautela com que ele conclui a apresentação do sistema newtoniano no ensaio sobre a história da astronomia; depois de comentar a "firmeza e solidez" dos seus princípios, e dizer que nem "o mais cético pode evitar de sentir isso", Smith afirma: "E mesmo nós, enquanto buscávamos representar todos os sistemas filosóficos [na história da astronomia] como meras invenções da imaginação, tendo como intuito conectar todos os fenômenos de outra forma desconexos e discordantes da natureza, fomos imperceptivelmente tentados a fazer uso de linguagem expressando os princípios conectivos deste sistema [newtoniano] como se eles fossem os elos que a natureza realmente utiliza para juntar todas as suas diversas operações. Podemos, então, espantar-nos de que ele tenha recebido a aprovação geral e completa da humanidade?" (*Essays*, p. 76). Não seria incorreto, talvez, dizer que uma diferença básica entre Hume e Smith é que, enquanto o primeiro se inclinava mais para o ceticismo (especialmente no *Tratado*), o segundo tendia com maior freqüência para o naturalismo. De qualquer forma, o moto de Hume — "Keep sober and remember to be sceptical" — parece perfeitamente adequado para caracterizar comentários como o reproduzido acima.

19. Smith, *Wealth of nations*, p. 468. Sobre a teoria política de Smith, e suas opiniões em relação às questões políticas de sua época, ver o excelente estudo de Donald Winch, *Adam Smith's politics*.

20. Bonar, *Philosophy and political economy*, pp. 150-1. Entre as contribuições de Bonar para o estudo do pensamento de Smith está o importante *A catalogue of the library of Adam Smith*, depois completado por Mizuta, *Adam Smith's library*. A principal fonte para o comentário citado no texto é Smith, *Essays on philosophical subjects*, pp. 45-6 e 51. Ver também a conclusão de Teichgraeber em *"Free trade" and moral philosophy*: "Adam Smith não via a *Riqueza das nações* como um livro que fosse transformar a mentalidade popular. Ele tampouco o escreveu com a intenção de fornecer a fé fundadora para uma nova disciplina intelectual — a economia" (p. 178). Estudar o que foi feito das idéias de Smith — ou, aliás, de qualquer outro clássico da história das idéias, como sugeri na segunda parte de *Beliefs in action* — é ser constantemente lembrado de que: "É o destino do conhecimento começar como heresia e terminar como superstição" (Thomas Huxley).

21. Dunbar, *Essays on the history of mankind* (1782) citado por Skinner, "Natural history in the age of Adam Smith", p. 36. Sobre o Iluminismo escocês, ver também Forbes, "Hume and the Scottish Enlightenment".

22. Smith, *Theory of moral sentiments*, pp. 233-4. Dessa forma, prossegue Smith, para um estadista (ou seja lá quem for), "insistir em estabelecer, e em es-

tabelecer de uma só vez, e apesar de qualquer oposição, tudo aquilo que [suas idéias] podem parecer requerer, é com freqüência o grau máximo da arrogância. É erigir o seu próprio julgamento em padrão supremo de certo e errado".

23. Idem, *Wealth of nations*, pp. 687 e 456. Sobre as três ocorrências da metáfora da "mão invisível" na obra de Smith (*Theory of moral sentiments*, p. 184, e *Essays*, p. 49), ver Macfie, "The invisible hand of Jupiter".

24. Smith, *Wealth of nations*, p. 687.

25. Mill, *Chapters on socialism*, citado por Robbins, *Theory of economic policy*, p. 164.

26. Lenin, "On the significance of militant materialism" (*Collected works*, vol. 33, p. 229).

27. Hayek, "The moral element in free enterprise" (*Studies*, p. 233). A perspectiva aberta por Hayek, a partir de um *insight* original de Smith, parte de uma redefinição do problema econômico. Para a teoria neoclássica, o problema é como obter uma alocação ótima de recursos *limitados e conhecidos* entre fins *dados*: "a economia é a ciência que estuda o comportamento humano como a relação entre fins e meios escassos que têm usos alternativos" (Robbins). Tanto o livre mercado como o planejamento central seriam respostas alternativas a este problema comum. Mas o problema, argumentou Hayek, está precisamente no fato de que os recursos nunca são plenamente conhecidos e as condições nunca são dadas. As preferências e a renda dos consumidores; as técnicas produtivas; os custos de produção; o acesso a recursos naturais; as oportunidades de ganho e investimento rentável; em suma, as condições gerais da economia não estão dadas de uma vez por todas, como supunha a teoria convencional, mas estão constantemente mudando, e isso em larga medida pela própria atuação dos empresários ao abrirem possibilidades que eram até então desconhecidas. O verdadeiro problema econômico não é a otimização do conhecido, e sim a geração, processamento e utilização de uma extraordinária massa de informações relevantes que se encontram dispersas — e muitas vezes apenas latentes — nos cérebros de um grande número de indivíduos (trabalhadores, gerentes, técnicos, cientistas, empresários, comerciantes, consumidores etc.). A grande inovação de Hayek foi mostrar que o mecanismo de mercado é acima de tudo uma técnica de descoberta, aprendizagem e experimentação permanentes. O mérito do livre mercado não é otimizar a satisfação de preferências dadas por meio do uso eficiente de recursos conhecidos, mas o fato de que ele resolve o formidável problema da geração, processamento e utilização do conhecimento disperso na sociedade. Os dois artigos seminais em que Hayek desenvolveu esse argumento foram "Economics and knowledge" e "The use of knowledge in society"; sobre a evolução de suas idéias, ver Caldwell, "Hayek's transformation"; e para uma revisão das teorias sobre a função epistêmica do mercado, ver Gray, *The moral foundations of market institutions*.

28. Smith, *Wealth of nations*, p. 27.

29. Idem, ibidem, pp. 145 e 471. "Oceana" refere-se à obra do filósofo po-

lítico inglês, James Harrington, *A Commonwealth of Oceana* (1656); segundo Bonar, "assim como More está para Maquiavel no século XVI, Harrington está para Hobbes no XVII" (*Philosophy and political economy*, p. 87).

30. Sobre a interação entre ciência e tecnologia na história antiga e moderna, ver Kuhn, "The relations between history and the history of science". É curioso notar que Smith teve uma participação direta na obtenção de apoio da Universidade de Glasgow para o projeto tecnológico de Watt quando as guildas locais, temerosas de perder seus privilégios, tentaram impedir o prosseguimento de seu trabalho experimental. Watt iria, mais tarde, esculpir uma pequena figura em marfim retratando as feições do autor da *Riqueza das nações*. Em *Nature and man's fate* (p. 54), o biólogo G. Hardin discute as origens da idéia central da cibernética — a noção de homeostase regulada por feedback negativo — e coloca a teoria smithiana do sistema de preços como uma de suas principais precursoras.

31. Platão, *Laws* 736e e *Phaedrus* 279b; Aristóteles, *Politics*, citado por Russell, *History of Western philosophy*, p. 203, e *Ethics* 1169a; Epicuro, *Extant remains*, aforismos § 15 e § 21, p. 99; Cícero, citado por Ruskin, *Unto this last*, p. 110, e *On duties*, p. 27; Sêneca, "Of peace of mind" (*Minor dialogues*, pp. 268-9); são Jerônimo, citado por Viner, "The nation-state and private enterprise", p. 40. A raiz do termo *idiota* é o grego *idios* (próprio, privado) ou *idiotes* (pessoa privada); o "idiota" é, portanto, pelo menos na sua origem etimológica, a pessoa completamente absorvida pelos seus interesses egoístas privados.

32. Sobre a disparidade desconcertante entre pregação e conduta em Sêneca, ver Sorensen, *Seneca*, esp. pp. 166-70. Quando o desafiaram a justificar seu enriquecimento, Sêneca respondeu em três partes: 1) "não há necessidade de fazer o elogio do que é errado só porque não se consegue viver à altura do que é certo"; 2) "o homem sábio não revela sua independência nada possuindo, mas não sendo possuído por nada"; e 3) "eu nunca disse que era sábio". Uma excelente coleção de estudos de caso sobre o problema da dissonância entre o ideal proclamado e a conduta revelada está em Johnson, *Intellectuals*.

33. Letwin, *Origins of scientific economics*, p. 87. No século XIII, sugere Simmel, "além do fato de a Igreja e de o povo considerarem condenáveis transações em dinheiro, a utilização de um poder misterioso e perigoso como o capital aparecia necessariamente como imoral, como um desvio criminoso [...] Lendas de horror se espalharam sobre a origem das fortunas dos Grimaldi, dos Medici e dos Rothschild, não só no sentido de duplicidade moral, mas com um caráter supersticioso, como se um espírito demoníaco estivesse em ação" (*Philosophy of money*, pp. 244-5). Para uma revisão da doutrina medieval do "preço justo" e suas diferentes interpretações, ver Roover, "The concept of the just price: theory and economic policy".

34. Weber, "Introduction" em *Protestant ethic*, p. 17. Esta é a introdução geral escrita por Weber, em 1920, para sua gigantesca (e inacabada) série de estudos comparativos sobre a sociologia da religião. Ver também sua afirmação de

que "O *auri sacra fames* é tão antigo quanto a história do homem [...] Em todos os períodos da história, sempre que foi possível, existiu a aquisição implacável, sem qualquer norma ética para limitá-la" (idem, p. 57). A generalização de Weber pode ser comparada com o comentário de Tocqueville reproduzido na p. 47.

35. Baxter, *A Christian directory* (1673), citado por Weber, *Protestant ethic*, p. 162, e por Tawney, *Religion and the rise of capitalism*, p. 218. Sobre o papel da teologia puritana nas transformações econômicas do século XVII, ver também Coleman, "Providence, capitalism and environmental degradation". A posição teórica de Weber aparece, com alguma clareza, na seguinte proposição: "Não idéias, mas interesses materiais e ideais diretamente governam a conduta dos homens. Ainda assim, muito freqüentemente 'imagens de mundo' que foram criadas por 'idéias' têm, como comutadores, determinado os trilhos ao longo dos quais a ação é empurrada pela dinâmica do interesse. 'A partir de que' e 'para que' se deseja ser salvo, e, não nos esqueçamos, 'pode ser' salvo, depende da imagem que se tem do mundo" ("The social psychology of the world religions", p. 280).

36. Lee, *A vindication of a regulated enclosure* (1656), citado por Tawney, *Religion and the rise of capitalism*, p. 232.

37. Marshall, *Industry and trade*, p. 731. Em *Beliefs in action* (caps. 6 e 7), procurei examinar em detalhe a análise de Hume e Smith sobre a formação de crenças relativas à maneira como cada indivíduo percebe o seu próprio interesse na vida prática.

38. A fonte para o rascunho da *Riqueza das nações* é o *Account of the life and writings of Adam Smith*, escrito por Dugald Stewart por ocasião de sua morte (reproduzido em Smith, *Essays*; o trecho citado está na p. 322). Há forte semelhança entre a posição de Smith nessa passagem e a de Quesnay na *Filosofia rural* (1763): "Que a ordem e a fidelidade da administração se restabeleçam e que se deixe cada coisa tomar seu curso natural: veremos então todos os nossos princípios serem executados em virtude da ordem inata das coisas. O governo só terá, então, o cuidado de lhes facilitar o caminho, de retirar as pedras da estrada e de deixar mover-se livremente os concorrentes, pois são eles que garantem o estado das riquezas de uma nação" (citado por Kuntz, *Capitalismo e natureza*, p. 93).

39. Smith, *Wealth of nations*, p. 341.

40. Idem, ibidem, p. 540.

41. Idem, ibidem, pp. 343 e 674. Numa carta de 1769, Hume refere-se aos fisiocratas com dureza: "Eles são o grupo de homens mais quimérico e mais arrogante que existe agora, desde a aniquilação da Sorbonne" (*Letters*, vol. 2, p. 205). Outro crítico do purismo doutrinário fisiocrata foi Tocqueville. Em suas reflexões sobre o *Ancien Régime* francês, ele critica a posição dos economistas liberais franceses em termos muito próximos aos de Smith: "[...] tal era o seu entusiasmo pela causa que defendiam, que eles levaram suas teses ao fanatismo [...] não havia instituição francesa, por mais venerável e justificada que fosse, por cuja

imediata supressão eles não clamassem, caso ela os atrapalhasse no menor grau ou não se adequasse ao seu esquema metodicamente ordenado de governo" (*On democracy, revolution and society*, p. 224). Os fisiocratas eram adeptos do "despotismo esclarecido" e se opunham à existência de organizações intermediárias "que restringissem o poder da autoridade central. Para um contraste interessante entre a posição fisiocrata e a escocesa, ver Deleule, *Hume*, esp. pp. 267 e ss.

42. Marshall, *Industry and trade*, p. 742; ver também sua afirmação, nesse mesmo livro, de que "subordinação a tendências naturais, quando levada a seu ponto lógico extremo, é fatalismo cego" (p. 175). Já nos seus *Princípios*, Malthus havia sugerido: "É obviamente impossível para um governo deixar as coisas seguirem estritamente seu curso natural; e recomendar tal linha de conduta, sem limitações ou exceções, não poderia deixar de reduzir à desgraça os princípios gerais, como totalmente inaplicáveis à prática" (p. 16). Ver também o contraste feito por Sidgwick em seus *Princípios*: "Existe, portanto, uma enorme distância entre a posição de Adam Smith e aquela de, digamos, Bastiat [...] Nenhum dos seguidores ingleses de Adam Smith jamais foi tão longe quanto Bastiat nessa direção [laissez-faire]" (p. 21). É curioso notar como os economistas clássicos ingleses apenas recorrem à expressão "laissez-faire" quando se trata de apontar para casos concretos em que há necessidade de interferência governamental (ver Kittrel, "'Laissez-faire' in English classical economics"; Robbins, *Theory of economic policy*; e Viner, "Bentham and Mill").

43. Smith, *Theory of moral sentiments*, p. 83.

44. Idem, ibidem, pp. 86 e 175-6. A mais sistemática reconstrução da teoria smithiana da justiça, e uma excelente discussão das suas origens, está em Haakonssen, *The science of a legislator*. Sobre a relação entre moral e justiça em Smith, ver também Skinner, "Moral philosophy and civil society".

45. Smith, *Theory of moral sentiments*, p. 86. A conhecida frase de Carlyle — "Cash payment has become the sole nexus of man to man" — apareceu no ensaio "Chartism" (1839) (*Selected writings*, pp. 193, 195 e 199). Outras expressões famosas cunhadas por Carlyle são: "dismal science" (economia política); "pig philosophy" (utilitarismo); e "Englishman's hell is not making money".

46. Smith, *Theory of moral sentiments*, p. 83.

4. "VÍCIOS PRIVADOS, BENEFÍCIOS PÚBLICOS" [pp. 138-59]

1. Butler, *Analogy of religion*, p. 49. O economista norte-americano Demsetz oferece uma interpretação evolucionista da capacidade de discriminar prazeres e evitar certos tipos de excesso: "Nós sobrevivemos. As preferências, os gostos e os estilos de vida que prejudicam seriamente a capacidade de sobrevivência dos indivíduos não podem eles próprios facilmente sobreviver [...] Estilos de vida que favoreçam a sobrevivência passaram a ser vistos como éticos, e aqueles que falharam com respeito a isso passaram a ser vistos como de mau

gosto, se não contrários à ética. Nossas preferências e gostos correntes refletem em larga medida sua capacidade de promover a sobrevivência. Tais capacidades, é claro, podem não ser boas o suficiente para garantir a sobrevivência" ("Ethics and efficiency in property right systems", pp. 277-8). É difícil, no entanto, acreditar que a ética possa ser inteiramente explicada pelo mecanismo biológico de seleção. Como foi visto no capítulo 3, grandes modelos de perfeição ética na história da humanidade, como, por exemplo, Sócrates e Jesus Cristo, afirmaram sua adesão a valores escolhendo a morte, ou seja, exatamente o contrário do que seria recomendado pelo critério biológico de sucesso. No plano coletivo, Elster questiona a tese de que normas sociais evoluam por um processo competitivo de seleção: "Poucos países em desenvolvimento hoje em dia estão adotando as normas e os hábitos de trabalho que foram uma precondição para o crescimento econômico do Ocidente, mas também não há sinais de que estes países estejam desaparecendo" (*Cement of society*, p. 148). Para um argumento crítico da noção de que a ética pode ser reduzida à biologia, ver Thomas Nagel, "Ethics without biology".

2. Smith, *Wealth of nations*, p. 540.

3. Idem, *Theory of moral sentiments*, p. 62.

4. Idem, *Wealth of nations*, p. 190, e *Theory of moral sentiments*, p. 50.

5. Robinson, *Economic philosophy*, p. 53, e Williams, *Ethics and the limits of philosophy*, p. 184. Ver também Matthews, "Morality, efficiency and competition", p. 292: "O manual-padrão de economia pára por aí: a prescrição é o auto-interesse restringido pela lei". Robinson, Williams e Matthews são, é claro, críticos da noção de que o melhor resultado é obtido se cada um buscar apenas o que é melhor para si. A posição dos defensores contemporâneos do egoísmo ético é examinada no capítulo 5.

6. Sobre a composição, publicação e contexto intelectual da *Fábula*, ver, além da introdução e notas de F. B. Kaye para sua esplêndida edição da obra principal de Mandeville, o trabalho minucioso de Goldsmith, *Private vices, public benefits*. Em sucessivas edições após a de 1714, Mandeville foi adicionando novos ensaios e comentários sobre versos específicos, até à última edição por ele revista e publicada (1732). Os dois grandes rivais da *Fábula* no século XVIII, em termos da reação hostil e do escândalo que provocaram no público leitor, foram *L'hommemachine* (1747) de La Mettrie e o primeiro *Essay on population* (1798) de Malthus, embora o impacto deste último pertença já claramente ao século XIX. A escolha das "abelhas" como metáfora provavelmente reflete sua presença e conotação na literatura clássica latina: "As abelhas, que Virgílio afirmou possuírem em si algo da natureza divina, eram consideradas pelos antigos como emblemas especiais ou modelos de castidade. Havia uma crença comum de que a abelha-mãe paria seus descendentes sem perder a virgindade [...] Plutarco afirma que uma pessoa incasta não pode se aproximar das abelhas porque elas logo a atacam e cobrem de ferrões" (Lecky, *History of European morals*, vol. 1, p. 108*n*1).

7. As idéias de Mandeville sobre a prostituição estão em *Fable of the bees*,

vol. 1, "Remark H", pp. 98-9; ver também o "Remark C", onde ele faz uma longa digressão sobre moralidade sexual (*Fable*, vol. 1, pp. 69-76). O ataque à educação popular é o tema principal do "Essay on charity and charity schools" (*Fable*, vol. 1, pp. 253-322). A noção de Mandeville de que a ignorância era uma bênção para os mais pobres foi defendida também por Soame Jenyns em *A free enquiry into the nature and origin of evil* (1757). A introdução do termo *ópio* nesse contexto deve-se a Jenyns: "A ignorância, ou a falta de conhecimento e literatura, o destino ordenado de todos os que nascem para a pobreza e para a labuta desagradável, é o único ópio capaz de infundir aquela insensibilidade que os torna capazes de suportar as misérias da primeira e a fadiga da segunda. Trata-se de um tônico ministrado pela mão graciosa da Providência, e do qual eles não devem jamais ser privados por uma educação imprópria e inoportuna [...] uma ilustração notável da sabedoria divina [...] Assim a miséria, por todos os métodos possíveis, é diminuída ou recompensada; e a felicidade, como os fluidos, está sempre tendendo rumo a um equilíbrio" (pp. 65-7). Em uma resenha devastadora do livro de Jenyns, publicada no mesmo ano de seu lançamento, Samuel Johnson contestou o ataque à educação popular: "O autor [...] nunca viu as misérias que imagina tão fáceis de suportar [...] Condenar à pobreza irreversível geração após geração, apenas porque o antepassado calhou de ser pobre, é, por si mesmo, cruel, se não injusto, e totalmente contrário às máximas de uma nação comercial, que sempre supõe e promove a rotação da propriedade e oferece a cada indivíduo a oportunidade de corrigir sua situação por meio da sua diligência" (*Works*, vol. 6, pp. 54-7). Ver também Willey, *Eighteenth-century background*, pp. 48-56; e Robbins, *Theory of economic development*, esp. p. 74.

8. Johnson, citado por Robinson, *Economic philosophy*, p. 19; a mesma passagem é citada por Hayek, "Dr Bernard Mandeville", *New Studies*, p. 252.

9. Horácio, *Epistles*, I, i, linhas 65-6. Ver também Juvenal: "Quem se importa com a reputação se puder manter sua grana?" (*Satires*, i, linhas 46-7). É possível detectar um eco mandevilliano nos versos de Pope: "Sure, of qualities demanding praise more go to ruin fortunes, than to raise" (*Epistles*, iii). A máxima latina denotando a corrupção moral de uma sociedade em que "o crime bem-sucedido é chamado virtude" é citada por Bacon, *Advancement of learning*, p. 342.

10. Mandeville, *Fable*, vol. 1, p. 31. A etimologia e definição do termo português *mamata* (derivado de *mamar*) é sugestiva: "Empresa ou administração pública em que mamam os políticos e funcionários desonestos" (*Novo Dicionário Aurélio*, p. 1074).

11. Mandeville, *Fable*, vol. 1, pp. 34-5. A noção de que o contentamento seria fatal para a atividade econômica e a indústria já havia sido formulada com clareza por Locke na segunda edição do seu *An essay concerning human understanding* (1694). O determinante crítico do comportamento humano, segundo Locke, é a aversão à dor ou, mais precisamente, a experiência de descontentamento e desconforto corporal ou psicológico: "[...] o bem, o maior bem, embo-

ra apreendido e reconhecido enquanto tal, não determina a vontade, até que o nosso desejo [...] nos faça desconfortáveis pela sua falta [...] O motivo para a mudança é sempre algum desconforto: nada nos colocando rumo a uma mudança de estado, ou qualquer nova ação, exceto algum desconforto. Uma pequena queimadura sentida nos impele mais poderosamente do que a perspectiva de prazeres maiores nos atraem ou tentam" (pp. 252-3; para um comentário sobre esse ponto ver Bonar, *Philosophy and political economy*, esp. p. 91). Essa mesma idéia de que o contentamento é fatal para o crescimento econômico reaparece, sob diferentes roupagens e nos mais variados contextos, tanto na tradição alemã de filosofia moral (Kant, Humboldt, Hegel e Marx) quanto na de língua inglesa (Hume, Smith, Malthus e Keynes). Sobre o contentamento e a "felicidade da quietude" como ideais éticos, ver as passagens referidas na nota 9 do capítulo 1 e nota 31 do capítulo 3.

12. Mandeville, *Fable*, vol. 1, pp. 6-7.

13. La Rochefoucauld, *Maxims*, § 439, p. 93. Como observa Passmore, fazendo um contraste entre as posições de Mandeville e Rousseau: "A *Fábula das abelhas* de Mandeville é um exemplo notório de 'distopia' do século XVIII. Ele retrata uma sociedade que busca basear-se inteiramente no ideal de perfeição moral e, no processo, destrói sua civilização [...] A prática da virtude é incompatível com o desenvolvimento de uma sociedade comercial próspera. O comércio apenas floresce onde os homens são orgulhosos, avaros, competitivos" (*Perfectibility of man*, pp. 265 e 178).

14. Mandeville, *Fable*, vol. 1, p. 37 (grifo meu): "So Vice is beneficial found, when it's by Justice lopt and bound". Sobre essa passagem ver os comentários de Kaye (*Fable*, vol. 1, p. xlvii) e Elster, *Cement of society*, p. 268.

15. Mandeville, *Fable*, vol. 1, p. 116. Entre os demais requisitos lembrados por Mandeville estão: *a*) um certo balanço de poder na esfera internacional; *b*) a moralidade dos governantes; e *c*) o clero longe do Estado. Sobre *b*) ele afirma: "O quê? Então Deus nunca puniu e destruiu grandes nações por causa de seus pecados? Sim, mas não sem os meios, quer dizer, pela extravagância dos seus governantes e fazendo com que se distanciassem seja de todas, ou pelo menos de algumas, das máximas a que me referi; e, de todos os Estados e impérios de que o mundo se vangloriou até aqui, nenhum se arruinou ou foi destruído a não ser devido à má política, negligência ou má administração dos governantes" (*Fable*, vol. 1, p. 117).

16. Smith, *Theory of moral sentiments*, p. 312. Embora tenha criticado de forma implacável as idéias de Mandeville, Smith jamais lhes atribuiu responsabilidade por conseqüências práticas nocivas na vida real (idem, p. 313). É interessante lembrar ainda que na revisão da *Teoria dos sentimentos morais*, preparada no final de sua vida e publicada no ano de sua morte, em 1790, Smith retirou as críticas que fizera à filosofia "licenciosa" de La Rochefoucauld, mas manteve o ataque à doutrina "em quase todos os aspectos errônea" de Mandeville. Em seu ensaio "Of refinement in the arts" Hume havia argumentado: "Imaginar que a gratifi-

cação de qualquer sentido, ou a satisfação de gostos refinados em carnes, bebidas ou vestes, constitui por si um vício é algo que jamais poderá entrar numa cabeça que não esteja desorientada pelos desvarios do entusiasmo [religioso]. De fato, ouvi contar de um monge estrangeiro que, como as janelas de sua cela se abriam por sobre uma bela paisagem, fez um pacto com os seus olhos para que eles nunca se voltassem naquela direção e recebessem uma gratificação tão sensual" (*Essays*, p. 268). Sobre o rigorismo ético de Mandeville ver também Kaye, *Fable*, vol. 1, pp. xlvii-lvi; e Willey, *Eighteenth-century background*, esp. pp. 96-7.

17. Viner, Introdução a *A letter to Dion* (1732) de Mandeville: "Mandeville afirmou repetidamente que era por meio da 'administração engenhosa de políticos habilidosos' que os vícios privados poderiam ser feitos de modo a servir o bem público, assim eliminando da fórmula qualquer implicação de 'laissez-faire'" (*Intellectual history of economics*, p. 184). Além de repetidas referências na *Fábula* (vol. 1, pp. 51, 369 e 411, e vol. 2, p. 319), existem diversas passagens em *A letter to Dion*, citadas por Viner, em que Mandeville reafirma o papel das leis e do governo, e contesta a interpretação da sátira feita pelo bispo e filósofo George Berkeley. Em "Dr Bernard Mandeville", Hayek oferece uma leitura alternativa da fórmula mandevilliana chamando a atenção para a importância atribuída à noção de ordem espontânea, principalmente nos ensaios e diálogos do segundo volume da *Fábula*. É no mínimo surpreendente, no entanto, que Hayek não faça qualquer referência às duras críticas a Mandeville feitas por Hume e Adam Smith. Essa omissão torna-se particularmente grave, para não dizer suspeita, em vista do fato de que, para Hayek, a importância maior de Mandeville é que ele "tornou Hume possível": "é minha avaliação de Hume como talvez o maior de todos os estudiosos modernos da mente e da sociedade que me faz considerar Mandeville tão importante" (*New Studies*, p. 264). Em *A pré-história da economia*, Bianchi afirma o parentesco entre as filosofias de Mandeville e Smith (pp. 118-22). Para uma revisão da literatura secundária sobre a *Fábula*, ver Goldsmith, *Private vices*, esp. pp. 123-4.

18. Mandeville, *Fable*, vol. 2, pp. 335 e 353. Ambas as passagens são citadas por Hayek em "Dr Bernard Mandeville" (*New Studies*, p. 259). Sobre esse ponto ver também a observação de Mandeville acerca da causa básica da ruína dos grandes Estados e impérios citada na nota 15.

19. Robinson, *Economic philosophy*, p. 10. Ver também a discussão em Matthews, "Morality, efficiency and competition", esp. pp. 292-4.

20. Sobre as dificuldades de criar uma "infra-estrutura institucional" para o mercado no Leste europeu ver os comentários de Guitián: "É provavelmente mais fácil destruir o mercado do que construí-lo [...] um elemento crítico no qual se baseia este arcabouço institucional de sustentação do mercado e que precisa ser lembrado [é] a existência e o respeito a um código de conduta, a um conjunto de regras do jogo, que está tipicamente ausente em economias centralmente planejadas. Tal código inclui a disposição ativa de tomar decisões econômicas individuais, assumir riscos e aceitar responsabilidade pelas conseqüências dessas decisões [...] a criação de um arcabouço institucional e de um

código de conduta são tarefas que demandam tempo" ("Adjustment and reform", pp. 21 e 28-9; o mesmo ponto aparece em Coase, "The institutional structure of production", p. 714). Sobre a ausência de uma "infra-estrutura social" como obstáculo à eficiência, ver a revisão feita por Stern da literatura sobre os "determinantes do crescimento": "Podemos também incluir como parte da infra-estrutura o que se poderia chamar de infra-estrutura social. Por esse nome me refiro ao modo como os negócios são feitos, ao invés do capital humano (em termos de alfabetização, conhecimento, e assim por diante). Um sistema no qual os indivíduos se comportam desonestamente, ou onde a burocracia interfere colocando obstáculos, ou os direitos de propriedade não são bem definidos, pode levar a uma alocação de recursos muito desperdiçadora [...] Os custos envolvidos e a distorção de incentivos podem constituir sérios obstáculos ao crescimento. Tais deficiências de administração, organização e infra-estrutura podem explicar por que o capital escasso pode ser pouco produtivo e por que países que conseguiram elevar suas taxas de poupança, como a Índia nos anos 60 e 70, não obtiveram taxas de crescimento altas" ("The determinants of growth", p. 128). A dificuldade de criação das "instituições da troca", em particular na América do Sul, são discutidas em North, "Institutions", esp. pp. 108-11.

21. Ver o artigo de Margot Norman, "When gun law comes to the school", publicado no *The Times* de Londres (25/3/1993, p. 16). Os dados estatísticos do artigo têm como fonte o dossiê sobre violência nas escolas norte-americanas publicado no *Congressional Quarterly Researcher* de setembro de 1992. Vinte por cento dos alunos secundários (*high school*) norte-americanos admitem carregar algum tipo de arma (facas, estiletes, porretes, revólveres etc.). Em algumas cidades o problema parece ser particularmente grave: em Detroit, o número de ataques físicos de alunos contra professores cresceu cerca de 900% entre 1985 e 1990; a New York City School Security Force, com um total de 2,6 mil guardas, é hoje o sexto contingente policial dos Estados Unidos.

22. Viner, "Tension between government and business", p. 145. Sobre esse ponto, ver também a análise de Sidgwick no capítulo final ("Political economy and private morality") de seus *Princípios* (p. 586).

23. Ricardo, "Observations on parliamentary reform" (1824) (*Works*, vol. 5, p. 501). Segundo Pareto, "pode-se afirmar, com base na uniformidade revelada pela história, que os esforços dos homens são empregados de duas maneiras diferentes: eles são dirigidos para a produção ou transformação de bens econômicos; ou então dirigem-se à apropriação de bens produzidos por terceiros" (*Manual*, p. 341). O mercado existe precisamente para estimular o primeiro tipo de esforço e coibir o segundo. A transformação da incerteza radical em risco atuarial mediante a instituição de um mercado de seguros é discutida em North, "Institutions", pp. 105-8.

24. Mill, *Principles* (*Works*, vol. 2, p. 112). Esta passagem é citada e comentada por Marshall (*Economics of industry*, p. 12) e de modo mais aprofundado por Sidgwick (*Principles*, pp. 109-10). A filosofia política hobbesiana dá grande ên-

fase à proteção dos direitos de propriedade *pelo* governo, mas nega qualquer proteção desses direitos *contra* o governo: o soberano dispõe como bem entende da propriedade dos cidadãos particulares (ver *Leviathan*, cap. 30).

25. Sobre o programa de pesquisa e a proposta básica da escola da "escolha pública", ver a nota 10 da Introdução. Em "Rational choice and moral order", Buchanan e Vanberg procuram argumentar que é possível reconciliar, pelo menos parcialmente, o pressuposto do comportamento racional auto-interessado com a existência de uma ordem moral.

5. A ÉTICA COMO FATOR DE PRODUÇÃO [pp. 160-99]

1. Stigler, "Ethics or economics?", p. 306. Segundo Stigler, no caso de conflito entre o auto-interesse e valores éticos, "na maior parte do tempo a teoria do auto-interesse (como interpreto a de Adam Smith) vencerá" (p. 323). Em *On ethics & economics* (p. 17), Sen contesta essa previsão hipotética de Stigler.

2. Friedman, *Capitalism and freedom*, p. 133. Uma posição semelhante a essa é defendida por Demsetz em "Social responsibility in the enterprise system". Em "Moral thinking and economic interaction", Arrow diverge desse ponto de vista: "O Estado pode intervir e nos anos recentes tem feito isso. Mas a regulamentação não é um substituto adequado para o reconhecimento da responsabilidade moral da empresa" (p. 20). O argumento econômico subjacente a essa conclusão é desenvolvido em Matthews, "Morality, efficiency and competition".

3. Petty, *Political arithmetick* (1690) (*Economic writings*, vol. 1, pp. 261-2). Sobre a crítica de Petty ao mercantilismo e sua estadia na Holanda, ver Letwin, *Origins of scientific economics*, cap. 5.

4. Weber, *Protestant ethic*, p. 57; ver também p. 179, onde Weber elogia Petty como um "observador hábil" e cita sua afirmação sobre o papel da ética religiosa na prosperidade holandesa. Segundo Tawney, "a nota característica do ensinamento puritano foi a responsabilidade individual e não a obrigação social [...] As virtudes da iniciativa, diligência e poupança são os fundamentos indispensáveis de qualquer civilização vigorosa e complexa. Foi o puritanismo que, atribuindo a elas uma sanção supernatural, fez com que se transformassem de excentricidade anti-social em hábito e religião" (*Religion and rise of capitalism*, p. 243).

5. Banfield, *The moral basis of a backward society*, p. 85. Para realizar seu estudo Banfield (e família) conviveram durante nove meses, em 1954, com os cerca de 3,5 mil habitantes de uma vila na região de Lucânia, no Sul da Itália. Além da vivência direta, o trabalho baseia-se em cerca de setenta entrevistas com moradores da comunidade. Referindo-se à tese de Banfield, Arrow comenta: "Pode-se argumentar de forma plausível que muito do atraso econômico no mundo pode ser explicado pela falta de confiança mútua" ("Gifts and exchanges", p. 24).

6. Banfield, *Moral basis*, pp. 92-3. Em *Cement of society*, Elster discute a norma social perversa descrita por Banfield, segundo a qual "ninguém se associaria a uma pessoa suficientemente idiota para não violar a lei quando pudesse fazê-lo impunemente" (p. 147).

7. Banfield, *Moral basis*, p. 10.

8. Tocqueville, *Democracy in America*, vol. 2, p. 123. A possibilidade de um egoísmo suicida transparece com clareza na afirmação de Galbraith segundo a qual: "Os ricos e privilegiados, quando são também corruptos e incompetentes, não aceitam a reforma que os salvaria" (*Economics in perspective*, p. 56).

9. Darwin, citado por Hagen, *South America called them*, p. 215. Ao desembarcar no litoral brasileiro em 1832, na cidade de Salvador, na Bahia, Darwin ficou deslumbrado com a exuberância da natureza nos trópicos e registrou em seu diário: "Creio, depois do que vi, que as descrições gloriosas de Humboldt são & sempre serão inigualáveis: mas mesmo ele [...] fica aquém da realidade. As delícias que se experimenta nesses momentos desnorteiam a mente [...] A mente se torna um caos de delícias a partir do qual um mundo de prazer futuro e mais calmo irá surgir. No momento estou apto a ler apenas Humboldt" (citado por Hagen, p. 216). A primeira tradução inglesa do *Ensaio* de Humboldt foi publicada em 1811 em quatro volumes. No Livro 2 de seus *Princípios*, como será visto, Malthus cita inúmeras vezes (em francês) o trabalho de Humboldt (pp. 336-44). Ver também os comentários de De Quincey sobre "a dependência sensual de sol e sono" dos sem-teto "do Peru, do México e, de fato, de toda a América do Sul" (*Logic of political economy*, p. 133). Ecos da crônica humboldtiana em Hegel e Marx serão apresentados neste capítulo. O contexto das idéias de Humboldt sobre a relação homem-natureza é discutido em Glacken, *Traces*, pp. 543-8; sobre a sua recusa em aceitar qualquer tipo de preconceito racial, ver Gould, *Mismeasure*, p. 38. Humboldt, diga-se de passagem, foi o árbitro internacional que julgou a disputa entre Brasil e Venezuela pela posse do território amazônico. Sobre sua condecoração pelo governo brasileiro, em 1855, Humboldt comentou jocosamente: "Primeiro, tentaram deter-me no Rio de Janeiro por me considerarem um espião perigoso, e quase estiveram a ponto de me enviar para a Europa. Hoje, todavia, a ordem emitida com essa finalidade é ensinada como uma curiosidade. Aí me convertem em árbitro. Eu, é evidente, decidi a favor do Brasil porque desejava possuir essa grande condecoração; a República da Venezuela não possuía nenhuma para me conceder" (citado por Hagen, *South America called them*, p. 156).

10. Humboldt, *Political essay*, vol. 1, p. 235. *Saragates* e *guachinangos* eram as denominações dadas aos habitantes sem moradia da cidade do México. O pulque é uma bebida fermentada mexicana feita à base do vegetal agave.

11. Idem, ibidem, vol. 2, p. 414, pp. 420 e 428-9. "Para um europeu que acaba de chegar à zona tórrida, nada causa tanto espanto quanto o diminuto tamanho da área sob cultivo ao redor da cabana que contém uma família numerosa de índios" (pp. 426-7).

12. Kant, *Universal natural history and theory of the heavens* (1755), p. 189. Para um comentário detalhado e devastador das pretensões científicas de Kant, ver a introdução escrita para esta nova tradução inglesa pelo filósofo da ciência Jaki. A falta de um mínimo de formação em matemática e física não impediu Kant de se apresentar ao mundo como um novo gênio da física, "que realizou para a cosmologia aquilo que Sir Issac havia feito na matemática". Contudo, um exame da cosmologia kantiana revela que "evidentemente o autor não estudou, ele próprio, nem sequer as primeiras seções dos *Principia* de Newton" (Jaki, pp. 7 e 11).

13. Hegel, *The philosophy of history*, p. 82.

14. Marx, *Capital*, vol. 1, p. 649. Os versos citados entre aspas por Marx nessa passagem — "ela [a natureza] o segura [ao homem] pela mão, como a uma criança suspensa por cordões de andar" — têm uma origem curiosa. Embora Marx, no *Capital*, não dê a fonte desses versos, é possível rastreá-los a partir de uma resenha escrita pelo próprio Marx e publicada, em março de 1850, no primeiro número do *Neue Rheinische Zeitung* (órgão teórico da Liga Comunista e cujo editor era o próprio Marx). Esses versos, de autoria do poeta alemão Stolberg, haviam sido citados pelo autor do livro resenhado por Marx (G. F. Daumer, *Die Religion des Neuen Weltaters*). Na sua resenha Marx ataca, com a virulência habitual, o sentimentalismo de Daumer diante da natureza, para então reproduzir os versos que iria citar (provavelmente de memória) no vol. 1 do *Capital*, quase vinte anos mais tarde: "Diante da tragédia histórica que o ameaça perto demais, Daumer foge para a alegada natureza, isto é, para um idílio rústico imbecil, e prega o culto da mulher para cobrir a sua própria resignação feminina [...] Ele consegue ser reacionário até mesmo em comparação com o cristianismo. Ele tenta restaurar a antiga religião natural pré-cristã numa forma modernizada. Desse modo ele consegue apenas, é claro, um balbuciar alemão-patriarcal sobre a natureza, expresso, por exemplo, assim: 'Natureza sagrada, doce Mãe,/ Nas Suas pegadas coloco os meus pés./ Minha mão de criança na Sua mão se agarra,/ Suspenda-me como por cordões de andar'. Vê-se que esse culto da natureza está limitado às caminhadas dominicais de um habitante de uma vila provinciana que se maravilha infantilmente diante de um cuco que deposita seus ovos no ninho de outro pássaro [...] Não há nenhuma menção, é claro, da ciência natural moderna que, com a indústria moderna, revolucionou toda a natureza e pôs fim à atitude infantil do homem em relação à natureza, assim como a outras formas de infantilidade" (*Collected works*, vol. 10, pp. 244-5). O aparato crítico da edição Mega além das obras de Marx dá o poema de Stolberg como fonte dos versos citados (vol. 5, p. 880), mas não faz referência à resenha de 1850; esta referência segue uma pista dada por Schmidt em *The concept of nature in Marx*, p. 131. Sobre as idéias de Marx em relação a culturas não européias, ver Paul, "'In the interests of civilization': marxist views of race and culture in the nineteenth century".

15. Nietzsche, *Beyond good and evil*, § 197, pp. 108-9.

16. Laing, *Notes of a traveller* (1842), p. 290. Num livro publicado um ano apenas depois do de Laing, o historiador e crítico romântico inglês Carlyle escreveu: "De todas as nações do mundo atualmente, os ingleses são os mais imbecis no discurso e os mais sábios na ação" (*Past and present*, p. 144). O contraste entre o Norte e o Sul da Europa é retratado com elegância e bom humor por Montesquieu: "Existe uma espécie de equilíbrio na Europa entre as nações do Sul e as do Norte. As primeiras têm todos os tipos de confortos da vida e poucas necessidades; as segundas têm muitas necessidades e poucos dos confortos da vida. Para uns a natureza deu muito e eles pedem pouco dela; para os outros a natureza dá pouco e eles pedem muito dela. O equilíbrio é mantido pela indolência que ela deu para as nações do Sul, e pela industriosidade e atividade que ela deu para as do Norte. Estas são obrigadas a trabalhar muito; se elas não o fazem, elas carecem de tudo e se tornam bárbaras" (*Spirit of the laws*, p. 355).

17. Weber, *Protestant ethic*, p. 61.

18. Morita, *Made in Japan*, pp. 130, 189 e 202. Para uma discussão das práticas de administração empresarial japonesa e norte-americana, ver Thurow: "Estados Unidos e Inglaterra proclamam valores individuais: o empresário brilhante, ganhadores de Prêmio Nobel, grandes diferenciais de salário, responsabilidade individual por habilidades, facilidade de entrada e saída na empresa, maximização de lucro, e fusões e aquisições hostis. Em contraste, Alemanha e Japão proclamam valores comunitários: grupos empresariais, responsabilidade social por habilidades, trabalho de equipe, lealdade à empresa, estratégias industriais e políticas industriais ativas, promotoras do crescimento" ("Who owns the twenty-first century?", p. 6; ver também seu artigo "Constructing a microeconomics", esp. pp. 184-8).

19. Malthus, *Principles*, p. 1. Para uma análise e discussão cuidadosa da economia política malthusiana e da controvérsia metodológica entre Malthus e Ricardo, ver Winch, "Higher maxims: happiness versus wealth in Malthus and Ricardo". Embora contenha alguns pontos válidos, o artigo de Rashid, "Malthus, *Principles* and British economic thought", deixa de apreciar a especificidade da contribuição malthusiana no tocante às "qualidades do homem" e ao estatuto da economia como ciência moral.

20. A referência aos "alfaiates de Lilipute" aparece numa carta (26/1/1817) de Malthus a Ricardo contrastando seus distintos métodos de investigação (*Works of David Ricardo*, vol. 7, p. 121). A comparação com a proverbial maçã newtoniana é inspirada numa carta (16/7/1938) de Keynes a Harrod: "Desejo frisar, também, o ponto sobre a economia ser uma ciência moral [...] ela lida com motivos, expectativas, incertezas psicológicas. É preciso ficar em guarda para não tratar o material como constante e homogêneo. É como se a queda da maçã ao chão dependesse dos motivos da maçã, se vale a pena cair ao chão, se o chão deseja que a maçã caia, e dos cálculos errôneos, por parte da maçã, sobre quão longe ela está do centro da Terra" (*Collected writings*, vol. 14, p. 300). Uma questão intrigante é formulada (e respondida) por Georgescu-Roegen: "Se um físico pu-

desse *per absurdum* conversar com os elétrons, ele se recusaria a perguntar-lhes: por que vocês pulam? Certamente não" (*Entropy law*, p. 363). A essa resposta podemos acrescentar: 1) *se* os elétrons falassem, nós não os entenderíamos (Wittgenstein); mas, 2) *se* conseguíssemos *per absurdum* entendê-los, seria o fim da física como ciência exata!

21. Lineu, *Politia naturae* (1760), citado por Hagberg, *Linnaeus*, p. 183. Uma fonte ainda mais remota pode ser encontrada nas especulações do teólogo cristão do século III, Tertuliano, sobre as conseqüências da superpopulação no declínio da civilização romana: "Em verdade, a pestilência, a fome, as guerras e os terremotos devem ser vistos como um remédio para as nações, um modo de podar o crescimento excessivo da raça humana" (*De anima* citado por Lovejoy, "'Nature' as norm in Tertullian", p. 321).

22. Malthus, *Essay on population*, p. 12; ver também sua afirmação segundo a qual "como os impulsos naturais são, abstratamente considerados, bons, e apenas se distinguem pelas suas conseqüências, uma atenção estrita a estas conseqüências, e a regulação da nossa conduta de acordo com elas, deve ser considerada como o nosso principal dever" (citado por Levin, "Malthus and the idea of progress", p. 107).

23. Malthus, *First essay*, p. 99. A relevância da teoria malthusiana da população para o desenvolvimento econômico é destacada, entre outros, por Joan Robinson: "Entre todas as doutrinas econômicas, a mais relevante para os países subdesenvolvidos é aquela associada a Malthus. E isso não porque a sua teoria da população possa ser aplicada de qualquer forma direta aos seus problemas, mas porque o seu próprio nome chama a atenção para o simples e doloroso fato de que, quanto mais rápido for o crescimento da população, mais lento será o crescimento da renda per capita" (*Economic philosophy*, p. 107). Para uma análise e discussão da teoria malthusiana da população e das diferenças entre as várias edições do *Ensaio* (a 1ª edição tinha cerca de 50 mil palavras, a 5ª mais de 250 mil), ver: Bonar, *Malthus and his work*; e Winch, *Malthus*. O impacto de Malthus na biologia moderna é investigado em Young, "Malthus and the evolucionists"; e Bowler, "Malthus, Darwin and the concept of struggle". Em *Beliefs in action* (cap. 13), procurei oferecer um quadro do labirinto de desencontros e mal-entendidos que se tornaram as idéias de Malthus.

24. Malthus, *Principles*, pp. 7, 323 e 325. Segundo Keynes, "o completo domínio, por um período de cem anos, da abordagem de Ricardo, foi um desastre para o progresso da teoria econômica [...] se Malthus, ao invés de Ricardo, tivesse sido o tronco principal a partir do qual a teoria econômica do século XIX tivesse prosseguido, como o mundo seria um lugar mais próspero e sábio hoje em dia! [...] Assim, o nome de Malthus foi imortalizado pelo seu princípio da população e as intuições brilhantes do seu ainda mais abrangente princípio da demanda efetiva foram esquecidas" (*Collected writings*, vol. 10, pp. 98, 100 e 107). Em outro contexto, Keynes afirmou: "Nós descobrimos agora que temos outro demônio à nossa porta e pelo menos tão feroz quanto o malthusiano — o de-

mônio do desemprego escapando por meio do colapso da demanda efetiva. Talvez se possa chamar também a este demônio de um demônio malthusiano, já que foi o próprio Malthus quem primeiro nos falou sobre ele. Pois, assim como o jovem Malthus se preocupou com os fatos populacionais que viu ao seu redor, o Malthus maduro estava não menos preocupado com os fatos do desemprego [...] Agora, quando o demônio malthusiano P está acorrentado, o demônio malthusiano D pode escapar" (*Collected writings*, vol. 14, p. 243).

25. Malthus, *Principles*, pp. 321, 333-4 e 403. Essas reflexões de Malthus foram fortemente influenciadas pelos relatos de Humboldt sobre os nativos da América do Sul (nota 9) e pelas noções correntes sobre a condição dos camponeses na Irlanda depois da introdução da batata: "a indolência dos trabalhadores rurais na Irlanda tem sido universalmente assinalada [...]" (p. 346). As crenças teológicas de Malthus e sua interpretação (pouco ortodoxa) do "pecado original", como algo associado à condição de torpor e indolência, ao invés de depravação e morbidez, são discutidas em: Pullen, "Malthus' theological ideas and their influence on his principle of population"; Glacken, *Traces* (pp. 644-9); e LeMahieu, "Malthus and the theology of scarcity".

26. Malthus, *First essay*, p. 205.

27. Marshall, *Memorials*, pp. 154-5. Sobre a posição adotada pelo próprio Marshall, ver nota 47.

28. Mill, *Principles* (*Works*, vol. 2, pp. 103 e 110). Para o contexto e a bibliografia secundária do tratado econômico de Mill, ver notas 25 a 32 do capítulo 1. Sobre a importância da motivação na explicação das diferenças entre os homens, ver também a observação de Darwin para seu sobrinho Francis Galton, o pai da eugenia: "[...] eu tenho sempre sustentado que, com exceção de imbecis, os homens não diferem muito em intelecto, apenas no zelo e trabalho duro" (citado por Gould, *Mismeasure of man*, p. 77).

29. Arrow, "Gifts and exchanges", p. 24, e *Limits of organization*, p. 27. A coletânea *Trust*, editada por Diego Gambetta, reúne um conjunto de artigos explorando a relevância do conceito e da prática da confiança em diferentes disciplinas acadêmicas; em "Trust as a commodity", Dasgupta desenvolve o argumento de que uma reputação de confiabilidade é parte dos ativos de um negócio e que, portanto, a confiança é um resultado espontâneo da própria interação de agentes auto-interessados no mercado, na medida em que essa interação tende a se repetir ao longo do tempo. A origem dessa idéia remonta a Adam Smith (*Lectures on jurisprudence*, p. 538). Para uma visão alternativa da construção e do papel da confiança, ver também: Matthews, "Morality, efficiency and competition"; Elster, *Cement of society*, esp. p. 118; e Russell, *O poder*, p. 25.

30. Mill, *Principles* (*Works*, vol. 2, p. 171). A passagem eliminada da versão publicada dos *Princípios* é reproduzida como nota de rodapé pelos editores da edição Toronto das obras de Mill (*Works*, vol. 2, p. 104). A crítica de Mill ao puritanismo é consistente com seu ataque aos excessos da moralidade cívica (cf. capítulo 3).

31. Mill, *Principles* (*Works*, vol. 2, p. 102).

32. Macdonell, *A survey of political economy*, pp. 57-8. O livro de Macdonell, aprofundando e ilustrando alguns pontos da ortodoxia clássica e criticando outros, baseia-se numa seqüência de artigos originalmente publicados no jornal escocês *Scotsman*. A primeira parte do trecho citado apareceu em Mary Paley e Alfred Marshall, *Economics of industry* (1879), p. 11. Esse pequeno manual dos Marshall — que Alfred mais tarde esforçou-se por suprimir, chegando a pedir de volta, para destruir, as cópias que havia dado de presente, e que é hoje praticamente desconhecido — não deve ser confundido com o livro homônimo, publicado por Marshall em 1892, e que é basicamente uma versão resumida dos *Princípios* de 1890. A reputação de Macdonell, à época de sua morte, baseava-se em seu trabalho na área do direito. Quando *A survey* foi publicado, em 1871, ele tinha apenas 24 anos de idade. O obituário de Macdonell apareceu no *Economic Journal* 31(1921), pp. 268-71.

33. Arrow, "Gifts and exchanges", p. 15.

34. Boulding, "Economics as a moral science", p. 10. Sobre "a influência exercida pelas várias religiões no estímulo ou retardamento da formação de riqueza", Macdonell havia escrito: "Diante dos fatos, essa influência é considerável. Certas religiões, se firmemente acreditadas e seguidas, quase condenariam os seus adeptos a uma posição medíocre [...] Por outro lado, a religião pode, de um ponto de vista econômico, ser uma bênção. Ela pode fornecer novos motivos para a industriosidade, sacramentando o suor honesto, ou ela pode, na seleção de festividades e feriados, fazer uma distribuição economicamente feliz entre dias de trabalho e de recreação" (*A survey*, p. 60).

35. Williamson, *Economic institutions of capitalism*, p. 38.

36. Morishima, *Why has Japan "succeeded"?*, pp. 114 e 117. A origem do etos da lealdade (*chu*) no Japão remonta, segundo Morishima, ao período de isolamento (1603 a 1859) sob o regime Tokugawa: "O fato de que toda a nação foi treinada no modo confuciano de pensar durante esse período de mais de duzentos anos não deve ser subestimado [...] Durante aquele período, os japoneses sofreram uma lavagem cerebral [*brainwashed*] e foram transformados num tipo peculiar de pessoa pela sua educação confuciana" (p. 60). Além da ênfase no valor social da educação, os principais valores do confucionismo japonês, ainda segundo Morishima, seriam: *a*) lealdade aos governantes; *b*) submissão dos filhos aos pais; *c*) boa-fé em relação aos amigos; *d*) respeito aos mais velhos; e *e*) frugalidade. Entre os efeitos desses valores na vida econômica estariam: 1) sistema de promoção por idade nas empresas; 2) emprego por toda a vida (pelo menos nas grandes corporações); e 3) nacionalismo e antiindividualismo: "ser movido apenas pela motivação do interesse próprio era visto como 'rasteiro', e era importante, mesmo para um comerciante, sacrificar-se pela sua cidade e pelo seu senhor [...] Embora os 'planos econômicos' propostos pelos diferentes governos no pós-guerra não tivessem força legal, eles foram reconhecidos e aceitos sem problema e o povo em geral cooperou na sua realização" (pp. 91 e 197). Numa

palestra proferida em 1982 na John F. Kennedy School of Government da Universidade de Harvard, Akio Morita forneceu alguns dados sugestivos sobre a presença do advogado em diferentes sociedades. Nos Estados Unidos existem cerca de 250 advogados para cada 100 mil habitantes; no Japão, dezessete. A diferença tende a aumentar: o número de novos advogados formados é cerca de 35 mil por ano nos Estados Unidos e trezentos no Japão. "Nos Estados Unidos", ironizou Morita, "parece que o seu advogado é a única pessoa em quem você pode confiar." Ao mesmo tempo, o número de engenheiros per capita no Japão é quatro vezes maior que nos Estados Unidos (ver *Made in Japan*, pp. 173 e 175).

37. Marx, *Early writings*, p. 326.

38. Macdonell, *A survey*, p. 60. Uma previsão semelhante sobre o futuro da ciência econômica seria feita, na virada do século, por Marshall: "As mudanças na natureza humana durante os últimos cinqüenta anos foram tão rápidas que elas se impuseram à atenção [dos economistas] [...] o elemento humano, em contraste com o mecânico, está assumindo um lugar cada vez mais proeminente na teoria econômica" (*Principles*, pp. 631-2). Mas à luz do que se tornou a economia no século XX, é difícil imaginar uma previsão mais errônea do que essa. No âmbito da economia positiva neoclássica, a abordagem vitoriosa em relação ao comportamento humano, como tentei mostrar em detalhe em "Comportamento individual", foi a substituição do "homem econômico" de tipo psicológico (Jevons) pelo de tipo lógico (Pareto). Essa mudança foi bem retratada por Robbins: "Até onde nos importa [economistas neoclássicos], nossos agentes econômicos podem ser egoístas puros, altruístas puros, ascetas puros, sensualistas puros ou — o que é mais provável — pacotes de todos esses impulsos" (*An essay*, p. 95). Dessa forma, como foi apontado mais recentemente, "a ciência econômica se tornou, durante o século XX, cada vez mais preocupada com a estrutura, ao invés do conteúdo: com a estrutura das preferências, ao invés do seu objeto ou fonte" (Broome, "Deontology and economics", p. 279). Por outros caminhos e motivos, como foi discutido na Introdução, também a economia normativa e as alternativas heterodoxas à economia neoclássica no século XX acabaram abandonando a preocupação com a ética e a formação de crenças morais na explicação do comportamento individual.

39. Sidgwick, *Principles*, p. 90. (Gostaria de agradecer a Alexandre Ferraz de Marinis, ex-aluno da Faculdade de Economia da Universidade de São Paulo, por ter dirigido minha atenção para a contribuição pioneira de Sidgwick para a teoria do capital humano.)

40. Marshall, *Principles*, p. 179. Sobre a relação entre distribuição e capital humano, Marshall afirmou: "Quando comparamos a visão moderna do problema crucial da distribuição de riqueza com a que prevalecia no começo do século [XIX], notamos que [...] há uma mudança fundamental no tratamento da questão. Pois enquanto os economistas [clássicos] desenvolveram seus argumentos como se o caráter e eficiência do homem devessem ser considerados como

uma quantidade fixa, os economistas modernos estão constantemente atentos para o fato de que o homem é um produto das circunstâncias nas quais tem vivido [...] Qualquer mudança na distribuição de riqueza que dê mais aos que recebem salário e menos ao capitalista irá provavelmente, tudo o mais não se alterando, acelerar o aumento da produção material [...] [Um] pequeno e temporário freio à acumulação de riqueza material não precisa ser necessariamente um mal, mesmo de um ponto de vista puramente econômico, desde que, sendo feito de modo sereno e sem grandes distúrbios, forneça melhores oportunidades para a grande maioria do povo, aumentando sua eficiência e desenvolvendo nele hábitos de auto-respeito, de modo a resultar numa estirpe de produtores muito mais eficientes na geração seguinte. Pois isso ajudaria mais, no longo prazo, a promover o crescimento, até mesmo da riqueza material, do que grandes acréscimos ao nosso parque industrial" (*Principles*, pp. 631 e 191). Em "O capital humano na filosofia social de Marshall", busquei reconstruir esse aspecto da contribuição marshalliana. Para um desenvolvimento recente desse argumento, ver Dasgupta, "Modern economics and the idea of citizenship".

41. Ver, por exemplo, as observações de Machlup em sua extensiva revisão da literatura econômica sobre capital humano produzida no pós-guerra: "O conhecimento não é a única coisa ensinada e aprendida na escola: a adesão a valores morais, lealdade, sociabilidade, disciplina, industriosidade, perseverança, pontualidade, confiabilidade, adaptabilidade, julgamento crítico, aptidão física, hábitos de higiene, comportamento sexual adequado e algumas vezes crenças nacionalistas e religiosas estão entre os objetivos que os pedagogos e políticos sugerem ou impõem às autoridades escolares. Até onde sei, nenhuma avaliação do desempenho escolar nessas áreas ou do seu peso relativo existe, ao passo que avaliações das conquistas cognitivas se tornaram rotineiras na avaliação da eficácia das escolas" (*Economics of information and human capital*, p. 433). Mais importante, talvez, do que a escola seria entender o papel da família — e da falta dela — nesse processo de aprendizagem. Por outro lado, e à luz do que foi visto neste capítulo, é difícil aceitar a afirmação de Phelps, introduzindo a coletânea *Altruism, morality and economic theory*, de que "Adam Smith [...] e os liberais clássicos aparentemente não deixaram lugar, pelo menos de forma explícita, para o altruísmo no mercado" (p. 4).

42. Sidgwick, *Principles*, pp. 111 e 581.

43. Idem, ibidem, pp. 414 e 581. Sidgwick acreditava que a intervenção estatal não era um recurso temporário, mas "um elemento normal da organização da indústria". Nem por isso, no entanto, "segue-se que em qualquer caso em que o laissez-faire falhe a interferência governamental seja oportuna, já que as desvantagens e custos da última podem, em qualquer caso particular, ser piores do que as deficiências da iniciativa privada" (p. 414). Quanto às funções do Estado, Sidgwick propõe uma agenda que até mesmo os adeptos do "mínimo individualista da interferência governamental" estariam dispostos a aceitar: 1) segurança externa; 2) proteção contra a violência dos demais; 3) garantia dos direitos de propriedade; 4)

prevenção de fraude; 5) garantia de contratos; e 6) "proteger de forma especial as pessoas inaptas, por causa da idade ou desordem mental, de tomar conta dos seus próprios interesses" (p. 420). Sobre a função 6 — e a provisão de educação elementar — Jevons concluiu: "Os pais seriam, em tese, os melhores guardiões educacionais da criança; mas, se o resultado for nenhuma educação, não há base para a teoria. Neste caso [...] o Estado dispensou a metafísica, entrou em cena e ordenou que a criança fosse educada" (*State in relation to labour*, p. 11).

44. Marshall, *Economics of industry*, pp. 10-1, e *Money, credit and commerce*, p. 100. (Agradeço ao prof. A. W. Coats pela valiosa sugestão de examinar o tratamento da moral como "agente de produção" no *Economics of industry* de 1879.) Sobre a ética na economia marshalliana, ver Coats, "Marshall and ethics": "O inter-relacionamento entre economia e ética é um tema fundamental e abrangente na carreira e nos escritos de Marshall" (p. 231). Como assinala Reisman, Marshall via no "caráter nacional", ou seja, nos atributos éticos e intelectuais da população, "um dos mais valiosos entre todos os insumos da função de produção, um dos ingredientes mais decisivos na receita do crescimento econômico" (*Progress and politics*, p. 174). Sobre o conceito de "caráter nacional" e as tentativas de dar-lhe fundamentação empírica rigorosa na psicologia social contemporânea, ver Peabody, *National characteristics*; a epígrafe do livro é sugestiva: "Algumas vezes o estudante universitário que foi convencido a abandonar seus estereótipos num curso de psicologia fica espantado ao descobrir, na sua primeira viagem ao exterior, que os alemães são realmente diferentes dos italianos".

45. Keynes, *Collected writings*, vol. 10, p. 118, e Pigou, *Memorials*, p. 82. A atitude de Marshall em relação às correntes de pensamento de seu tempo (economia clássica, revolução marginalista, escola histórica e evolucionismo) é análoga à de Mill na geração precedente. Nenhum dos dois foi — ou pretendeu ser — o teórico mais original de sua época. Ambos se propuseram a escrever um tratado de economia que fosse além da teoria econômica em sentido estrito, abarcando também uma filosofia mais ampla da sociedade e do progresso humano, com forte conteúdo normativo. Sobre a filosofia social de Marshall, ver Reisman, *Progress and politics*; e Whitaker, "Some neglected aspects of Alfred Marshall's economic and social thought".

46. Marshall, *Memorials*, p. 331, e *Principles*, p. 7.

47. Idem, *Principles*, p. 247. Ao rejeitar o "homem econômico", Marshall se distancia não só da abordagem ricardiana (ver a passagem citada na p. 169 acima), mas também da "mecânica do auto-interesse e da utilidade", ou seja, do programa de pesquisa para a "nova economia" defendido por Jevons na Inglaterra e por Walras no continente europeu. A autonomia e a deliberação na conduta individual — e não a competição ou o egoísmo — foram destacadas por Marshall como sendo os principais traços da economia moderna (*Principles*, p. 5). Ele define o objeto da ciência econômica como sendo "o estudo da humanidade nos assuntos práticos da vida" ("the study of mankind in the ordinary business of life"). Como observa Winch, "esta definição aparentemente inócua e

abrangente assinalava bem mais do que uma preocupação prática com a realidade do dia-a-dia. Ela marca uma rejeição decisiva do postulado do homem econômico e, como conseqüência, com todas as conotações restritivas, abstratas, egoístas e declaradamente materialistas desse postulado. Marshall resistiu à idéia de que a economia como ciência estava confinada a lidar com indivíduos apenas preocupados consigo mesmos e cujas ações, seja obtendo ou gastando uma renda, podiam ser vistas como imunes a influências éticas e altruístas, como se fossem motivadas somente pelo ganho pecuniário para a satisfação das carências materiais do homem" ("A separate science", p. 314).

48. Matthews, "Morality, efficiency and competition", p. 293. Outro exemplo dado por Matthews é o do empresário que escolhe uma tecnologia menos eficiente, uma vez que ele "não ousa utilizar técnicas de produção que o deixariam excessivamente vulnerável à retirada do trabalho no caso de uma greve súbita" (pp. 293-4). Ainda mais sério, talvez, é o efeito inibidor da falta de confiança mútua entre patrões e funcionários sobre o investimento em treinamento e aperfeiçoamento profissional dentro da empresa.

49. Marshall, *Principles*, pp. 205-6. Se a conjetura de Marshall é verdadeira, é impossível saber. O que é certo, contudo, é que ela não implica qualquer tipo de fatalismo complacente: "Não existe extravagância mais prejudicial ao crescimento da riqueza nacional do que aquela negligência esbanjadora que permite que uma criança bem-dotada, que nasça de pais destituídos, consuma sua vida em trabalhos manuais de baixo nível. Nenhuma mudança favoreceria tanto um crescimento mais rápido da riqueza material quanto uma melhoria das nossas escolas, especialmente aquelas de grau médio, desde que possa ser combinada com um amplo sistema de bolsas de estudo, permitindo assim ao filho inteligente de um trabalhador simples que ele suba gradualmente, de escola em escola, até conseguir obter a melhor educação teórica e prática que nossa época pode oferecer" (Marshall, *Principles*, p. 176).

50. Johnson, citado por Boswell, *Tour to the Hebrides*, p. 176.

51. Marshall, *Principles*, p. 249. A epígrafe dos *Princípios* — *Natura non facit saltum* [A natureza não dá saltos] — denota o apego de Marshall ao princípio da continuidade em diversos planos do seu pensamento: *a*) evolução da teoria econômica; *b*) história socioeconômica da humanidade; *c*) continuidade entre as esferas biológica, econômica, ética e religiosa da experiência; *d*) uso de técnicas de análise baseadas em fenômenos contínuos e pequenas variações na margem; *e*) processo de crescimento orgânico; e *f*) propostas de reforma das instituições. Neste último caso — e ironicamente — o mesmo argumento que foi originalmente formulado contra o "salto no escuro" da implantação total e imediata de um sistema econômico socialista pode agora ser empregado na defesa de uma transição gradual do dirigismo para o mercado. Nesse sentido, não seria exagero dizer que as dificuldades discutidas na nota 20 do capítulo 4 mostram a atualidade do alerta de Marshall. Para uma elaboração do ponto de vista marshalliano sobre a mudança institucional e uma crítica da abordagem do "tudo ou nada" na

economia normativa, ver Bonar, *Philosophy and political economy*, pp. 369-71. A origem da expressão latina *Natura non facit saltum* remonta ao tratado biológico de Aristóteles, *Historia animalium* (ver Larson, *Reason and experience*, p. 41). Mais provável, contudo, é que Marshall a tenha encontrado nas páginas da *Origem das espécies* de Darwin, em que ela aparece (em latim) pelo menos três vezes. A importância do princípio da continuidade na biologia darwiniana pode ser depreendida a partir da seguinte afirmação: "Se se puder demonstrar que qualquer órgão complexo [como, por exemplo, o olho] tenha podido chegar a existir, sem que ele tivesse se formado por meio de modificações numerosas, sucessivas e diminutas, minha teoria estaria absolutamente destruída" (Darwin, *Origin*, p. 190).

BIBLIOGRAFIA

ACKRILL, J. L. *Aristotle the philosopher*. Londres, 1981.
_____ *Aristotle's ethics*. Londres, 1973.
ARISTÓTELES. *Politics*. Trad. E. Baker. Oxford, 1946.
_____ *Nicomachean ethics*. Trad. D. Ross. Oxford, 1980.
ARONSON, E. *The social animal*. Nova York, 1984.
ARROW, K. *The limits of organization*. Nova York, 1974.
_____ "Gifts and exchanges". In *Altruism, morality and economic theory*. Ed. E. S. Phelps, Nova York, 1975.
_____ "Moral thinking and economic interaction". In *Social and ethical aspects of economics: a colloquium in the Vatican*. Vaticano, 1992.
ATTFIELD, R. *Ethics of environmental concern*. Oxford, 1983.
AXEROLD, R. *Evolution of cooperation*. Nova York, 1984.
BACON, F. *Advancement of learning*. Ed. A. Johnston. Oxford, 1974.
BAMBROUGH, J. R. *Moral scepticism and moral knowledge*. Londres, 1979.
BANFIELD, E. C. *The moral basis of a backward society*. Glencoe, Ill., 1958.
BAUDELAIRE, C. *My heart laid bare and other prose writings*. Trad. N. Cameron. Londres, 1986.
BERLIN, I. "John Stuart Mill and the ends of life". In *Four essays on liberty*. Oxford, 1969.
BIANCHI, A. M. *A pré-história da economia: de Maquiavel a Adam Smith*. São Paulo, 1988.
BÍBLIA SAGRADA. Trad. padre Antonio P. de Figueiredo. Rio de Janeiro, 1964.
BONAR, J. *Philosophy and political economy in some of their historical relations*. Londres, 1922.
_____ *Malthus and his work*. Londres, 1924.
_____ *A catalogue of the library of Adam Smith*. Londres, 1932.
BOSWELL, J. *A journal of a tour to the Hebrides with Samuel Johnson*. Londres, 1928.
BOULDING, K. "Economics as a moral science". *American Economic Review* 59(1969), 1-12.
BOWLER, P. J. "Malthus, Darwin and the concept of struggle". *Journal of the History of Ideas* 37(1976), 631-50.
BRAMWELL, A. *Ecology in the 20th century*. New Haven, 1989.
BRAYBROOKE, D. *Ethics in the world of business*. Totowa, 1983.
BROOME, J. "Deontology and economics". *Economics and Philosophy* 8 (1992), 269-82.

BUCHANAN, J. "Markets, states and the extent of morals". In *What should economists do?* Indianápolis, 1979.

_____ & BURTON, J. *The consequences of Mr Keynes*. Londres, 1978.

_____ & VANBERG, V. "Rational choice and moral order". *Analyse und Kritik* 10(1988), 138-60.

BURROW, J. W. *Evolution and society: a study in Victorian social theory*. Cambridge, 1966.

BURTT E. A. *The metaphysical foundations of modern science*. Londres, 1932.

BUTLER, J. *The analogy of religion, natural and revealed, to the constitution and course of nature* (1736). Londres, 1890.

BUTTERFIELD, H. *History and human relations*. Londres, 1951.

CALDWELL, B. "Hayek's transformation". *History of Political Economy* 20(1988), 513-44.

CARLYLE, T. *Past and present* (1858). Ed. A. M. D. Hughes. Oxford, 1918.

_____ "Signs of the times" (1829) e "Chartism" (1839). In *Selected writings*. Ed. A. Shelston. Harmondsworth, 1971.

CARRIT, E. F. *Morals and politics*. Oxford, 1935.

CASSIRER, E. "Kant and Rousseau". In *Rousseau, Kant, Goethe*. Trad. J. Randall Jr. et alii. Princeton, 1947.

_____ *The philosophy of the Enlightenment*. Trad. F. Koelln e J. P. Pettegrove. Londres, 1951.

_____ *Kant's life and thought*. New Haven, 1981.

CHURCHLAND, P. *Matter and consciousness*. Cambridge, Mass., 1986.

CÍCERO. *On duties*. Trad. M. Griffin e E. Atkins. Cambridge, 1991.

CLARKE, P. *The Keynesian revolution in the making, 1924-1936*. Oxford, 1988.

COASE, R. H. "The institutional structure of production". *American Economic Review* 82(1992), 713-9.

COATS, A. W. "Marshall and ethics". In *On the history of economic thought*. Londres, 1992, vol. 1.

COHEN, I. B. *The birth of a new physics*. Harmondsworth, 1987.

COLEMAN, W. "Providence, capitalism and environmental degradation". *Journal of the History of Ideas* 37(1976), 27-44.

COLLINGWOOD, R. G. *The idea of history*. Oxford, 1946.

COLLINI, S. "The tendency of things: John Stuart Mill and the philosophic method". In *That noble science of politics*. Cambridge, 1983.

CORNFORD, F. M. "Plato's commonwealth". In *Unwritten philosophy*. Cambridge, 1967.

_____ *Before and after Socrates*. Cambridge, 1932.

CRANSTON, M. *Philosophers and pamphleteers*. Oxford, 1986.

DARWIN, C. *On the Origin of species* (1859). Ed. E. Mayr. Cambridge, Mass., 1964.

DASGUPTA, P. "Trust as a commodity". In: *Trust: making and breaking cooperative relations*. Ed. D. Gambetta. Oxford, 1988.

DASGUPTA, P. "Modern economics and the idea of citizenship". In: *Social and ethical aspects of economics: a colloquium in the Vatican*. Vaticano, 1992.

DELEULE, D. *Hume et la naissance du liberalisme économique*. Paris, 1979.

DEMSETZ, H. "Social responsiblity in the enterprise system" e "Ethics and efficiency in property right systems". In *Ownership, control and the firm*. Oxford, 1988.

DIJKSTERHUIS, E. J. *The mechanization of the world picture*. Trad. C. Dikshoorn. Princeton, 1986.

DODDS, E. R. *The Greeks and the irrational*. Berkeley, 1951.

_____ "The ancient concept of progress". In *The ancient concept of progress*. Oxford, 1985.

DOSTOIEVSKI, F. *Notes from the underground*. Trad. J. Coulson. Harmondsworth, 1972.

DOWNS, A. *An economic theory of democracy*. Nova York, 1957.

DUNCAN-JONES, A. *Butlers moral philosophy*. Harmondsworth, 1952.

ELSTER, J. *The cement of society: a study of social order*. Cambridge, 1989.

_____ *Solomonic judgements: studies in the limitations of rationality*. Cambridge, 1989.

EMERSON, R. W. *Complete works*. Edimburgo, 1907.

ENGELS, F. *Collected works*, Londres, 1975, vol. 3.

EPICURO. *Epicurus: the extant remains*. Trad. C. Bailey. Oxford, 1926.

ETZIONI, A. *The moral dimension: towards a new economics*. Nova York, 1988.

EVENSKY, J. "Ethics and the classical liberal tradition in economics". *History of Political Economy* 24(1992), 61-77.

FARRINGTON, B. *A doutrina de Epicuro*. Trad. E. Jorge. Rio de Janeiro, 1968.

FORBES, D. "Hume and the Scottish Enlightenment". In *Philosophers of the Enlightenment*. Ed. S. C. Brown. Sussex, 1979.

FRIEDMAN, M. *Capitalism and freedom*. Chicago, 1963.

FRY, M., ed. *Adam Smith's legacy*. Londres, 1992.

FURBANK, P. N. *Diderot: a critical biography*. Londres, 1992.

GALBRAITH, J. K. *Economics in perspective: a critical history*. Boston, 1987.

GAMBETTA, D., ed. *Trust: making and breaking cooperative relations*. Oxford, 1988.

GEORGESCU-ROEGEN, N. *The entropy law and the economic process*. Cambridge, Mass., 1971.

GIANNETTI DA FONSECA, E. "Comportamento individual: alternativas ao homem econômico". *Estudos Econômicos* 20(1990), 5-37.

_____ *Beliefs in action: economic philosophy and social change*. Cambridge, 1991.

_____ "O capital humano na filosofia social de Marshall". *Revista de Economia Política* 12(1992),64-86.

GLACKEN, C. J. *Traces on the Rhodian Shore*. Berkeley, 1967.

GOLDSMITH, M. M. *Private vices, public benefits: Bernard Mandeville's social and political thought*. Cambridge, 1985.

GOULD, S. J. *The mismeasure of man*. Harmondsworth, 1984.

GRAY, J. *The moral foundations of market institutions*. Londres, 1992.

GUITIÁN, M. "Adjustment and reform: differences between East and West?". *Rules and Discretion in International Economic. Polity*. IMF Occasional Paper 97(1992).

GUTHRIE, W. K. C. *The sophists*. Cambridge, 1971.

HAAKONSSEN, K. *The science of a legislator: the natural jurisprudence of David Hume and Adam Smith*. Cambridge, 1981.

HAGBERG, K. *Carl Linnaeus*. Trad. A. Blair. Londres, 1952.

HAGEN, V. W. von. *South America called them: explorations of the great naturalists*. Londres, 1949.

HAMMOND, P. J. "Ethics, distribution, incentives, efficiency and markets". In *Social and ethical aspects of economics: a colloquium in the Vatican*. Vaticano, 1992.

HARDIN, G. *Nature and man's fate*. Nova York, 1961.

HAYEK, F. A. "Economics and knowledge". *Economica* 4(1937), 33-54.

_____ "The use of knowledge in society". *American Economic Review* 35(1945), 519-30.

_____ *Studies in philosophy, politics and economics*. Londres, 1967.

_____ *New studies in philosophy, politics, economics and the history of ideas*. Londres, 1978.

_____ *Law, legislation and liberty*. Londres, 1982.

HEGEL, G. W. F. *Lectures of the history of philosophy*. Trad. E. S. Haldane. Londres, 1892.

_____ *Philosophy of right*. Trad. T. M. Knox. Oxford, 1952.

_____ *The philosophy of history*. Trad. J. Sibree. NovaYork, 1956.

HESÍODO. *Works and days*. Trad. D. Wender. Harmondsworth, 1973.

HOBBES, T. *Leviathan: or the matter, forme and power of a commonwealth ecclesiastical and civil* (1651). Ed. M. Oakeshott. Oxford, 1955.

HUMBOLDT, A. von. *Political essay on the Kingdom of Nova Spain* (1808). Trad. J. Black. Nova York, 1966.

HUME, D. *A treatise of human nature* (1739). Ed. L. A. Seiby-Bigge. Oxford, 1978.

_____ *The history of England* (1778). Ed. W. B. Todd. Indianápolis, 1983, vol. 6.

_____ *Essays moral political and literary* (1777). Ed. E. F. Miller. Indianápolis, 1985.

_____ *The letters of David Hume*. Ed. J. Greig. Oxford, 1932.

HUXLEY, T. H. "On Descartes, 'Discourse touching the method of using one's reason rightly and of seeking scientific truth' " e "On the hypothesis that animals are automata, and its history". In *Methods and results*. Londres, 1894.

JACKS, L. P. "Moral progress". In *Progress and history*. Ed. F. S. Marvin. Oxford, 1919.

JAMES, W. *Pragmatism and the meaning of truth*. Cambridge, Mass., 1975.

JENYNS, S. *A free enquiry into the nature and origin of evil*. Londres, 1757.

JEVONS, W. S. *The state in relation to labour* (1882). Londres, 1894.

—— *Papers and correspondence.* Ed. R. D. C. Black. Londres, 1977, vol. 6.

JOHNSON, P. *Intellectuals.* Londres, 1988.

JOHNSON, S. *Works.* Londres, 1825, vol. 6.

KAIN, P. J. *Marx and ethics.* Oxford, 1988.

KAMENKA, E. *The ethical foundations of marxism.* Londres, 1972.

KANT, I. "Idea for a universal history with a cosmopolitan purpose" (1784). In *Kant's political writings.* Trad. H. Reiss. Cambridge, 1970.

—— *Universal natural history and theory of the heavens* (1755). Trad. S. L. Jaki. Edimburgo, 1981.

KELSEN, H. *Society and nature.* Londres, 1943.

KEYNES. *The economic consequences of peace.* Londres, 1919.

—— *Collected writings.* Ed. D. E. Moggridge. Londres, 1971-82.

—— *The general theory of employment, interest and money.* Londres, 1973.

KITTREL, E. R. "'Laissez-faire' in English classical economics". *Journal of the History of Ideas* 17(1966), 610-20.

KNIGHT, F. H. *Inteligência & ação democrática.* Trad. F. J. Beralli. Rio de Janeiro, 1989.

KUHN, T. S. "The relations between the history and the history of science". In *The essential tension.* Chicago, 1977.

KUNTZ, R. *Capitalismo e natureza.* São Paulo, 1982.

LABROUSSE, E. *Bayle.* Trad. D. Potts. Oxford, 1983.

LAING, S. *Notes of a traveller, on the social and political state of France, Prussia, Switzerland, Italy, and other parts of Europe during the present century.* Londres, 1842.

LAKATOS, I. *The methodology of scientific research programmes.* Cambridge, 1978.

LA METTRIE, J. O. de. *L'Homme-machine* (1747). Ed. A. Vartanian. Princeton, 1960.

LANGE, F. A. *The history of materialism.* Trad. E. C. Thomas. Londres, 1925.

LA ROCHEFOUCAULD, duque de. *Maxims.* Trad. L. Tancock. Harmondsworth, 1967.

LARSON, J. L. *Reason and experience*: the representation of natural order in the work of Carl von Linneaus. Berkeley, 1971.

LEBRUN, G. *O que é poder?* Trad. Renato Janine Ribeiro. São Paulo, 1981.

LECKY, W. E. H. *History of European morals from Augustus to Charlemagne.* Londres, 1890, vol. 1.

LEMAHIEU, D. L. "Malthus and the theology of scarcity". *Journal of the History of Ideas* 40(1979), 467-74.

LENIN, V. I. *Collected works.* Londres, 1957, vol. 33.

LETWIN, W. *The origins of scientific economics.* Londres, 1963.

LEVIN, S. "Malthus and the idea of progress". *Journal of the History of Ideas* 17(1966), 92-108.

LEWIS, P. *La Rochefoucauld*: the art of abstraction. Ithaca, 1977.

LOCKE, J. *An essay concerning human understanding* (1694). Ed. P. Nidditch. Oxford, 1975.
LOVEJOY, A. O. "'Nature' as norm in Tertullian". In *Essays in the history of ideas*. Baltimore, 1955.
____ *Reflections on human nature*. Baltimore, 1961.
____ & BOAS, F. *Primitivism and related ideas in Antiquity*. Baltimore, 1935.
LUCAS JR., R. E. "Ethics, economic policy and the understanding of economic development". In *Social and ethical aspects of economics: a colloquium in the Vatican*. Vaticano, 1992.
LUCRÉCIO. *De rerum natura*. Trad. C. Bailey. Oxford, 1910.
MACDONELL, J. *A survey of political economy*. Edimburgo, 1871.
MACFIE, A. L. "The invisible hand of Jupiter". *Journal of the History of Ideas* 32(1971), 595-9.
MACHLUP, F. *The economics of information and human capital*. Princeton, 1984.
MACINTYRE, A. "Hume on 'is' and 'ought'". In *Against the self-images of the age*. Londres, 1971.
MACPHERSON, C. *The political theory of possessive individualismo* Oxford, 1962.
MALTHUS, T. R. *Principles of political economy*. Londres, 1836.
____ *First essay on population* (1798). Ed. J. Bonar. Londres, 1926.
____ *An essay on the principle of population* (1803). Ed. T. H. Hollingsworth. Londres, 1973.
MANDEVILLE, B. de. *The fable of the bees; or private vices, publick benefits* (1732). Ed. F. B. Kaye. Oxford, 1924.
MAQUIAVEL, N. *The prince*. Trad. N. H. Thomson. Oxford, 1913.
MARCHI, N. B. de. "The success of Mill's *Principles*". *History of Political Economy* 6(1974), 119-57.
MARSHALL, A. "Response to the president's address". *Economic Journal* 3(1893), 387-90.
____ *Memorials of Alfred Marshall*. Ed. A. C. Pigou. Londres, 1925.
____ *Principles of economics* (1920). Londres, 1949.
____ *Industry and trade*. Londres, 1919.
____ & MARSHALL, M. P. *The economics of industry*. Londres, 1879.
MARX, K. *Selected works*. Trad. C. P. Dutt. Londres, 1942, vol. 2.
____ *Early writings*. Trad. R. Livingstone e G. Benton. Londres, 1975.
____ *Capital: a critique of political economy*. Trad. B. Fowkes. Londres, 1976, vol. 1.
____ *Collected works*. Londres, 1978, vol. 10.
____ *Karl Marx: interviews and recollections*. Trad. D. McLellan. Londres, 1981.
MATTHEWS, R. C. O. "Morality, efficiency and competition". *Manchester School* 49(1981), 289-309.
MCGINN, R. "Nietzsche on technology". *Journal of the History of Ideas* 41(1980), 679-91.
MEEKS, G., ed. *Thoughtful economic man*. Cambridge, 1991.

MILL, J. S. *The spirit of the age* (1831). Ed. F. A. von Hayek. Chicago, 1942.

_____ "Utility of religion" (1874). In *Nature and utility of religion*. Indianápolis, 1958.

_____ "Essay on liberty" (1859). In *Three essays*. Oxford, 1975.

_____ *Collected works*. Ed. J. M. Robson. Toronto, 1963-78.

MIZUTA, H. *Adam Smith's library*. Cambridge, 1967.

MONTESQUIEU. *The spirit of the laws* (1748). Trad. A. Cohler, B. Miller e H. Stone. Cambridge, 1989.

_____ *Cartas persas* (1721). Trad. Renato Janine Ribeiro. São Paulo, 1991.

MORISHIMA, M. *Why has Japan "succeeded"?* Cambridge, 1982.

MORITA, A. *Made in Japan: Akio Morita and Sony*. Trad. E. M. Reingold e M. Shimomura. Londres, 1987.

MULGAN, R. G. *Aristotle's political theory*. Oxford, 1977.

NAGEL, T. "Ethics without biology". In *Mortal questions*. Cambridge, 1991.

NASH, L. *Ética nas empresas: boas intenções à parte*. Trad. K. A. Roque. São Paulo, 1993.

NEFF, E. *Carlyle and Mill*. Londres, 1964.

NICHOLS JR., J. *Epicurean political philosophy*. Ithaca, 1976.

NIETZSCHE, F. *Beyond good and evil*. Trad. W. Kaufmann. Nova York, 1966.

_____ *The will to power*. Trad. W. Kaufmann e R. J. Hollingdale. Nova York, 1968.

_____ *The gay science*. Trad. W. Kaufmann. Nova York, 1974.

_____ *Obras incompletas*. Trad. Rubens Rodrigues Torres Filho. São Paulo, 1974.

_____ *Daybreak*. Trad. R. J. Hollingdale. Cambridge, 1982.

_____ *Human all too human*. Trad. R. J. Hollingdale. Cambridge, 1986.

NORTH, D. C. "Institutions". *Journal of Economic Perspectives* 5(1991), 97-112.

Oxford classical dictionary. Eds. N. G. L. Hammond e H. H. Scullard. Oxford, 1970.

PARETO, V. *Manual of political economy*. Trad. A. S. Schwier. Nova York, 1971.

PASCAL, B. *Pensées*. Trad. A. J. Krailsheimer. Harmondsworth, 1966.

PASSMORE, J. *The perfectibility of man*. Londres, 1970.

_____ *Man's responsibility for nature*. Londres, 1980.

PAUL, D. "'In the interests of civilization': marxist views of race and culture in the nineteenth century". In *Journal of the History of Ideas* 42(1981), 115-38.

PAUL, E. F., MILLER JR., F., & PAUL, J., eds. *Ethics & economics*. Oxford, 1985.

PEABODY, D. *National characteristics*. Cambridge, 1985.

PESSOA, F. *Obra poética*. Rio de Janeiro, 1976.

PETTY, W. *Economic writings*. Ed. C. H. Hull. Cambridge, 1899.

PHELPS, E. S., ed. *Altruism, morality and economic theory*. Nova York, 1975.

PLATÃO. *Laws*. Trad. A. E. Taylor. Londres, 1934.

_____ *Apology*. Trad. R. W. Livingstone. Oxford, 1938.

_____ *Republic*. Trad. F. Cornford. Oxford, 1941.

_____ *Phaedo*. Trad. R. S. Bluck. Londres, 1955.

PLATÃO. *Phaedrus*. Trad. R. Hackforth. Cambridge, 1972.

_____ *Protagoras*. Trad. C. C. W. Taylor. Oxford, 1976.

POPPER, K. & ECCLESS, J. *The self and its brain*. Londres, 1983.

PULLEN, J. "Malthus' theological ideas and their influence on his principle of population". *History of Political Economy* 13(1981), 39-54.

QUESNAY, F. "Natural right" (1765). In *The economics of physiocracy*. Trad. R. L. Meek. Londres, 1962.

QUINCEY, T. de. *The logic of political economy*. Edimburgo, 1844.

QUINE, W. V. "On the nature of moral values". In *Theories and things*. Cambridge, Mass., 1981.

RAPHAEL, D. D. "'The true old Humean philosophy' and its influence on Adam Smith". In *David Hume*. Ed. G. P. Morice. Edimburgo, 1977.

RASHID, S. "Malthus' *Principles* and British economic thought". *History of Political Economy* 13(1981), 55-79.

REISMAN, D. *Alfred Marshall: progress and politics*. Londres, 1987.

RICARDO, D. *Works and correspondence*. Ed. P. Sraffa. Cambridge, 1952, vols. 5 e 7.

RICHTER, M. *The political theory of Montesquieu*. Cambridge, 1977.

RILEY, J. *Liberal utilitarianism: social choice theory and J. S. Mill's philosophy*. Cambridge, 1988.

ROBBINS, L. *An essay on the nature and significance of economic science*. Londres, 1935.

_____ *The theory of economic policy in English classical political economy*. Londres, 1965.

_____ *The theory of economic development in the history of economic thought*. Londres, 1968.

ROBINSON, J. *Economic philosophy*. Harmondsworth, 1964.

ROBSON, J. *The improvement of mankind*. Toronto, 1968.

ROEMER, J. *Free to lose: an introduction to marxist economic philosophy*. Londres, 1988.

ROGOW, A. A. *Thomas Hobbes: radical in the service of reaction*. Nova York, 1986.

ROOVER, R. de. "The concept of the just price: theory and economic policy". *Journal of Economic History* 12(1958), 418-34.

ROSENBLUM, N. *Another liberalism: Romanticism and the reconstruction of liberal thought*. Cambridge, Mass., 1987.

ROUSSEAU, J. J. *A discourse on inequality*. Trad. M. Cranston. Harmondsworth, 1984.

ROY, S. *Philosophy of economics*. Londres, 1989.

RUSKIN, J. *Unto this last*. Londres, 1862.

_____ *Ruskin today*. Harmondsworth, 1982.

RUSSELL, B. *Authority and the individual*. Londres, 1949.

_____ *Unpopular essays*. Londres, 1950.

_____ *Human society in ethics and politics*. Londres, 1954.

_____ *History of Western philosophy*. Londres, 1961.

RUSSELL, B. *O poder: uma nova análise social*. Trad. N. C. Caixeiro. Rio de Janeiro, 1979.

_____ "On the notion of cause". In *A free man's worship and other essays*. Londres, 1976.

RYAN, A. *John Stuart Mill*. Londres, 1974.

SAMUEL, V. *Belief and action: an everyday philosophy*. Harmondsworth, 1939.

SCHMIDT, A. *The concept of nature in Marx*. Trad. B. Fowkes. Londres, 1971.

SCHUMPETER, J. *History of economic analysis*. Londres, 1954.

SEN, A. *On ethics & economics*. Oxford, 1987.

_____ "A conversation with Amartya Sen" (entrevista a A. Klamer). *Journal of Economic Perspectives* 3(1989), 135-50.

_____ "Some contemporary economic and social issues". In *Social and ethical aspects of economics: a colloquium in the Vatican*. Vaticano, 1992.

SÊNECA. *Minor dialogues*. Trad. A. Stewart, Londres, 1889.

SIDGWICK, H. *Principles of political economy* (1883). Londres, 1901.

_____ *Outlines of the history of ethics*, Londres, 1931.

SIMMEL, G. *The philosophy of money* (1907). Ed. D. Frisby. Londres, 1990.

SKINNER, A. S. "Natural history in the age of Adam Smith". *Political Studies* 15(1967), 32-48.

_____ "Adam Smith: science and the role of imagination" e "Moral philosophy and civil society". In *A system of social science: papers relating to Adam Smith*. Oxford, 1979.

SKINNER, Q. *Machiavelli*. Oxford, 1981.

SMITH, A. *Theory of moral sentiments* (1759). Eds. D. D. Raphael e A. L. Macfie, Oxford, 1976.

_____ *An inquiry into the nature and the causes of the wealth of nations* (1776). Eds. R. H. Campbell e A. S. Skinner. Oxford, 1976.

_____ *Lectures on rhetoric and belles lettres*. Ed. J. C. Bryce. Oxford, 1977.

_____ *Leetures on jurisprudence*. Eds. R. Meek, D. D. Raphael e P. Stein. Oxford, 1977.

_____ *Essays on philosophical subjects* (1795). Eds. W. P. D. Wightman, J. C. Bryce e I. S. Ross. Oxford, 1980.

SORENSEN, V. *Seneca: the humanist in the court of Nero*. Trad. W. G. Jones. Edimburgo, 1984.

SPERRY, R. *Science and moral priority*. Oxford, 1983.

STERN, N. "The determinants of growth". *Economic Journal* 101(1991), 122-33.

STIGLER, G. "Economics or ethics?". In *The essence of Stigler*. Stanford, 1986.

TAWNEY, R. H. *Religion and the rise of capitalism*. Harmondsworth, 1938.

TEICHGRAEBER III, R. F. *"Free trade" and moral philosophy: rethinking the sources of Adam Smith's Wealth of Nations*. Durham, 1986.

THOMAS, K. *Man and the natural world*. Harmondsworth, 1984.

THOREAU, H. D. *Walden and civil disobedience*. Harmondsworth, 1983.

THUROW, L. "Constructing a microeconomics that is consistent with Keyne-

THUROW, L. "Who owns the twenty-first century?". *Sloan Management Review*. (primavera de 1992), 5-17.

TOCQUEVILLE, A. de. *Democracy in America*. Trad. H. Reeve. Londres, 1862.

____ *On democracy, revolution and society*. Eds. J. Stone e S. Mennel. Chicago, 1980.

TUCK, R. *Hobbes*. Oxford, 1989.

VINER, J. "Bentham and John Stuart Mill: the utilitarian background" e "Tension between government and business". In *The long view and the short*. Glencoe, Ill., 1958.

____ "The nation-state and private enterprise" e "'Possessive individualism' as original sin". In *Essays on the intellectual history of economics*. Princeton, 1991.

WADDINGTON, C. H. *Science and ethics*. Londres, 1942.

WEBER, M. *The protestant ethic and the spirit af capitalism* (1904-5). Trad. T. Parsons. Londres, 1930.

____ "The social psychology of the world religions". In *From Max Weber: essays in religion*. Trad. H. Gerth e C. Wright Mills. Londres, 1948.

WHITAKER, J. K. "Some neglected aspects of Alfred Marshall's economic and social thought". *History of Political Economy* 9(1977), 161-97.

WHITEHEAD, A. N. *Science and the modern world*. Nova York, 1928.

WILLEY, B. *The eighteenth-century background*. Londres, 1965.

WILLIAMS, B. *Ethics and the limits of philosophy*. Londres, 1985.

WILLIAMSON, O. E. *The economic institutions of capitalism*. Nova York, 1985.

WILSON, T. e SKINNER, A. S., eds. *The market and the State: essays in honour of Adam Smith*. Oxford, 1976.

WINCH, D. *Adam Smith's politics*. Cambridge, 1978.

____ "Higher maxims: happiness versus wealth in Malthus and Ricardo" e "A separate science: polity and society in Marshall's economics". In *That noble science of politics*. Cambridge, 1983.

____ *Malthus*. Oxford, 1987.

WITTGENSTEIN, L. *Tractatus logica-philosophicus*. Trad. C. K. Ogden e F. P. Ramsey. Londres, 1922.

____ *Culture and value*. Trad. P. Winch. Oxford, 1980.

WOODBRIDGE, F. J. E. *Aristotle's vision of nature*. Nova York, 1965.

YOLTON, J. W. *Thinking matter: materialism in eighteenth century Britain*. Mineápolis, 1983.

YOUNG, R. M. "Malthus and the evolucionists". *Past and Present* 43 (1969), 109-45.

ÍNDICE ONOMÁSTICO

Ackrill, J. L., 214 *n.* 10
Agostinho, santo, 184
Aristóteles, 68-71, 78, 90-3, 125-6, 214 *n.* 11, 215 *n.* 17, 243 *n.* 51
Aronson, E., 94
Arrow, Kenneth, 183, 187, 218 *n.* 33, 232 *nn.* 2, 5
Attfield, R., 212 *n.* 44
Axerold, R., 205 *n.* 1

Bacon, Francis, 35, 218 *n.* 35, 228 *n.* 9
Bailey, C., 206 *n.* 4
Baker, E., 214 *n.* 10
Bambrough, J. R., 207 *n.* 10, 214 *n.* 9
Banfield, Edward, 165-6, 169, 187, 199
Bastiat, F., 226 *n.* 42
Baudelaire, Charles, 42, 208 *n.* 14
Baxter, Richard, 127
Bayle, P., 84, 217 *n.* 26
Bentham, Jeremy, 42-4, 211 *nn.* 29, 36, 219 *n.* 8
Berkeley, George, 230 *n.* 17
Berlin, Isaiah, 219 *n.* 7
Bessemer, Henry, 191
Betinho, Herbert de Souza, dito, 11
Bianchi, A. M., 230 *n.* 17
Boas, Franz, 206 *n.* 4, 214 *n.* 12
Bonar, James, 115, 224 *n.* 29, 229 *n.* 11, 243 *n.* 51
Boswell, J., 242 *n.* 50
Boulding, Kenneth, 188
Bowler, P. J., 236 *n.* 23
Bramwell, A., 212 *n.* 44
Braybrooke, D., 204 *n.* 11

Brecht, Bertolt, 101
Broome, J., 239 *n.* 38
Buccleuch, Henry, terceiro duque de, 121
Buchanan, J., 204 *n.* 10, 218 *n.* 36, 232 *n.* 25
Burke, Edmund, 208 *n.* 14
Burton, J., 204 *n.* 10
Burtt, E. A., 215 *n.* 17
Butler, Joseph, 67, 140
Butterfield, H., 205 *n.* 1

Caldwell, B., 223 *n.* 27
Campos, Álvaro de, heterônimo de Fernando Pessoa, 203 *n.* 5
Campos, Roberto, 11
Cannon, Walter, 122
Carlyle, Thomas, 14, 40-2, 209 *n.* 21, 235 *n.* 16
Carrit, E. F., 216 *n.* 23
Cassirer, Ernst, 38, 207 *n.* 12, 208 *nn.* 16, 18, 217 *n.* 28.
Catão, o Censor, 95, 220 *n.* 12
Churchland, P., 213 *n.* 47
Cícero, 114, 125
Clarke, P., *n.* 9, 204
Coase, Ronald, 112, 231 *n.* 20
Coats, A. W., 241 *n.* 44
Cohen, I. B., 215 *n.* 17
Coleman, W., 212 *n.* 44, 225 *n.* 35
Coleridge, Samuel Taylor, 211 *n.* 29
Collingwood, Robin George, 209 *n.* 18
Collini, S., 210 *n.* 26
Colotes, 74

Condorcet, 35
Cornford, F. M., 30, 213 *n*. 6
Cranston, M., 207 *n*. 11

D'Épinay, madame, 208 *n*. 14
Darwin, Charles, 13, 168, 237 *n*. 28, 243 *n*. 51
Dasgupta, Partha, 240 *n*. 40
Daumer, Gorg Friederich, 234 *n*. 14
De Quincey, Thomas, 168, 233 *n*. 9
Defoe, Daniel, 112
Deleule, D., 203 *n*. 7, 226 *n*. 41
Demsetz, H., 226 *n*. 1, 232 *n*. 2
Descartes, René, 76, 215 *nn*. 17, 18, 221 *n*. 16
Diderot, Denis, 35, 207 *n*. 11, 208 *n*. 14
Dijksterhuis, E. J., 215 *n*. 17
Dodds, E. R., 205 *n*. 3, 213 *n*. 6, 219 *n*. 6
Dostoiévski, Fiódor, 202 *n*. 4
Downs, A., 204 *n*. 10
Dunbar, James, 115-9
Duncan-Jones, A., 214 *n*. 9

Eccles, John, 213 *n*. 47
Elster, Jon, 93, 95, 218 *n*. 33, 227 *n*. 1, 229 *n*. 14, 233 *n*. 6
Emerson, Ralph Waldo, 41, 209 *n*. 22
Engels, Friederich, 209 *n*. 19
Epicuro, 18, 73-4, 125, 206 *nn*. 4, 6, 7
Etzioni, A., 204 *n*. 11

Farrington, B., 215 *nn*. 14, 16
Ferraz de Marinis, Alexandre, 239 *n*. 39
Forbes, D., 222 *n*. 21
Francisco de Assis, são, 149, 153
Friedman, Milton, 154, 160-1, 174
Fry, M., 221 *n*. 15
Furbank, 207 *n*. 11

Galbraith, John Kenneth, 233 *n*. 8
Galton, Francis, 237 *n*. 28

Gambetta, Diego, 237 *n*. 29
Gandhi, Mahatma, 149
Geisel, Ernesto, 11
Genghis, Khan, 154
Georgescu-Roegen, N., 235 *n*. 20
Giannetti da Fonseca, Eduardo, 158, 203 *n*. 7, 208 *n*. 15, 211 *n*. 35, 222 *n*. 20, 225 *n*. 37, 236 *n*. 23
Glacken, C. J., 208 *n*. 13, 212 *n*. 44, 233 *n*. 9, 237 *n*. 25
Godwin, W., 35
Goethe, Johann Wolfgang von, 212 *n*. 40
Goldsmith, M. M., 227 *n*. 6, 230 *n*. 17
Goulart, João, 13
Gould, Stephen Jay, 233 *n*. 9, 237 *n*. 28
Gray, J., 223 *n*. 27
Guitián, M., 230 *n*. 20
Guthrie, W. K., 66, 213 *n*. 6

Haakonssen, K., 226 *n*. 44
Hagberg, K., 236 *n*. 21
Hagen, V. W. von, 233 *n*. 9
Hardin, G., 224 *n*. 30
Harrington, James, 224 *n*. 29
Harrod, R., 235 *n*. 20
Harvey, William, 56
Hayek, Friederich August von, 120, 152, 203 *n*. 7, 223 *n*. 27, 228 *n*. 8, 230 *nn*. 17, 18
Hegel, G. W. F., 57, 168, 170-1, 216 *n*. 23, 220 *n*. 13, 229 *n*. 11
Hesíodo, 207 *n*. 8, 220 *n*. 13
Hitler, Adolf, 154
Hobbes de Malmesbury, Thomas, 33-5, 76-84, 89, 91-2, 127, 135, 154, 214 *n*. 12, 215 *n*. 17, 216 *n*. 24
Horácio, 146, 178, 228 *n*. 9
Humboldt, Alexander von, 167-71, 179, 199, 229 *n*. 11, 237 *n*. 25
Hume, David, 35, 58, 84, 200, 202 *n*. 1, 208 *n*. 14, 211 *n*. 35, 221 *n*. 17,

222 *n.* 18, 225 *n.* 37, 229 *nn.* 11, 16, 230 *n.* 17
Huxley, Thomas, 21-2, 55, 108, 200, 222 *n.* 20

Jacks, L. P., 27, 49, 58
Jaki, S. I., 234 *n.* 12
James, William, 202 *n.* 4
Jenyns, Soame, 228 *n.* 7
Jerônimo, são, 126
Jesus Cristo, 104, 227 *n.* 1
Jevons, W. S., 221 *n.* 15, 239 *n.* 38, 241 *nn.* 43, 47
Johnson, Paul, 208 *n.* 14
Johnson, Samuel, 144, 197, 224 *n.* 32, 228 *n.* 7
Jorge Ben Jor, 12
Juvenal, 228 *n.* 9

Kain, P. J., 203 *n.* 8
Kamenka, E., 203 *n.* 8
Kant, Immanuel, 38-40, 53, 84, 170-1, 220 *n.* 12, 229 *n.* 11
Kaye, F. B., 227 *n.* 6, 229-30 *nn.* 14, 16
Kelsen, Hans, 220 *n.* 10
Keynes, John Maynard, 50-2, 56, 178, 193, 204 *n.* 9, 211 *n.* 36, 229 *n.* 11, 235 *n.* 20, 236 *n.* 24
Kittrel, F. H., 226 *n.* 42
Klamer, A., 213 *n.* 1
Knight, Frank, 20
Kuhn, Thomas Samuel, 224 *n.* 30
Kuntz, Rolf, 203 *n.* 7, 225 *n.* 38

La Mettrie, Julien Offray de, 227 *n.* 6
La Rochefoucauld, duque de, 67, 229 *nn.* 13, 16
Labrousse, E., 217 *n.* 26
Laing, Samuel, 171-2
Lakatos, Imre, 221 *n.* 17
Lange, F. A., 212 *n.* 47
Larson, J. L., 243 *n.* 51
Lebrun, Gérard, 215 *n.* 17

Lecky, W. E. H., 227 *n.* 6
Lee, Joseph, 128
LeMahieu, D. L., 237 *n.* 25
Lenin, Vladimir Ilitch Ulianov, dito, 119
Leopold, Aldo, 52
LeRoy, E., 222 *n.* 17
Lessing, Gotthold, 22-3
Letwin, William, 126, 232 *n.* 3
Levin, 211 *n.* 36, 236 *n.* 22
Lewis, S., 214 *n.* 8
Lineu, Carl von, 177
Locke, John, 35, 48, 206 *n.* 7, 214 *n.* 12, 228 *n.* 11
Lovejoy, Arthur Oncken, 49-50, 58, 207 *n.* 12, 236 *n.* 21
Lucrécio, 30-4, 40, 57, 72-3, 75, 82, 84, 89, 91, 93-4, 97, 135, 206 *n.* 4, 214 *n.* 12, 215 *n.* 14, 216 *n.* 24
Luís XIV, rei da França, 84
Luís XV, rei da França, 131
Lutero, Martinho, 127

Macdonell, John, 186, 188, 190, 238 *n.* 34
Macfie, A. L., 223 *n.* 23
Machado de Assis, José Maria, 162
Machlup, F., 240 *n.* 41
MacIntyre, A., 202 *n.* 1
Macpherson, C., 206 *n.* 7
Malebranche, N., 35, 47
Malthus, Thomas Robert, 48, 115, 168, 176-81, 184, 190, 202 *n.* 4, 226 *n.* 42, 227 *n.* 6, 229 *n.* 11, 233 *n.* 9
Mandeville, Bernard de, 144, 148-53, 161-2, 175-6, 185, 197, 199, 201, 229 *n.* 13
Maquiavel, Nicolau, 33-5, 224 *n.* 29
Marchi, B. de, 210 *n.* 25
Marco Aurélio, 108
Marshall, Alfred, 129, 133, 180, 190-1, 193-7, 231 *n.* 24, 238 *n.* 32, 239 *n.* 38

257

Marshall, M. P., 238 *n.* 32, 241 *n.* 44
Marx, Karl, 23, 43, 119, 133, 168, 170-1, 184, 190, 195, 203 *n.* 8, 209 *n.* 19, 229 *n.* 11
Matthews, Robin, C. O., 195, 227 *n.* 5, 232 *n.* 2, 237 *n.* 29
McGinn, R., 210 *n.* 24
Meeks, Gay, 204 *n.* 11
Mill, James, 84
Mill, John Stuart, 42-53, 57, 104-5, 107-8, 119, 136, 158, 181-6, 190, 211 *nn.* 33, 36, 219 *n.* 8, 220 *n.* 14, 221 *n.* 15, 241 *n.* 45
Miller, Jr., F. D., 204 *n.* 11
Mizuta, H., 222 *n.* 20
Montaigne, Michel Eyquem de, 35
Montesquieu, Charles Secondat, barão de La Brède e de, 84, 88-9, 91, 93-4, 97, 105, 135, 154, 217 *n.* 27, 235 *n.* 16
More, Thomas, 224 *n.* 29
Morishima, Michio, 189, 194
Morita, Akio, 172, 175, 194, 239 *n.* 36
Mulgan, R. G., 214 *n.* 11

Nagel, Thomas, 227 *n.* 1
Neff, E., 209 *n.* 19
Nero, 126, 154
Newton, Isaac, 38, 113, 139, 222 *nn.* 17, 18, 234 *n.* 12, 235 *n.* 20
Nichols, Jr., J., 206 *n.* 4, 207 *n.* 12, 216 *n.* 24
Nietzsche, Friedrich, 42, 103-4, 107, 136, 171, 202 *n.* 4, 208 *n.* 14, 220 *n.* 13, 221 *n.* 14
Norman, Margot, 231 *n.* 21
North, D. C., 231 *n.* 23

Oakeshott, M., 215 *n.* 19, 216 *n.* 24

Pahlevi, Reza, 93
Paley, Mary, 238 *n.* 32
Palmeira, Wladimir, 11

Pareto, Vilfredo, 231 *n.* 23, 239 *n.* 38
Pascal, Blaise, 207 *n.* 9
Passmore, John, 53, 203 *n.* 5, 208 *n.* 14, 212 *n.* 44, 229 *n.* 13
Paul, D., 234 *n.* 14
Paul, E. F., 204 *n.* 11
Paul, J., 204 *n.* 11
Paulo, são, 126
Peabody, D., 241 *n.* 44
Pelé, Édson Arantes do Nascimento, dito, 11
Pessoa, Fernando, 104, 203 *n.* 5
Petty, William, 163-4, 166, 175, 183, 232 *n.* 4
Phelps, E. S., 240 *n.* 41
Pigou, A. C., 193
Platão, 28-30, 33-4, 59, 89, 103, 125-6, 205 *nn.* 2, 3, 206 *n.* 8, 213 *n.* 4, 215 *n.* 13, 219 *n.* 6
Plutarco, 74, 227 *n.* 6
Pompadour, madame de, 131
Pope, Alexander, 228 *n.* 9
Popper, Karl, 213 *n.* 47
Protágoras, 64-7, 69, 71, 75, 84-5, 89, 91, 93-4, 97, 101, 135, 140, 154, 214 *n.* 8
Proudhon, Pierre Joseph, 208 *n.* 14
Pullen, J., 237 *n.* 25

Quesnay, François, 131-2, 203 *n.* 7, 225 *n.* 38
Quine, William Van Orman, 214 *n.* 8

Raphael, D. D., 221 *n.* 17
Rashid, S., 235 *n.* 19
Reisman, D., 241 *nn.* 44, 45
Reiss, H., 208 *n.* 18
Ricardo, David, 42-3, 157, 180-1, 235 *nn.* 19, 20, 241 *n.* 47
Richter, M., 217 *n.* 27
Riley, J., 210 *n.* 26
Robbins, L., 211 *n.* 32, 219 *n.* 5, 223

nn. 25, 27, 226 *n.* 42, 228 *n.* 7, 239 *n.* 38
Robespierre, M., 37
Robinson, Joan, 16, 155, 203 *n.* 8, 210 *n.* 26, 227 *n.* 5, 228 *n.* 8
Rodrigues, Nelson, 13
Roemer, J., 204 *n.* 8
Rogow, A. A., 215 *n.* 17, 216 *nn.* 23, 25
Roover, R., 224 *n.* 33
Rosenblum, N., 209 *nn.* 19, 22
Rousseau, Jean-Jacques, 31, 35-40, 52-3, 57, 59, 109, 128, 206 *n.* 4, 207 *n.* 12, 208 *n.* 13
Roy, S., 202 *n.* 1
Ruskin, John, 41, 224 *n.* 31
Russell, Bertrand, 38, 50, 70, 88, 102, 106, 108, 136, 224 *n.* 31, 237 *n.* 29
Ryan, A., 210 *n.* 26, 211 *n.* 33

Samuel, Herbert Louis, visconde, 50
Sarney, José, 11
Schmidt, A., 234 *n.* 14
Schumpeter, Joseph, 221 *n.* 17
Sen, Amartya, 61-3, 176, 204 *n.* 11, 213 *n.* 1
Sêneca, 96, 109, 126
Shakespeare, William, 9, 219 *n.* 6
Sidgwick, Henry, 190-3, 220 *n.* 13, 226 *n.* 42, 231 *nn.* 22, 24
Simmel, Georg, 212 *n.* 40, 224 *n.* 33
Sisto IV, papa, 126
Skinner, A. S., 221 *nn.* 15, 17, 222 *n.* 21, 226 *n.* 44
Skinner, Quentin, 207 *n.* 8
Smith, Adam, 35, 43, 47, 62, 112-8, 120-2, 129-35, 137, 141-3, 151-2, 154, 161-2, 167, 170, 175-6, 180-1, 185, 196-9, 201, 211 *n.* 35, 217 *n.* 28, 223 *n.* 27, 225 *n.* 37, 226 *n.* 42, 229 *n.* 11, 230 *n.* 17, 232 *n.* 1, 237 *n.* 29, 240 *n.* 41
Sócrates, 28-30, 45, 64, 104, 110, 125, 140, 220 *n.* 13

Sófocles, 15
Sorensen, V., 224 *n.* 32
Spencer, Herbert, 133, 195
Sperry, Roger, 53-5, 212 *n.* 46
Spinoza, Baruch de, 35
Stálin, Joseph Vissarovitch Djugashi-villi, dito, 154
Stern, N., 231 *n.* 20
Stewart, Dugald, 225 *n.* 38
Stigler, George, 154, 160-1, 172
Stolberg, K., 234 *n.* 14
Swift, Jonathan, 112

Tawney, Richard Henry, 127, 225 *n.* 36, 232 *n.* 4
Taylor, C. C. W., 213 *n.* 6, 214 *n.* 7
Teichgraeber III, R. V., 222 *n.* 20
Teresa de Calcutá, madre, 149
Tertuliano, 236 *n.* 21
Thomas, Keith, 212 *n.* 44
Thoreau, Henry, 41, 109, 112
Thurow, Lester, 235 *n.* 18
Tocqueville, Alexis de, 47, 105, 108, 136, 167, 169, 199, 225 *nn.* 34, 41
Tuck, Richard, 77, 206 *n.* 8, 207 *n.* 10, 215 *nn.* 17, 18, 20, 216 *nn.* 23, 26

Vanberg, V., 218 *n.* 36, 232 *n.* 25
Veloso, Caetano, 11
Viner, Jacob, 152, 156, 206 *n.* 7, 224 *n.* 31, 226 *n.* 42, 230 *n.* 17
Virgílio, 227 *n.* 6
Voltaire, François Marie Arouet, dito, 208 *n.* 14

Waddington, Conrad Hal, 212 *n.* 42
Walras, L., 241 *n.* 47
Watt, James, 122
Weber, Max, 127, 164, 169, 172, 18, 212 *n.* 40
Wellington, Arthur Wellesley, primeiro duque de, 210 *n.* 25
Whewell, W., 222 *n.* 17

Whitaker, J. K., 241 *n.* 45
Whitehead, Alfred, 50, 212 *n.* 42
Wightman, W. P. D., 221 *n.* 17
Willey, B., 214 *n.* 9, 228 *n.* 7, 230 *n.* 16
Williams, Bernard, 214 *n.* 11, 227 *n.* 5
Williams, William Fenwick, general, 210 *n.* 25
Williamson, Oliver, 188
Wilson, T., 221 *n.* 15

Winch, Donald, 222 *n.* 19, 235 *n.* 19, 241 *n.* 47
Wittgenstein, Ludwig, 21, 90, 236 *n.* 20
Woodbridge, F. J. E., 214 *n.* 11

Xuxa, Maria da Graça Meneghel, dita, 11

Yolton, J. W., 212 *n.* 47
Young, R. M., 236 *n.* 2

EDUARDO GIANNETTI nasceu em Belo Horizonte, em 1957. Economista e cientista social, é professor das Faculdades Ibmec de São Paulo e ph.D. pela Universidade de Cambridge. É autor de numerosos artigos e livros, entre eles *Auto-engano* (1997), traduzido para cinco idiomas, *Felicidade* (2002), *O mercado das crenças* (2003), *O valor do amanhã* (2005) e *O livro das citações* (2008), todos publicados pela Companhia das Letras.

1ª edição Companhia das Letras [1993] 8 reimpressões
1ª edição Companhia de Bolso [2007] 3 reimpressões

Esta obra foi composta pela Verba Editorial em
Janson Text e impressa pela Gráfica Bartira em ofsete
sobre papel Pólen Soft da Suzano S.A.

A marca FSC® é a garantia de que a madeira utilizada na fabricação do papel deste livro provém de florestas que foram gerenciadas de maneira ambientalmente correta, socialmente justa e economicamente viável, além de outras fontes de origem controlada.